吉林省教育科学院教育科学规划重点课题：
新时代高校课程思政教育影响因素及引导策略研究资助

新时代高校课程思政教育的影响因素及引导策略

李盛基　曾水英　著

哈尔滨工程大学出版社
Harbin Engineering University Press

内 容 简 介

全书由六章构成。各章之间的逻辑关系是:第一章,主要探讨高校课程思政的相关概念和基础理论,总结课程思政的国内外相关研究成果;第二章,阐述高校课程思政与思政课程的关系,阐释高校课程思政的必要性和主要内容;第三章,论述高校课程思政教育教学体系和运行机制,总结高校课程思政教育的典型模式;第四章,分析高校课程思政教育实施现状及成效;第五章,实证检验高校课程思政教育的影响因素及存在的主要问题;第六章,提出主要研究结论和引导策略。

本书适合从事高校课程思政教育问题研究的人员、政府相关管理决策部门的工作人员阅读,也适合高等院校政治学、管理学、教育学、经济学专业的教师、研究生参考学习。

图书在版编目(CIP)数据

新时代高校课程思政教育的影响因素及引导策略/李盛基,曾水英著. —哈尔滨:哈尔滨工程大学出版社,2022.9

ISBN 978 - 7 - 5661 - 3705 - 0

Ⅰ. ①新… Ⅱ. ①李… ②曾… Ⅲ. ①高等学校 - 思想政治教育 - 研究 - 中国 Ⅳ. ①G641

中国版本图书馆 CIP 数据核字(2022)第 170114 号

新时代高校课程思政教育的影响因素及引导策略
XINSHIDAI GAOXIAO KECHENG SIZHENG JIAOYU DE YINGXIANG YINSU JI YINDAO CELUE

选题策划	包国印
责任编辑	张志雯
封面设计	李海波

出版发行	哈尔滨工程大学出版社
社　　址	哈尔滨市南岗区南通大街 145 号
邮政编码	150001
发行电话	0451 - 82519328
传　　真	0451 - 82519699
经　　销	新华书店
印　　刷	黑龙江天宇印务有限公司
开　　本	787 mm × 1 092 mm　1/16
印　　张	19.75
字　　数	356 千字
版　　次	2022 年 9 月第 1 版
印　　次	2022 年 9 月第 1 次印刷
定　　价	99.00 元

http://www.hrbeupress.com
E-mail:heupress@ hrbeu.edu.cn

序

习近平总书记在党的十九大报告中指出："中国特色社会主义进入了新时代。"新时代既是中国社会主要矛盾已转化为人民日益增长的美好生活需要和不平衡不充分的发展之间的矛盾阶段，也是巩固马克思主义意识形态指导地位的关键时期。大学生作为新时代青年群体的中坚力量，是否能树立符合中国特色社会主义思想的科学价值观直接关系到国家的前途和民族的命运。高校作为大学生价值观培养的前沿阵地，必须在新时代承担起培养全面发展的时代新人的历史使命。为此国家提出了高校课程思政的教育方针，在传统的思想政治理论课基础上，挖掘其他各类课程所蕴含的德育因素，发挥价值引领、道德教育的功能，促进各类课程与思想政治教育融合，大力推进课程思政建设，实现高校各类课程与思想政治理论课协同育人。但是，在课程思政教育的具体实践中，依旧存在着教学方法枯燥、教学内容同质化、学生学习动机较弱、课程思政理论支撑不足以及教学质量保障体系不完善等诸多问题，据此，研究高校课程思政教育的影响因素及引导策略具有重要的意义。

李盛基同志的新著《新时代高校课程思政教育的影响因素及引导策略》，在梳理高校课程思政内涵与特征、教学体系和运行机制的基础上，通过深入调查高校课程思政教育实施现状，从学生、教师、高校、社会等方面深入探究高校课程思政教育的影响因素，剖析高校课程思政教育面临的主要问题，提出了构建课程思政教育方法体系、丰富课程思政教育内容体系、提高课程思政教育认知、坚持课程思政教育原则、强化课程思政育人环境、完善课程思政教育评价体系等促进高校课程思政教育的引导策略。

高校课程思政是以马克思主义基本观点为指导，以高校各个专业开设的课程为依托，把思政教育教学活动贯穿于各科教学的始终，在此过程中，与其他所有的课程自然、完美地实现相互衔接和融合，做到思想政治理论基础课程与其他所有课程形成教育合力，协同育人，最终实现"立德树人"的根本任务和终极目标。高校课程思政将引领高校大学生的价值取向、激活高校大学生的社会使命感和责任感。

高校课程思政教育的必要性和主要内容是高校思政课程改革的主要依

据和发展方向。因此，高校应全面开展课程思政教育工作，以"立德树人"为根本目标，改革思想政治教育课程、体现高校的育人价值、改善高校的育人成果、提高人才培养的综合素质，真正实现"三全"育人格局。

构建高校课程思政教育教学体系是围绕着"立德树人"这一根本目标，将思想价值引领通过"基因式"嵌入高校所有课程，形成以思政课程、专业课程、实践课程为一体的课程思政教育教学体系。高校课程思政教育要想充分发挥协同育人的作用，需要统筹各种教育资源，协调好教育主体与教育对象、教学方法与教学平台、各项制度之间的关系，实现高校课程思政体系内各构成要件的优势互补，从而建立起真正行之有效的运行机制。

书中利用高校师生课程思政教育相关的问卷调查数据，对高校课程思政教育实施现状进行调查，分析高校课程思政教育的有效性、实效性及学生满意度状况，揭示高校课程思政教育效果的异质性，从而深入探讨高校课程思政教育实施成效。

本书基于学生、教师、学校、社会等多元主体的视角，理论探索了高校课程思政教育的影响因素，并运用计量模型定量分析了高校课程思政教育的影响因素；根据理论分析和定量分析的结果，从教学方法、教学内容、学生学习动机、课程思政理论、教学质量保障体系等方面探究了高校课程思政教育存在的主要问题。

最后，依据高校课程思政教育的实施结果和影响因素分析结果，提出了坚持课程思政教育原则、提高课程思政教育认知、强化课程思政育人环境、构建课程思政教育方法体系、丰富课程思政教育内容体系、完善课程思政教育评价体系等促进高校课程思政教育的引导策略。

以上这些观点的提出，对推动高校课程思政教育发展、推动课堂教学改革和提升课程育人质量都有一定的借鉴作用。

尽管这部新著在许多地方尚显不足，一些观点也值得进一步商榷，但是我认为其在选题、研究方法和研究结论方面都有独到之处，值得向从事高校课程思政教育工作的读者推荐，并希望读者能从中受益。

金喜在

2022 年 5 月 6 日

前　言

　　高校作为人才培养的主阵地，"培养什么人、怎样培养人、为谁培养人"是其面临的根本问题。高校作为大学生价值观教育的前沿阵地，必须在新时代承担起培养全面发展的时代新人的历史使命。课程思政作为高校思想政治教育的重要载体，是高校落实立德树人根本任务的理念创新和实践创新，也是高校推动课堂教学改革和提升课程育人质量的有效途径。促进高校课程思政教育发展符合中国特色社会主义教育事业发展的需求，符合中国高校思想政治教育改革的要求，是高校实现立德树人根本任务的重要举措。中国共产党第十九次全国代表大会（简称"党的十九大"）之后，习近平总书记针对高等院校立德树人的根本任务、目标，以及新时代高校课程思政教育对大学生的成长和发展的影响及重要性发表了许多十分重要的讲话。新时代下，高校肩负着教学、研究、宣传马克思主义的任务，肩负着为中国特色社会主义现代化事业培养建设者和接班人的根本使命。加强高校课程思政教育，保证大学生树立科学的社会主义核心价值观，提升马克思主义对我国乃至世界发展面临问题的阐释力，是新时代思想政治教育面临的新挑战。同时，全面、持续深化推动我国各大高校素质教育的发展，培养全方位综合发展的高素质人才是新时代高校思想政治教育改革发展过程中的一项至关重要且刻不容缓的任务。为此国家提出了课程思政的思政教育方针，在传统的思想政治理论课基础上，挖掘其他各类课程所蕴含的德育因素，发挥价值引领、道德教育的功能，促进各类课程与思想政治教育融合，大力推进课程思政建设，实现高校各类课程与思想政治理论课的协同育人。

　　本书以高校课程思政教育作为研究对象，通过构建高校课程思政教育影响因素理论分析框架，利用问卷调查数据，采用定量分析方法考察了高校课程思政教育的影响因素，揭示了高校课程思政教育存在的主要问题，从而提出了促进高校课程思政教育的引导策略。本书围绕高校课程思政教育的影响因素及引导策略展开研究，主要包括以下内容：

第一，高校课程思政理论概述。首先，厘定高校课程思政的含义、高校课程思政的特点、高校课程思政的目标与要求；其次，详细阐述马克思关于人的全面发展理论、教育学相关理论（合作教育理论、隐性教育理论、有效教学理论）、协同教育理论，以及新时代课程思政育人理论等与高校课程思政相关的基础理论；最后，通过梳理课程思政、课程思政育人、高校协同育人、通识教育、隐性教育、道德教育实践等核心问题的国内外相关研究，综合评价国内外高校课程思政教育的研究动态，为后续研究高校课程思政建设提供理论支撑。

第二，高校课程思政教育的必要性和主要内容。首先，从思政内容的差异、思政重点的差异、思政地位的差异、育人目标的价值统一、教学要求的价值统一、根本使命的价值统一等层面，厘清高校课程思政与思政课程的本质差异和价值统一的关系；其次，从发挥课程思政教育的有效性、提升课程思政教育的时效性、协调课程思政与思政课程教育的共振性等三方面，阐述实施高校课程思政教育的必要性；最后，从政治引导、思想引领、道德熏陶、劳动教育、心理健康教育等不同的角度，阐释高校课程思政教育的主要内容。

第三，高校课程思政教育的教学体系和运行机制。首先，在思政课程、专业课程、实践课程等各类课程中，融入中国特色社会主义教育、心理健康教育、劳动教育等思政内容，阐述高校课程思政教育的教学体系；其次，从课程思政教育的主体、课程思政教育的对象、课程思政教育的方法、课程思政教育的平台、课程思政教育的制度等构成要素入手，深入剖析高校课程思政教育的运行机制；最后，通过归纳和整理不同高校的思政课程引领课程思政、易班＋课程思政、慕课＋课程思政、互联网＋课程思政和案例＋课程思政等典型教育模式，探寻高校课程思政建设的经验。

第四，高校课程思政教育实施现状调查。首先，利用高校师生课程思政教育相关的问卷调查数据对高校课程思政教育的有效性、实效性以及学生满意度进行信效度检验和验证性因子分析，从而验证数据拟合效果；其次，描述统计高校师生的基本情况、教师课程思政素养状况、课程思政教育的学生满意度情况，比较分析不同师生群体课程思政教育的有效性、实效性及满意度差异，揭示高校课程思政教育效果的异质性；最后，在高校课程思政教育实施现状的基础上，从大学生思想认知、大学生行为倾向及教师课程思政素养等三方面探讨高校课程思政教育的实施成效。

第五，高校课程思政教育的影响因素实证分析。首先，基于高校课程思政教育实践的调查结果，从学生、教师、学校、社会等多元主体的角度，探索高校课程思政教育的影响因素；其次，通过收集和利用高校课程思政教育影响因素的微观调查数据，采用多元线性回归模型实证研究影响高校课程思政教育的关键因素；最后，根据理论分析和定量分析的结果，从教学方法、教学内容、学生学习动机、课程思政理论、教学质量保障体系等方面探究高校开展课程思政教育存在的主要问题。

第六，主要结论及引导策略。首先，依据高校课程思政教育的实践状况，结合高校课程思政教育的实施结果和高校课程思政教育的影响因素分析结果，系统总结高校课程思政教育实践及影响因素的研究结论；其次，基于研究结论，以基本原则、教育认知、育人环境、方法体系、内容体系及评价体系等六个维度，提出坚持课程思政教育原则、提高课程思政教育认知、强化课程思政育人环境、构建课程思政教育方法体系、丰富课程思政教育内容体系、完善课程思政教育评价体系等促进高校课程思政教育的引导策略。

综上所述，本书围绕着高校课程思政教育的影响因素及引导策略进行了研究，在研究思路、方法和结论上，遵从严谨、科学的原则，提出了许多有价值的研究结论和策略，但囿于个人学识方面的限制，在进一步强化实证研究等方面，还有许多问题有待深入研究和探讨。

著　者

2022 年 5 月

目　　录

绪论 ……………………………………………………………………… 1

第一章　高校课程思政理论概述 ………………………………………… 9

　　第一节　高校课程思政的内涵 ……………………………………… 9

　　第二节　课程思政教育的相关理论 ……………………………… 18

　　第三节　国内外相关研究 ………………………………………… 25

　　第四节　本章小结 ………………………………………………… 35

第二章　高校课程思政教育的必要性和主要内容 …………………… 37

　　第一节　课程思政与思政课程的关系 …………………………… 37

　　第二节　课程思政教育的必要性 ………………………………… 45

　　第三节　课程思政教育的主要内容 ……………………………… 51

　　第四节　本章小结 ………………………………………………… 61

第三章　高校课程思政教育的教学体系和运行机制 ………………… 62

　　第一节　高校课程思政教育的教学体系 ………………………… 62

　　第二节　高校课程思政教育的运行机制 ………………………… 71

　　第三节　高校课程思政教育的典型模式 ………………………… 81

　　第四节　本章小结 ………………………………………………… 89

第四章　高校课程思政教育实施现状调查 …………………………… 90

　　第一节　课程思政教育现状的调查设计 ………………………… 90

　　第二节　课程思政教育调查问卷信效度检验与验证性因子分析 ……… 92

　　第三节　课程思政教育的调查结果分析 ……………………… 114

　　第四节　课程思政教育的实施成效 …………………………… 155

　　第五节　本章小结 ……………………………………………… 166

第五章　高校课程思政教育的影响因素实证分析 ………………… 167

　　第一节　高校课程思政教育影响因素的定性分析 ……………… 167

第二节　高校课程思政教育影响因素的定量分析 ……………… 186

第三节　课程思政教育存在的主要问题 ………………………… 247

第四节　本章小结 ………………………………………………… 260

第六章　主要结论及引导策略 ………………………………… 261

第一节　主要结论 ………………………………………………… 261

第二节　促进高校课程思政教育的引导策略 …………………… 264

第三节　本章小结 ………………………………………………… 283

附录1　课程思政教育的学生满意度调查问卷 ……………… 285

附录2　课程思政教育的有效性和实效性调查问卷 ………… 288

参考文献 ………………………………………………………… 293

后记 ……………………………………………………………… 305

绪　论

一、研究背景

2017 年 10 月,习近平总书记在党的十九大报告中指出:"中国特色社会主义进入了新时代"。新时代既是中国社会主要矛盾转化为人民日益增长的美好生活需要和不平衡不充分的发展之间的矛盾阶段,也是巩固马克思主义指导地位的关键时期。高校作为人才培养的主阵地,"培养什么人、怎样培养人、为谁培养人"是高校面临的根本问题。新时代下,高校肩负着学习研究宣传马克思主义,为中国特色社会主义现代化事业培养建设者和接班人的根本使命,须始终坚持立德树人的根本任务,培养德智体美劳全面发展的社会主义建设者和接班人①。

2019 年 3 月,习近平总书记在学校思想政治理论课教师座谈会上指出:"要坚持显性教育和隐性教育相统一,挖掘其他课程和教学方式中蕴含的思想政治教育资源,实现全员、全程、全方位育人"②,这为高校思想政治教育提出了新目标。2019 年 8 月,中共中央办公厅、国务院办公厅印发了《关于深化新时代学校思想政治理论课改革创新的若干意见》,将"推动各类课程与思政课建设形成协同效应"作为六大基本原则之一,并要求"深度挖掘高校各学科门类专业课程所蕴含的思想政治教育资源,解决好各类课程与思政课相互配合的问题,发挥所有课程育人功能,打造一批课程思政示范课程"③。这为进一步深化高校思想政治理论课程改革提出了具体要求。2021 年 3

---

① 冯建军."培养什么人、怎样培养人、为谁培养人"的中国答案[J].教育研究与实验,2021(4):1-10.
② 习近平在学校思政课教师座谈会上重要讲话[N].中国教育报,2019-03-21(4).
③ 中共中央办公厅 国务院办公厅印发《关于深化新时代学校思想政治理论课改革创新的若干意见》[J].中华人民共和国教育部公报,2019(9):2-7.

月,教育部办公厅发布《关于开展课程思政示范项目建设工作的通知》,要求高校"全面推进课程思政高质量建设,将思政工作体系贯通人才培养体系全过程,构建全员全程全方位育人大格局"①,进一步为全面推动高校课程思政建设提供行动指引。从习近平总书记的相关讲话和国家施行的相关文件来看,高校若想抓好大学生思想政治工作,仅仅依靠思想政治理论课这一主要渠道是远远不够的,必须进行课程思政建设,使思想政治理论课与其他专业课程同向同行,产生协同效应。这样不仅打破了以往思想政治教育与其他专业教育两层皮的局面,而且变革了思想政治教育形态,拓展了思想政治教育形式,有利于高校提升大学生思想政治教育水平,对构建系统化的高校意识形态教育体系具有重要的推动作用。同时专业课教师在挖掘教学内容的思政教育元素过程中,提高了思想政治教育意识和教育能力,在课堂上既能传授专业理论知识,也能深入阐述中国特色社会主义思想,能够实现知识传授与价值引领的深度结合。

当代大学生作为新时代青年群体的中坚力量,是否能树立符合中国特色社会主义思想的科学价值观直接关系到国家的前途和民族的命运。在当前文化多元主义盛行、各种思想意识相互碰撞的关键时期,部分西方国家试图通过错误的社会价值观念输出扭曲大学生价值取向、阻碍大学生树立正确的政治理念、削弱大学生的国家意识。因此,如何加强高校课程思政教育,保证大学生树立科学的社会主义核心价值观,提升马克思主义对我国乃至世界发展面临问题的阐释力,是新时代思想政治教育面临的新挑战。

我国高校作为大学生价值观教育的前沿阵地,必须在新时代承担起培养全面发展的时代新人的历史使命。为此国家提出了课程思政的思政教育方针,在传统的思想政治理论课基础上,挖掘其他各类课程所蕴含的德育因素,发挥价值引领、道德教育的功能,促进各类课程与思想政治教育融合,大力推进课程思政建设,实现高校各类课程与思想政治理论课的协同育人。但是,在课程思政教育的具体实践中,依旧存在着教学方法枯燥、教学内容同质化、学生学习动机较弱、课程思政理论支撑不足,以及教学质量保障体系不完善

---

① 教育部办公厅关于开展课程思政示范项目建设工作的通知[EB/OL].(2021 – 03 – 12)[2022 – 06 – 21]. http://www.moe.gov.cn/srcsite/A08/s7056/202103/t20210322_521681.html.

等诸多问题,制约了课程思政教育的实施效果。据此,本书深入调查高校课程思政教育实施现状,考察课程思政教育的影响因素,剖析高校课程思政教育面临的主要问题,探索促进高校课程思政教育的引导策略,为强化高校思想政治教育、提升高校育人效果、落实高校立德树人根本任务做出贡献。

二、研究意义

(一)理论意义

第一,有助于丰富和拓展高校课程思政教育的内涵和外延。促进高校课程思政教育符合中国特色社会主义教育事业发展的需求,符合中国高校思想政治教育改革的要求,是高校实现立德树人的重要举措。本书在系统梳理国内外课程思政建设成果的基础上,厘清高校课程思政教育的含义、构成要素、基本特点、目标与要求,丰富了高校课程思政教育的内涵与外延,拓展了高校课程思政教育的理论基础。

第二,有助于为后续研究高校课程思政教育的学者提供理论支撑。课程思政作为高校思想政治教育的重要载体,是高校落实立德树人根本任务的理念创新和实践创新,也是高校推动课堂教学改革和提升课程育人质量的有效途径。但当前高校课程思政教育研究主要围绕着课程思政教育的运行机制、教育成效、教育评价等问题开展较为深入的探讨,缺少深入探究高校课程思政教育的影响因素研究。本书在总结高校课程思政教育的教学体系和运行机制的基础上,从学生、教师、高校、社会等方面定性分析高校课程思政教育的影响因素,从课程思政教育的学生满意度、有效性、实效性等角度,构建高校课程思政教育的影响因素理论分析框架,为后续研究高校课程思政教育问题的学者提供理论支撑和参考。

第三,有助于推动思想政治教育学的学科发展。思想政治教育学作为一门独立的学科,存在于高校教育实践的环节之中,与其他学科相对独立,从而无法充分有效地发挥思想政治教育的价值。思想政治元素融入高校各类课程,重塑了高校思想政治教育体系,同时,思想政治教育学科的相关内容和理论体系融合到各类学科当中,实现了课程思政课程之间的协调联动效应、课程思政与思政课程之间的联合教育效应,为推动高校课程思政教育发展提供参考和指引,也为促进思想政治教育学科发展提供理论依据。

(二)实践意义

第一,有利于为高校提升课程思政教育效果提供政策依据。课程思政教育工作是高校育人实践的核心,从过去的思政教育实施情况来看,我国高校的思政教育工作主要体现在思想政治理论课之中,而其他专业课程在实施过程中以讲授专业知识为主,很少涉及价值观教育问题。本书在高校课程思政教育理念的实践基础上,通过探讨课程思政教育的教学体系、运行机制、实施成效和存在的问题,为高校提升课程思政教育效率提供政策依据和参考。

第二,有利于为促进高校课程思政教育提供引导策略。高校通过课程思政建设,可以深挖高校各类课程之中的思想政治教育元素,使高校思想政治教育资源发挥思政育人效果,从而促进高校课程思政教育的创新发展。本书基于高校课程思政教育的实施现状,分析制约高校课程思政教育的关键因素和主要问题,探究高校课程思政教育的内在机理,为促进高校课程思政教育建设提供针对性的引导策略。

第三,有利于为高校专业课教师提供立德树人教育路径。专业课教师是课程思政教育理念的践行者和实施者,专业课教师对课程思政教育理念的理解和行为选择直接关乎课程思政教育的实践效果。本书通过梳理课程思政与思政课程的本质差异和价值统一,总结课程思政教育的典型模式,从政治引导、思想引领、道德熏陶、劳动教育、心理健康教育等方面探讨课程思政教育的主要内容,探究课程思政教育的制约因素和存在的问题,促使高校专业课教师在进行课程思政教育过程中从传统单一课程育人模式向全方位的课程思政育人模式转型、从形式化的课程思政教育向实效化的课程思政教育模式转型、从重专业教育的模式向专业思政相融合的模式转型,有利于为高校专业课教师提供立德树人的教育路径。

三、研究目的与研究思路

(一)研究目的

本书旨在查阅国内外课程思政相关文献,厘清高校课程思政教育的主要内容和运行机制,通过分析课程思政教育的实施现状,深入探究课程思政教育的影响因素,并针对课程思政教育存在的问题,提出了促进高校课程思政教育建设的引导策略。据此,本书主要从两方面阐述研究目的。

第一,本书以高校课程思政教育作为研究对象,通过梳理高校课程思政的内涵及其相关研究成果,分析了高校课程思政教育的必要性、主要内容、教学体系和运行机制,考察了高校课程思政教育实施的现状和成效。

第二,本书通过构建高校课程思政教育影响因素理论分析框架,利用问卷调查数据,采用定量分析方法考察了高校课程思政教育的影响因素,从教学方法、教学内容、学生学习动机、课程思政理论、教学质量保障等方面揭示了高校课程思政教育的主要问题。

第三,本书以高校课程思政教育的现状及其影响因素的研究结果为基础,提出了构建课程思政教育方法体系、丰富课程思政教育内容体系、提高课程思政教育的认知、坚持课程思政教育原则、强化课程思政育人环境、完善课程思政教育评价体系等促进高校课程思政教育的引导策略。

(二)研究思路

本书以"基本理论概述—必要性与主要内容—教学体系与运行机制—实施现状调查—影响因素实证分析—引导政策"为逻辑脉络,研究新时代高校课程思政教育的影响因素及引导策略(图1.1)。

第一,从党和国家对高校课程思政的重要指示以及高校建设课程思政教育的重要性与紧迫性出发,提出研究问题。第二,从理论和实证相结合的角度分析高校课程思政教育问题,在理论分析方面,从总结高校课程思政的含义、特点、目标与要求出发,准确把握高校课程思政的基本内涵、高校课程思政建设的理论基础,梳理高校课程思政的主要内容、教学体系和运行机制;在实证分析方面,针对高校课程思政教育的实施现状进行调查,在此基础上,从多元主体视角,运用多元线性回归模型,探索和检验影响高校课程思政教育的关键因素,并深度发掘高校课程思政教育存在的问题。第三,基于调查现状与影响因素分析,从内容体系、教育认知、方法体系、教育原则、评价体系及育人环境等方面系统地提出促进高校课程思政教育的政策建议。

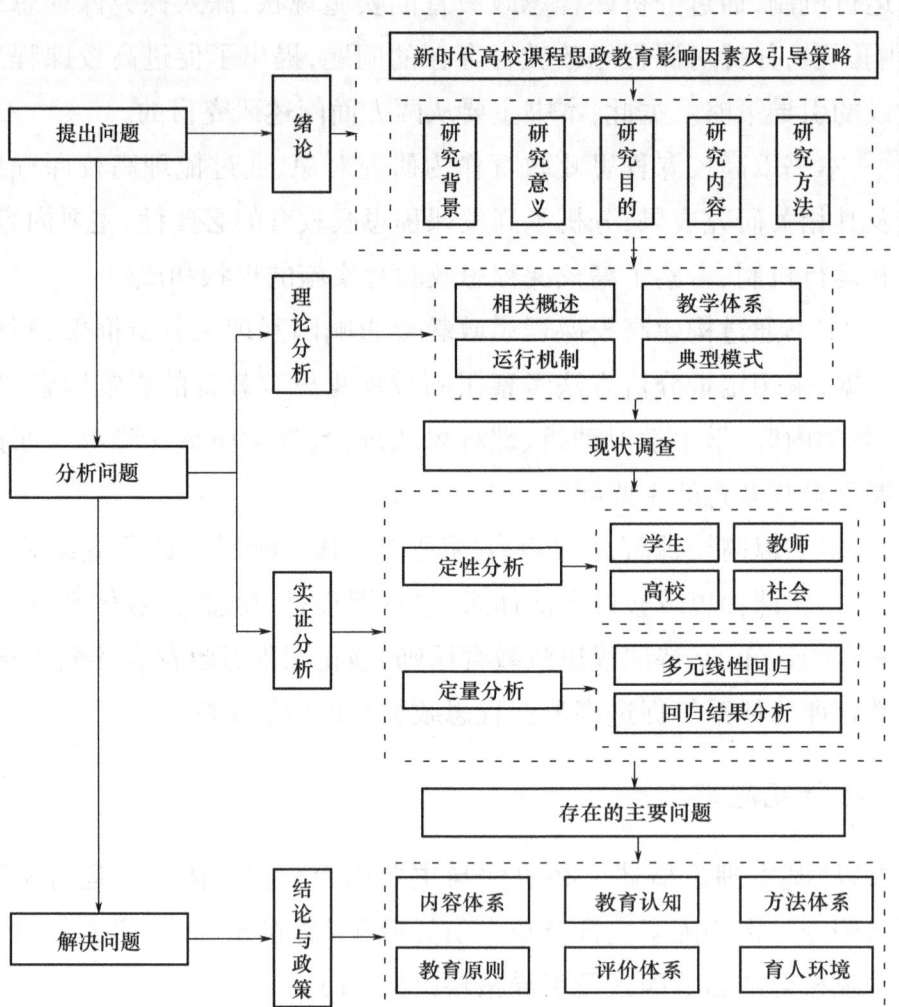

图1.1 研究思路

四、研究内容与研究方法

(一)研究内容

绪论,基于习近平关于思政教育的重要指示和高校课程思政建设的重要性,提出研究问题。在既有研究成果的基础上,梳理、分析与明确本书的研究目的、研究思路、研究内容与研究方法。

第一章,高校课程思政理论概述。厘定高校课程思政的含义、特点、目标与要求,以马克思关于人的全面发展理论、教育学相关理论、协同教育理论及新时代课程思政育人理论为理论基础,梳理国内外课程思政教育的相关研究动态,为后续研究提供理论基础。

第二章,高校课程思政教育的必要性和主要内容。厘清高校课程思政与思政课程的本质差异和价值统一,从有效性、实效性、共振性三个方面阐述高校课程思政教育的必要性,从政治引导、思想引领、道德熏陶、劳动教育、心理健康教育等角度,阐释高校课程思政教育的主要内容。

第三章,高校课程思政教育的教学体系和运行机制。从思政课程、专业课程、实践课程三个方面阐述高校课程思政教育体系,从主体、对象、方法、平台、制度五个维度剖析高校课程思政教育的运行机制,进而探寻高校课程思政教育的典型模式。

第四章,高校课程思政教育实施现状调查。从高校教师和学生两个角度,通过高校课程思政教育状况的问卷调查,分析高校课程思政教育的有效性、实效性及满意度状况,并在高校课程思政教育实施现状的基础上,以大学生思想认知、行为倾向及教师课程思政素养等三方面考察高校课程思政教育的实施成效。

第五章,高校课程思政教育的影响因素实证分析。基于高校课程思政教育的调查结果,从学生、教师、学校、社会等多元主体角度探索高校课程思政教育的影响因素,通过实证研究探寻影响高校课程思政教育的关键因素,并着重剖析高校开展课程思政教育存在的主要问题。

第六章,主要结论及引导策略。在总结高校课程思政教育的现状及其影响因素的研究结果基础上,从基本原则、教育认知、育人环境、方法体系、内容体系及评价体系等六个角度出发,提出促进高校课程思政教育的引导策略。

(二)研究方法

第一,文献分析法。系统梳理高校课程思政的内涵与理论基础,为后续研究提供理论基础;多角度阐释课程思政与思政课程的关系,课程思政的必要性和主要内容,并在已有高校课程思政教育的成果基础上,结合高校课程思政教育的教学体系和运行机制,理论分析高校课程思政教育的影响因素,为实证分析提供理论支撑。

第二,实证分析法。以高校专业课教师和在校大学生为调研对象,设计高校课程思政教育实施状况的调查问卷,深入分析课程思政教育的学生满意度、有效性及实效性,调查分析大学生思想认知、大学生行为倾向、教师课程思政素养等方面课程思政教育的实施成效;以高校课程思政教育影响因素为理论基础,采用课程思政教育的学生满意度、有效性及实效性的成熟量表,通过构建高校课程思政教育影响因素的多元线性回归模型,量化分析学生、教师、高校、社会等各类因素对高校课程思政教育的学生满意度、有效性及实效性的影响程度,深入探究高校课程思政教育存在的问题。

第三,案例分析法。通过收集和总结思政引领课程思政、易班+课程思政、互联网+课程思政、案例+课程思政、慕课+课程思政等高校课程思政的教育实践经验,根据高校课程思政教育的典型案例,深入挖掘高校课程思政教育模式的构成要素,并进一步归纳高校课程思政教育的典型模式及特点。

第一章 高校课程思政理论概述

课程思政的内涵和相关理论是研究新时代高校课程思政教育的前提,已有的研究成果则为下一步深入讨论提供重要依据。本章从课程思政的内涵、相关理论础、国内相关研究三个方面展开阐述。第一部分梳理高校课程思政的内涵,包括课程思政的含义、课程思政的构成要素与基本特点、课程思政的目标与要求;第二部分阐述课程思政教育相关理论,包括马克思关于人的全面发展理论、教育学相关理论、协同教育理论和新时代课程思政育人理论;第三部分总结国内外已有研究成果并进行综述。

第一节 高校课程思政的内涵

一、高校课程思政的含义

"课程思政"一词是2016年习近平总书记在全国高校思想政治工作会议上提出来的,他在讲话中明确指出:"要用好课堂教学这个主渠道,思想政治理论课要坚持在改进中加强,提升思想政治教育亲和力和针对性,满足学生成长发展需求和期待,其他各门课程要守好一段渠、种好责任田,使各类课程与思政理论课同向同行,形成协同效应。"①课程思政要求将思政教育融于高校各个专业的其他课程,同时也要求各个专业非思政类课程积极挖掘思政元素,承载思政教育功能。高校课程思政教育首先必须要以课堂教学为依托,其次要把思想政治教育贯穿于高校针对不同的专业在每个学年开展的各项课程,包括除专业教育之外的基础教育课程、专业课程等,最终使得思政课

---

① 把思想政治工作贯穿教育教学全过程 开创我国高等教育事业发展新局面[N].人民日报,2016－12－09(1).

与各科课程同向发力,从而使之形成所谓的协同效应①。目前学术界对于"课程思政"的含义还没有给出一个固定明确的定义,因此学者们对于"课程思政"的定义有多种阐述。高德毅教授认为"课程思政并不是让高校另外新开设一门新的课程,而是其他各类课程与思想政治理论课同向而行,形成协同效应,同时把'立德育人'作为教育的一项根本任务和根本使命的一种教育方式"②。解岩认为"课程思政就是要把所有的思想政治要素以一种润物细无声的方式融入各个专业的每一门课程之中,它不是一门课程,它是一种教学思维、教学方式、教学理念。课程思政要以立德树人为职责和目标,这需要高校全体教师共同承担起这份职责,共同努力完成"③。朱美虹认为"课程思政要以高校之中的其他课程为载体,将思政教育过程以一种潜移默化的方式蕴于平时的专业课学习之中,从而达到树人育人的教育活动"④。邱伟光认为"高等院校应该全面发挥课程思政对思想政治教育的引领、激励功能,同时认为课程思政是高校之中最基础的一项育人活动"⑤。以上学者从教学方式和功能等层面对课程思政的含义进行了不同的解析,一方面丰富了课程思政的内涵,但是,另一方面也会导致思政课程与课程思政之间的混淆。

很多人常常混淆"思政课程"与"课程思政",为了帮助大家更好地理解"课程思政"的含义,本书首先需要对二者进行对比区分。思政课程是指高校之中各个专业都要学习并且进行期末考核的几门公共课程,比如"形势与政策""马克思主义基本原理概论"等,以及研究生期间各个年级、各个专业都必须学习的公共基础课程"新时代中国特色社会主义理论与实践"等⑥。不论是大学期间还是研究生期间,要求全体学生必学必修的这些公共课程都是一门具体课程,有着明确的教学大纲、教学目标和教学内容,目的就是使高校学生普遍学习、了解、接受马克思主义立场、观点,同时使其牢记"匹夫有

① 李靖. 新时代高校课程思政发展研究[D]. 沈阳:辽宁大学,2021.
② 高德毅,宗爱东. 课程思政:有效发挥课堂育人主渠道作用的必然选择[J]. 思想理论教育导刊,2017(1):31-34.
③ 解岩. 理工类专业课程开展课程思政内涵及路径探析[J]. 才智,2019(1):68.
④ 朱美虹. 提升专业教师思政育人的意识和能力,促使专业课与思政课程协同育人[J]. 当代教育实践与教学研究,2017(12):153.
⑤ 邱伟光. 论课程思政的内在规定与实施重点[J]. 思想理论教育,2018(8):62-65.
⑥ 曹馨月. 新时代高校课程思政实现路径研究[D]. 锦州:辽宁工业大学,2021.

责"的道理,时刻关注国家大事,坚定不移地拥护党、跟党走。而课程思政则不局限于某一门课程或某几门课程,更不局限于高校在各个年级、各个专业设立的这些思想政治理论基础课程,它是一种整体教育观,是全局教育理念在所有开设课程中的一种体现,不仅仅是公共基础课,专业课、实践课都是思想政治教育的教育载体,使高校之中各个年级、各个专业开设的每一门课程都能够以一种潜移默化的方式与思政教育形成合力,共同发挥作用,真正实现育人树人的目标。

综上所述,本书认为课程思政不是指某一门特定的课程,而是一种教育理念、一种教育思维、一种教育方式。课程思政是指以马克思主义基本观点和方法为指导,以高校各个专业开设的所有课程为依托,将思政教育教学活动贯穿于各科课程的始终,最终实现立德树人的根本任务和终极目标。在此过程中,最重要的也是最值得注意的一点就是思想政治理论基础课程要以怎样的一种方式与其他所有课程自然、完美地实现相互衔接和融合,做到思想政治理论基础课程与其他所有课程形成教育合力,协同育人,从而打破之前仅仅以思想政治理论课程为基础对大学生(本书中所提"大学生"包括研究生)群体实施德育教育的单一局面①。要实现上述目标,我们必须准确把握课程思政的构成要素、基本特点和发展规律,厘清课程思政与思政课程的关系,充分发挥课程思政主体的重要作用。

二、高校课程思政的构成要素与基本特点

(一)高校课程思政的构成要素

1. 教师是课程思政的教学主体

课程思政的教学主体是高校之中的全体教师,包括专业课教师、思想政治教育课程教师及辅导员等。教师在新时代高校课程思政教育的过程中起着主导且不可替代的、至关重要的作用②。高校中的大学生是国家未来的接班人和民族的希望,而高校教师作为这类群体的引路人,首先并且也是最重

---

①　崔琬宜.高校课程思政实施现状及效果提升路径研究[D].石河子:石河子大学,2021.

②　何花.工科大学生课程思政实践研究[D].成都:电子科技大学,2021.

要的是要具有较高的道德修养和良好的思想觉悟,其次要具有渊博的知识和过硬的专业技能,同时还要有终身学习的观念,最后要以关爱学生、因材施教、立德育人、塑造灵魂为职责和使命,实实在在地把立德树人贯彻落实到教案设计、课堂教学、生师互动等各个教学环节。高校课程思政教育要想真正高效率地贯彻落实,需要高校之中的专业课教师、思想政治课教师、辅导员等全体教师的协作育人和共同努力。但是相比较而言,专业课教师的数量往往在高等院校中占有绝对性优势,是高校师资力量的构成主体,因此专业课教师是课程思政的关键主导性力量,他们必须育人自觉并以此为使命,并且在其成长与发展的全过程都能始终将立德育人作为导向和终极目标。与此同时,高校需要时刻关注专业课教师的育德意识和能力的培养提升。可通过组织构建专业课教师和思想政治课教师之间的学习交流、专题学习等活动,使不同学科之间的教师进行工作交流,分析学习、工作经验,以此达到专业课教师和思政课教师协作育人的目的。

2. 学生是课程思政的目标群体

高等院校课程思政教育的目标群体是全体大学生。这就要求,高等院校之中的全体教师在日常的课堂教学过程中应该把学生放在课程教学的主体地位,给予学生一定的尊重,认真细微地观察学生的学习状态和对知识的吸收理解能力,及时调动学生们的学习热情、巧妙引导学生们积极主动地参与到思政课程的学习过程当中。在教师的课堂教学过程中,要想实现课程思政教育效果的最优化,必须调动学生们的主观能动性和激发他们的学习热情。高校教师在教学过程中可以通过多种方式,诸如分为不同的小组进行讨论,将思政知识与生活中的事例结合进行案例分析,采用随机点名提问等,来提升课堂的趣味性,从而激发学生们的学习热情,培养学生们主动学习、主动思考,能够用辩证思维看待问题的能力,进而实现课程思政教育成果的大幅提升。并且,在课堂教学过程中以及教师与学生们日常的接触交往中,教师要避免使学生对其产生高高在上、不近人情的错误判断,要拉近教师与学生的距离,产生情感共鸣,从而能够更好地促进思想政治教学目标的实现。

3. 专业课程是课程思政的基本载体

课程思政是指在坚决拥护马克思主义基本观点和方法的基础之上,以其他各科课程为依托,把思政教育教学活动润物无声地贯穿于各科课程的始终,最终实现立德树人的根本任务和终极目标。由此可知,开展课程思政教育的基础和关键是各科课程,没有各科课程作为基础支撑,课程思政教育将无法开展,更将无法发挥育人功能,无法实现立德育人的根本任务和终极目标①。因此,课程思政教育需要以各科课程为基本载体,二者共同发力,最终使各门课程都能发挥出最大功效的育人树人功能。而专业课程则是除思政课程以外在其他所有学科课程中占有举足轻重地位的课程,是寓德于课的重要平台。在高等院校开设的每一门课程中都可以提炼总结出其在社会主义核心价值观方面的要求,这些要求恰恰就是专业课程与思政教育相辅相成、相互联系结合的一些因素点。比如,专业课教师通过不断思考,挖掘出专业课中的家国情怀等思政元素,以隐性的教育方式潜移默化地激发了学生对专业课的学习兴趣并且达到了课程思政教育的育人效果。

4. 隐性教育是课程思政的主要方式

课程思政是一种教育理念、一种教育思维、一种教育方式,但它又与其他所有课程的教学方法不同。课程思政强调的是要以一种润物细无声、潜移默化的教学方式让教师的课堂教学"活"起来,切忌像其他课程一样根据课堂教案走流程、生搬硬套②。但这不等同于说高校教师在对学生进行课程思政教育时就可以不做准备,随意发挥。恰恰相反,课程思政教育对高校教师提出了更高的要求,需要专业教师在课前精心策划准备,思考要以怎样一种自然而然、不着痕迹的方式在专业课堂将思政元素融入其中,比如将边防战士们的奉献、担当精神,科学家们的合作、创新精神融入其中。高校教师在对专业课程的知识和能力进行显性的、直接的教授的同时,又以一种润物细无声的方式对学生的价值观进行隐性的引导,一举两得。这与显性的、有计划的、有意的思政课教育完全背道而驰,它强调的是一种隐性教育,是以一种潜移默化的教学方式使学生在学习专业课知识的同时加强巩固价值观教育。

---

① 李国娟.课程思政建设必须牢牢把握五个关键环节[J].中国高等教育,2017(Z3):28-29.
② 刘福军.课程思政的内涵及构成要素探析[J].科教导刊(中旬刊),2020(29):33-34.

（二）高校课程思政的基本特点

1. 隐蔽性

课程思政不是采用有计划的、直接的教学方式对学生进行教学,而是以间接、隐蔽的方式,将爱国主义、道德修养、思想品德等融入课堂教学,潜移默化地熏陶、影响学生,实现立德树人的根本任务和目标①。具体来说,其隐蔽性表现在以下两个方面。一方面,高校教师施教的隐蔽性。大学生在学习专业知识时以一种隐蔽的方式接受爱国主义、道德修养、思想品德、社会主义核心价值观等价值观教育。学生在此学习过程中并不能轻易地、直接地感受到教师的良苦用心,他们往往所直接感受到的是教师对专业课知识的讲解与传授,并不能直接感觉到价值观引导活动。另一方面,学生受教结果的隐蔽性。由于课程思政教育往往需要以专业课为依托,教师对学生进行课程思政教育的同时也是专业课知识的教学过程,因此学生的注意力一般都在专业课知识的学习上。所以课程思政教育的效果一般不会立竿见影,往往会被暂时遮蔽。

2. 长期性

课程思政教育要对学生的价值观起到引导作用,往往需要一段时间的影响和沉淀方能看到效果。在这个过程中,教师万万不可急于求成,需要有足够的耐心,付出足够的心思,长时间地、间接地影响和感染学生。通过长时间的累积和沉淀,对学生的思想政治教育会经历从量变到质变这一过程,终有一天,课程思政教育的成效会外显出来。经过这种方式对学生进行思政教育,虽然见效慢,但只要高校教师一步一个脚印,脚踏实地、兢兢业业地在对学生教授专业知识的同时润物细无声地融入爱国主义、道德修养、思想品德、社会主义核心价值观等价值观教育,其效果比直接给学生上思想政治课更加深入人心,效果更加持久。最重要的是,这样做能够使学生真正做到内化于心且外化于行。

---

① 白显良.隐形思想政治教育基本理论研究[M].北京:人民出版社,2013.

3.易接受性

传统的思想政治教育是按照固定的教学大纲按部就班地直接对学生进行传授,这种"填鸭式"的教育方式,往往会引起学生的叛逆、排斥心理。而课程思政是使学生在学习专业知识的过程中同时受到爱国主义、道德修养、思想品德、社会主义核心价值观等价值观教育。课程思政教育在对学生进行引导教学时可以把原来思想政治的教学内容根据其他课程的教学进度随时进行拆分和动态调整,不必非得遵循思想政治课程的大纲按部就班地进行教学。并且,对于思想政治课程中的重点、难点、易混淆的知识点,教师可以与专业课程相结合,与专业知识相联系,以一种简单易懂的方式使学生能够轻松接受思政教育。课程思政这种隐性的、潜移默化的教育方式能够使学生更加容易接受思想政治教育,且教育效果比直接给学生上思想政治教育课更加持久有效。

三、高校课程思政的目标与要求

(一)高校课程思政的目标

2020年5月教育部印发的《高等学校课程思政建设指导纲要》中对于课程思政的目标有清晰的说明:高校之中的全体教师在明确以思想品质、道德素养、政治认同、人文修养、爱国情怀、法治意识等内容为基本教学目标的基础之上,对高校之中的全体学生全面系统地进行中国特色社会主义核心价值观教育、中华上下五千年累积沉淀出的优秀传统文化教育等,以此来提高高等院校人才培养的质量以及完成高等院校课程思政教育立德育人的目标①。具体来说,可分为以下两个方面。

1.引领高校大学生的价值取向

大学生是国家的未来,民族的希望,是我国特色社会主义未来的建设者和接班人。因此,大学生必须拥有正确的价值观,包括爱国主义、奉献精神、工匠精神等,这对社会的稳定、经济的发展、国家的富强及民族的复兴都是至

① 王鹏凯.高校推进"课程思政"建设的有效路径研究[D].长春:吉林农业大学,2021.

关重要的。课程思政教育的理念、模式要在高校之中普遍形成共识,使全体教师为课程思政的建设共同发力,以专业知识、综合能力、正确价值观为基础的维度,层层递推,高校教师通过知、情、意、行的整合,引领学生拥有正确的人生观、世界观、价值观。

2. 激活高校大学生的社会使命感和责任感

课程思政教育要以坚定学生们正确的理想、信念为主线,高校教师要因材施教,灵活引导学生们了解国家的历史、现状及当今世界的格局。坚决拥护中国共产党、坚定党的政治立场、坚定不移走中国特色社会主义道路。以政治认同、爱国情怀、法治意识等内容为目标维度,系统地进行中国特色社会主义核心价值观教育、中华上下五千年累积沉淀出的优秀传统文化教育、中华民族伟大复兴中国梦教育等,使学生铭记"天下兴亡,匹夫有责"的道理,真正做到内化于心,外化于行,以此来激活学生承担社会责任的使命感和责任感。

(二)高校课程思政的要求

1. 政治导向

课程思政的政治导向要求是指高校要以中国特色社会主义为基本办学方针、办学方向来对我国高等院校的学生进行课程思政教育。政治导向是课程思政最基本、最重要的要求。办什么样的大学,坚持什么样的方向才能办好一所大学,当今的高校应该怎么做才能培养出品学兼优的社会主义接班人,这是当今高等院校亟须思考和解决的问题,而课程思政的政治导向要求规定了我国高等院校应当朝着什么方向发展,即课程思政的方向性问题①。政治导向要求规定了我国高等院校要坚定马克思主义的观点和立场,沿着中国特色社会主义道路前进,高等院校要时时刻刻以培育新时代中国特色社会主义接班人为崇高使命和终极目标。课程思政的政治导向要求要"紧紧围绕坚定学生理想信念,以爱党、爱国、爱人民、爱集体为主线"②。这就要求高

---

① 邱伟光.课程思政的价值意蕴与生成路径[J].思想理论教育,2017(7):10-14.
② 教育部办公厅.高等学校课程思政建设指导纲要[EB/OL].(2020-06-01)[2022-06-18].http://www.moe.gov.cn/srcsite/A08/s7056/202006/t202006053-462437.html.

等院校的学生既要踏踏实实、认真严谨地将其专业知识、专业技能学好学扎实、掌握牢固,为祖国的未来尽自己的一份绵薄之力,又要塑造正确的人生观、世界观、价值观,以及培养爱党、爱国、爱人民的意识觉悟,为新时代人类的幸福而学习、而奋斗。

2. 寓德于课

立德育人是高校的立身之本、职责和目标,同时对于一个国家,一个民族来其说也是立身之本,立国之基。习近平总书记指出:"要积极努力地开创我国高等院校教育发展的新局面,就要把思想政治教育融会贯穿于高校教学的始终"[①]。"立德"不仅是思想政治教育课程的主要内容和重点内容之一,更是课程思政教育的重要组成部分和要求之一。而所谓的"立德"不能让它只是抽象地存在于纸上,要让它从无形转化为有形,"德"通过寓于高校之中不同年级、不同专业的具体课程内容之中,通过寓于高校教师的教学过程中发挥其自身的功能和作用。对大学生进行思想品德教育,传统上一直是以思想政治课程为主,但是高等教育的实践发展过程表明,思想品德教育这一长期任务不是仅仅依靠某一门课程就能完成的,高等院校开设的所有课程都要承担这一职责、分担这一任务。因此,课程思政教育要求高校全体教师寓德于课,思想政治课程与其他所有专业课程应当同步同趋、共同发力,形成教育合力。

3. 人文立课

课程思政教育要求高校之中的全体教师都能深入挖掘剖析教学课程中的"人文素养"元素,人文精神是人文素养中的重要组成部分。人文精神教育对学生的发展和成长来说是不可或缺的一部分,对高等院校的学生形成健全的人格具有十分重要的影响和至关重要的意义。高等院校开设的每一门课程都具有育人功能,其中都蕴藏着人文精神。但学生自己很难轻易发现蕴含在不同课程中的人文精神、人文素养。因此,课程思政教育就要求高校全体教师在教学过程中积极主动拓展专业课知识,开发不同学科中蕴藏着的人文精神,力争高校全体教师在教学过程中都能够积极思考,主动自觉地将知

---

① 把思想政治工作贯穿教育教学全过程 开创我国高等教育事业发展新局面[N]. 人民日报, 2016 – 12 – 9(1).

识教育,爱党、爱国、爱人民教育,家国情怀教育以及健全人格教育自然完美地衔接联合起来;深入挖掘分析课程中的思想政治教育内容,经过教师自己认知和思考后,将其润物细无声地融入知识教学当中,真正地使高等院校开设的所有课程都能发挥育人功能,守好一段渠,种好责任田[①]。

第二节　课程思政教育的相关理论

一、马克思关于人的全面发展理论

关于人的全面发展的理论,在马克思不同时期的著作中有不同的观点[②],并且随着时间的推移,这些观点逐步完善,最终在《共产党宣言》中总结出系统完整的定论。关于人的全面发展的理论雏形的形成是马克思在《1844 年经济学哲学手稿》中提出的:"作为一个完整的人,而非没有感情的、麻木机械工作的机器,人类的劳动得到了解放,人的全面发展才可能实现。"《德意志意识形态》中马克思向人们展示说明了人类发展的一些客观规律,并因此向公众展望规划了关于人全面而自由发展的美好愿望,马克思这一思想的提出是马克思关于人的全面发展的理论走向成熟的重要标志。通过对这一理论进行不断的修改与完善,1848 年,马克思和恩格斯共同著作完成的《共产党宣言》出版问世,其中面向全人类自由而全面的发展设计了一整套系统而完善的发展对策,从而使人的全面发展理论成为一套完整的科学理论体系[③]。马克思主义认为,人的全面发展理论的基本内容包括人的劳动和能力的全面发展、人的社会关系的全面发展、人的需要的全面发展和人的自由个性的全面发展[④]。

第一,人的劳动和能力的全面发展。要探讨人的自由而全面的发展,那么首先要探讨人的劳动的全面发展。人与动物最大的区别就是人具有劳动的本质,并且能够通过劳动来谋求生存和长远的发展与传承。但是,在资本

---

① 杨金铎.中国高等院校"课程思政"建设研究[D].长春:吉林大学,2021.
② 孙汝兵.广西高校课程思政育人机制研究[D].桂林:桂林理工大学,2020.
③ 庞建萍.马克思主义人的发展理论与大学生的全面发展教育[D].太原:太原理工大学,2012.
④ 杨金铎.中国高等院校"课程思政"建设研究[D].长春:吉林大学,2021.

主义横行的工业时代,劳动者被视为陷入机械麻木工作的没有个人情感和思想的机器人,其在生产过程中的作用只是一个小零件而已。因此,马克思提出要实现人类的全面而自由的发展必须要消除私有制和内部分工。人们要多多参与社会实践活动以此来提升智力、体力,并使二者达到一种平分秋色的均衡状态。第二,人的社会关系的全面发展。个体要想在社会上立足,仅仅依靠个体自身的力量和智慧是不够的,必须与他人之间形成一定的社会关系,这是因为个体在能力、力量、思维等方面都具有一定的局限性。个体在与他人形成一定的社会关系之后,协作努力,在力量和智慧思维方面均能形成合力,能够在一切实践活动中更加积极主动地进行生产活动。第三,人的需要的全面发展。人类之所以能够积极主动地参与社会实践活动,归根结底是源于需要。物质需要,如吃、穿、住、行等,这是人类得以生存与发展的最基本的需要。由人的本质决定使然,人的需要其实是一个动态变化的过程,不是停滞不前、静态不变的,生存需要得到满足后,会产生新的一级的需要。并且,个体自我发展和完善的过程也就是人类有新的需要不断产生、继而不断得到满足的过程。第四,人的自由个性的全面发展。马克思指出,由于"市民社会"的存在,才导致人的本性受到了极大的压制,继而人的自由个性的全面发展才受到了极大的阻碍,因此他极其看重和强调人的自由个性的全面发展。人类与动物最大的区别之一就是人是有思想、有意识的,具有主观能动性的社会存在物。人类所具有的自主性、自愿性是人的自由个性的全面发展的基本前提条件,并且前者对于后者具有至关重要的意义。马克思主义认为,未来人类进行不断发展的过程中个体要各自发现自身的特别之处①。

简而言之,马克思关于人的全面发展的理论就是指人的综合素质、能力的整体提升,这一理论说明了高校进行人才培养的具体要求和标志。马克思强调,人的全面而自由的发展不但需要生产力的推进,同样也需要持续不断的学习和教育。人类在政治、经济、文化等方面的需求推动了历史不断向前演变发展,而高校课程思政发展的动力则是源于高校进行人才培养的使命和目标②。因此,马克思关于人的全面发展理论为高校课程思政建设的必要性

---

① 马克思恩格斯文集(第三卷)[M].中共中央马克思恩格斯列宁斯大林著作编译局,译.北京:人民出版社,2009.

② 李粤霞."课程思政"实施的理念与路径研究[D].广州:广东外语外贸大学,2020.

提供了重要的理论依据。

二、教育学相关理论

（一）合作教育理论

合作教育是由 19 世纪美国的辛辛那提大学首次提出并加以实践运用的一种理论与实践相结合的教育教学模式。辛辛那提大学具体的做法是在学校内挑选出 27 名学生，随后将其随机分为 2 组，对这 2 组学生进行不同领域、方向的训练和学习：一边在学校专门学习理论知识，一边在企业参加实践，这种教育教学方式被称为合作教育①。我国明朝王守仁的"知行合一"认为认清事物、了解事物与在现实中践行是密不可分的一件事，前者与后者相互依存、相互存在。我国教育家陶行知也十分赞成此观点，他曾提出教育生活化、学校社会化的理论观点，简单来说就是教育即生活、学校即社会；具体来说就是在强调说明当代的学生需要学习和培养的能力不仅仅是校园内教授的理论知识，还要进行实践。合作教育模式通过不断的摸索和改善已经变成了知识传授、能力培养和价值引领三者的结合统一，缺一不可，已不再是最初简单的知识传授和能力培养之间的联合统一了。高校课程思政教育要求高校之中的全体教师在第一课堂（教学）将知识、能力和价值三者兼备，完美结合，同时还要将知识、能力、价值以一种潜移默化的方式转移到第二（实践）和第三课堂（网络）之中。将课程思政教育在合作教育理论指导下、高校全体教师的共同努力下逐步落实、落细。合作教育理论为高校课程思政教学平台的建设提供了重要的理论依据。

（二）隐性教育理论

1968 年，美国教育学家杰克逊（P. W. Jackson）在他的著作《班级生活》中提出了"潜在课程"这一概念，也可称为"隐形课程"，并且对这一概念进行了详细的解释说明②。他首次明确而系统地说明了教师不仅要向学生传授

---

① 戚静.高校课程思政协同创新研究[D].上海:上海师范大学,2020.
② 刘诗含.黑龙江高校课程思政建设实效性研究[D].哈尔滨:东北农业大学,2021.

专业知识,还要对其价值观、情感态度等方面进行正确定向引导教育;同时,教师在此过程中占有举足轻重的地位,教师必须要以隐形课程为载体,以一种无声胜有声的方式,间接地影响学生的价值观①。隐性教育是指教师看似不经意、不刻意地灌输给学生某些知识体系,但是在特定的教育环境及事先精心准备安排的各项活动中,教师间接地以一种有计划、有目的的方式使学生在无声无息中学会并吸收了某些知识内容。近年来,我国高等院校隐性思政教育的重要作用越来越不容忽视,并且隐性教育在高校教育教学之中越来越普遍。隐性教育的特点主要有:教师教学态度的积极主动、自发能动性;教师教育过程的无意识性、随意性;教育方式的间接性、隐蔽性;教育效果的延期性、不确定性。隐性教育不同于以往的"填鸭式"教育方式,它往往以一种无意识的、间接的、循循善诱的教育方式让学生在不知不觉中学习和吸收特定的理论知识。因此,隐性教育理论对于高等院校课程思政改革和发展建设工作具有重要的推动作用,对于新时代高校课程思政教育机制的进一步完善和发展有重要的现实意义和指导意义。隐性教育理论为高校课程思政教育方式提供了重要的理论依据。

(三)有效教学理论

有效教学理论是在 20 世纪初提出来的。有效教学指当代高校教师在教育教学的过程中以挖掘每位学生的潜力为出发点,保持良好的职业道德素养,在平时的课堂教学过程中要着重注意激发学生求知的热情和学习的积极主动性,从而使学生都能够拥有正确的价值观②。正如夸美纽斯(Comenius)提出的观点:"教师应该用尽一切可能的、合理的方式将学生们的求知与求学的欲望激发出来"③。我国高等院校课程思政教育就是要使学生既能掌握扎实的理论知识,又能拥有实践能力、正确的价值观和核心素养,促进大学生全面综合发展。从影响因素方面来说,教师在此过程中扮演不可或缺并且十

---

① 赵建超.近十年来我国隐性思想政治教育研究述评[J].长春教育学院学报,2016,32(11):50-52,59.

② 任苏民.新时代有效教学研究的理论构建:兼论叶圣陶教育思想在新时代的借鉴与发展[J].中国教育科学(中英文),2020,3(1):55-65.

③ 夸美纽斯.大教学论[M].傅任敢,译.北京:人民教育出版社,1984.

分重要的角色,高校教师拥有的价值观正确与否,教学内容中蕴藏的价值取向科学与否,教师的教学态度积极热情与否等,这些都是评价教师教学有效性的重要变量,都直接决定了有效教学的实现程度。新时代有效教学的价值取向是培养全方位综合发展的人才,而这与新时代高校课程思政教育建设的目标不谋而合。综上所述,我们可以得出这样一个结论:新时代高校课程思政教育与有效教学理论具有同一性。有效教学理论为高校课程思政教育效果提供了重要的理论依据。

三、协同教学理论

协同学理论(Synergy Theory)是由德国理论物理学家哈肯在 20 世纪 70 年代创建的,主要是研究在自然界中具有不同属性的不同事物之间的共同特点及协同机理。他认为"如果把自然界看作一个统一体,那么,这个统一体就是由许多具有不同属性的系统协同组织起来的,同时,这个大的有机统一体可以被称作大系统,其中的许多系统则被称作各个小系统"①。在达到某种特定的条件时,这些具有不同属性的子系统也会从无序实现有序,形成相互协调和相互促进的关系,维持着大系统的平衡,从而不断推动组成的大系统向前发展。各个子系统之间的有序和无序状态不是静态的、绝对不变的,在某些特定的环境下,这种所谓的有序和无序二者之间可以相互转化,通过各个子系统之间的这种协同作用,使其在宏观视角上呈现一种有序的状态。如果在一个大系统之中,具有不同属性的各个不同的子系统之间不能相互协同、相互作用,更有甚者,出现了相互排斥和否定的情况,那么毫无疑问地就会呈现出一种无序的状态,严重时将会导致自然界中整个大系统的崩溃。反之,如果自然界中具有不同属性的各个子系统之间能够相互合作、相互协同、凝聚合力,那就是有序的运作,这是毋庸置疑的,各个子系统发挥各自的最大功效,最终实现所谓的"1 + 1 > 2"。这是因为系统整体的最佳功能并非各个不同的小系统之间的简单加和,而是各个小系统之间共同作用、凝心聚力的结果。换句话说,这也就恰恰进一步强调说明了自然界中具有不同属性的系统要想实现从无序到有序的转化,关键在于组成大系统的各个不同的子系统

---

① 哈肯.协同学大自然构成的奥秘[M].上海:上海世纪出版社,2015.

之间的合作、协同作用。

哈肯在对协同学理论解释时曾做过这样一个形象的比喻:"自然界中的人就好像在一座大山的两端相向而行,同时挖一条隧道,这座大山就像一块拦路石,将不同的学科分离开来,尤其是把'硬'科学和'软'科学分离开来了。"[①]就像拦路虎终会消失,隧道终会打通一样,这些不同的学科最终是可以进行相互融合的,而融合的方式正是他所创建的协同学理论。哈肯的协同学理论也进一步论证说明了不同的学科之间并不存在所谓的不可打破的学科壁垒。纵观当今我国高等院校思想政治教育情况仍不够完善,不能够做到不同的学科之间相互影响、相互作用、相互融合,凝心聚力,共同形成教育合力,存在各个不同的教育主体之间各行其是、各自为政的"两张皮"现象,这不仅浪费了教育资源,也浪费了人才资源,更是使得思想政治教育的效果大打折扣。因此,我们必须明确认识到不同的学科之间并不是所谓的竞争关系,并且须明晰思想政治教育不能仅局限于某一门固定的课程,而应在我国高等院校之中推行全体教师之间、所有不同的学科之间的协同互助、同向偕行、同频共振,形成教育合力,一同致力于立德树人根本任务的实现。而高校课程思政教育机制的建设,在协同学理论的推动下,在一定程度上打破了传统的教学方式、教学理念,同时也渐渐认识到不同的学科之间存在学科壁垒这种错误的观念,使所有学科共同协作,实现最佳功能。

在我国高等院校之中,各科课程是新时代课程思政教育教学的主要的、基本的载体,同时也是我国高等院校完成立德树人根本任务和目标的重要载体,所有不同的课程之间要协调好关系,相互影响,相互协作,发挥好育人合力的最大功效。因此,高等院校要以协同学理论作为课程思政教育机制的理论依据,从而保证新时代高校课程思政育人教育大格局的顺利建构[②]。综上所述,协同学理论中"协同互助、同频共振"的理念是开展高校课程思政教育研究的重要理论依据。协同教学理论为高校课程思政主体之间的协作提供了重要的理论依据。

---

① 哈肯.协同学[M].北京:原子能出版社,1984.

② 覃景冠.高校课程思政育人机制构建研究[D].西安:西北政法大学,2021.

四、新时代课程思政育人理论

全面持续深化推动我国各大高校素质教育的发展,培养全方位综合发展的高素质人才是新时代高等院校思想政治教育改革、发展过程中的一项至关重要且刻不容缓的任务。党的十九大之后,习近平总书记在很多不同的场合对高等院校立德育人的根本任务和目标,以及新时代高校课程思政教育对大学生的成长和发展的影响及重要性发表了许多十分重要的讲话。2017 年年初国务院提出要通过教材的不断充实与完善,教师授课能力的不断提高来使课堂教学更有吸引力和说服力①,从而使得对于学生的思想政治教育、价值引领要在各个不同的学科之中得到进一步的强化,这是新时代课程思政教育理念的雏形。2021 年习近平总书记表示:"今天我们处在'两个一百年'的历史交点,而突如其来的疫情给我们带来了很大的挑战,这是我们亿万人民都正在共同经历的故事,思政课不只是枯燥地讲述课本中的理论知识,要与现实生活相互融合。"②让抗疫精神和课本知识进行融合,我国所有的学子们都可以在此次新冠肺炎疫情之中学习思想政治③。

2020 年 5 月 28 日,教育部印发了《高等学校课程思政建设指导纲要》(以下简称《纲要》)。《纲要》提出,新时代我国所有高校、所有学科专业要全面推进课程思政建设,高等院校之中开设的每一门课程都或多或少、或显性或隐性地蕴含思政元素,具有育人功能,高等院校之中的全体教师要把握、利用好课堂教学,要充分发挥每一门课程最佳的育人功效,要努力推动思想政治教育课程与其他各科教学的相互融合。让学生可以全方面发展,切实提升立德树人的成效④。《纲要》明确说明了新时代全面提高人才培养质量的重要前提之一就是高等院校课程思政育人系统的建设。高等院校课程思政的建设与发展要想更加具有科学性、开放性、高效性,就要始终重视素质教育培养、立德树人的根本任务和目标。高等院校要用心做好思政教育这项工

---

① 中共中央国务院关于加强和改进新形势下高校思想政治工作的意见[N].人民日报,2017 - 02 - 28(2).

② 杜尚泽."'大思政课'我们要善用之"[N].人民日报海外版,2021 - 03 - 07(1).

③ 张雨情.工科研究生"课程思政"育人体系建设研究[D].沈阳:沈阳建筑大学,2021.

④ 教育部办公厅.教育部全面推进高校课程思政建设[EB/OL].[2020 - 06 - 05]. https://www. moe. cn/jyb_xwfb/gzdt_gzd + /s5987/202006/t20200604 - 462550. html.

作,切切实实地不断提高教育质量和水平。归根结底,教育创新的根本任务和目标就是推动素质教育的发展。同时《纲要》提出,课程思政建设要以春风化雨、润物无声的教学方式对学生进行价值观的引领,从而对新时代大学生人生观、世界观、价值观进行正确的塑造。作为新时代的社会主义接班人,尤其是青少年、大学生,拥有正确的价值观和良好的品德是十分重要且必要的。大学生更是要时时刻刻心中怀揣中国梦、践行社会主义核心价值观,最重要的是,这一切都要以拥有良好的品德为基础,用"德"来稳固共同的思想基础①。

以上关于新时代高等院校思想政治教育的重要论述,不仅明确了课程思政的重要性、必要性、可行性,而且也明确要求了高等院校之中所有课程都要与思想政治课程同向而行,形成教育合力,发挥好立德育人的功能,打破了在此之前仅凭思想政治教育理论课给学生进行思政教育的"孤岛现象"。因此,在新时代高等院校课程思政育人机制的建构中,必须高度重视关于新时代高等院校思想政治教育相关的重要论述、讲话和政策文件。新时代课程思政育人理论为高校课程思政建设与国家发展战略的融合奠定了坚实的理论基础②。

第三节　国内外相关研究

一、国内相关研究

高等院校的根本任务和目标是立德育人,那么,如何通过不同的课程发挥教育的最大功效,达到此目标,是世界上任何一个国家都需要面对和解决的问题。但是由于各国背景、国情等的差异,国内外的研究角度、现实中的实践都有很大的不同之处。在我国,高校课程思政教育研究是近年来学术界研究、讨论的热点问题,学术界对于如何使"高等院校之中的每一门课程都要与思想政治理论课程同频共振、同向而行,共同形成协同效应"进行了更进

---

① 教育部办公厅.教育部全面推进高校课程思政建设[EB/OL]. (2020 – 06 – 05)[2022 – 06 – 28]. https://www.moe.gov.cn/jyb_xwfb/gzdt_gzd + /s5987/202006/t20200604 – 46250.html.
② 胡亚楠.新时代高校课程思政建设个案研究[D].桂林:广西师范大学,2021.

一步的剖析和研究,关于研究此类热点问题的文章的数量也呈现大幅增长态势。截至 2022 年 4 月,以"课程思政"为主题,在中国知网上进行搜索,共搜到相关学术论文 33 214 篇,其中,博硕论文仅有 251 篇,占比约为 0.8%,图书著作类仅有 11 本,占比约为 0.03%。本书将从课程思政相关研究、课程思政育人相关研究、高校协同育人相关研究等几个方面对已有研究成果进行归纳总结。

(一)课程思政相关研究

第一,课程思政本质内涵的研究。闵辉认为"课程思政的核心就是要通过不断地研究和挖掘高等院校开设的各个不同的学科及专业课程之中蕴含的思政元素,从而将所有的学科课程形成一个全面系统的、有机统一的思想政治教育课程体系。同时,这也是新时代高等院校思想政治教育教学改革与发展的必然要求"[1]。韩宪洲指出如果从理论的维度来探讨课程思政的本质内涵,那么,课程思政是教育理念的时代发展的一种必然;如果从发展的维度来探讨课程思政的本质内涵,那么,课程思政则是教书育人,并且要不断地进行进一步的挖掘拓展;如果从实践的维度来探讨课程思政的本质内涵,那么,课程思政是高等院校立德树人的根本要求和基本举措[2]。王学俭等指出课程思政要在时刻坚持协同育人理念的基础之上,以显性教育和隐性教育相结合的教育方法,保持科学创新的教学思维,达到立德树人的本质要求和目标[3]。

第二,课程思政价值意蕴的研究。课程思政对于大学生的价值观引导、道德素养的提高发挥着重要的引领作用,因此这也吸引了不少学者们的目光,引发了近年来的研究热潮。邱伟光认为坚持课程思政的教学理念,不但能够确保高校拥有正确的社会主义办学方向,也能够使高校在实现立德育人的根本任务和目标过程中事半功倍[4]。何云峰等指出通过挖掘专业课及其

① 闵辉.课程思政与高校哲学社会科学育人功能[J].思想理论教育,2017(7):21-25.
② 韩宪洲.以"课程思政"推进中国特色社会主义一流大学建设[J].中国高等教育,2018(23):4-6.
③ 王学俭,石岩.新时代课程思政的内涵、特点、难点及应对策略[J].新疆师范大学学报(哲学社会科学版),2020,41(2):50-58.
④ 邱伟光.课程思政的价值意蕴与生成路径[J].思想理论教育,2017(7):10-14.

他各科课程中蕴藏的思政元素,不但能够实现知识传授与价值引领的统一,还能够丰富高校教师的教学内容,活跃课堂气氛[①]。朱飞认为课程思政教育的价值意蕴是让高等院校之中的思想政治教育不再是一座"孤岛",使其一改以往那种单调的说教,强行灌输的教育方式,更加具有现实性,从而也就使其更加具有说服力[②]。

第三,课程思政与思政课程关系的研究。邱仁富认为课程思政与思政课程之间既有天然的同一性,相互联系、相互影响;又有着本质的、不可跨越的差异性,最优的结果应是二者发挥各自的作用和优势,同向而行,共同实现立德育人的目标。二者之间的差异性表现在地位、优势、内容等方面;二者之间的同一性表现在目标、功能、任务、内容、方向、要求等方面[③]。王景云认为课程思政与思政课程二者之间的关系是相互影响,相得益彰的。因为二者在教学内容、教学目标和教学方向上是同频共振、同向同行的关系,因此课程思政与思政课程二者之间要相互影响、相互学习、互相合作[④]。而唐海风认为课程思政是传统的思想政治教育转变的必然趋势和结果,高等院校的全体教师要主动转变教育理念和方式思路,实现立德育人的目标[⑤]。

第四,课程思政建设路径的研究。邱伟光认为课程思政重在建设,首先,教师在课程思政建设过程中是不可或缺的一个环节,是重中之重,缺少了教师,课程思政教育也就无从谈起;其次,教材是基础;最后,建立全面、系统的课程思政的制度建设是保障。刘承功将课程思政看作一种教育体系。他认为课程思政要着重关注其教育理念和教育方法,它承担着传授知识和引领价值的教育责任[⑥]。曹文泽认为课程思政建设需要高校之中的全体教师积极主动地转变教育方式和教育理念,通过多种方式来完善和丰富课堂教学内容,激发学生们的学习兴趣,以润物细无声的隐性教学方式将社会主义核心

---

① 何云峰,吉列丽,张青青.提升本科人才培养能力:"课程思政"的新时代价值与实践路径[J].教育理论与实践,2019,39(18):37-39.

② 朱飞.高校课程思政的价值澄明与进路选择[J].思想理论教育,2019(8):67-72.

③ 邱仁富."课程思政"与"思政课程"同向同行的理论阐释[J].思想教育研究,2018(4):109-113.

④ 王景云.论"思政课程"与"课程思政"的逻辑互构[J].马克思主义与现实,2019(6):186-191.

⑤ 唐海风.课程思政:高职专业课教学融入思政元素的路径[J].科技风,2018(35):38.

⑥ 刘承功.高校深入推进"课程思政"的若干思考[J].思想理论教育,2018(6):62-67.

价值观无声无息地、间接地融入高等院校的教育中①。

（二）课程思政育人相关研究

第一，高校课程思政育人机制目的的研究。王岩等学者认为，当今的我们处在信息快速更新和应用的时代，并且当前的思政教育如果仅仅依靠思想政治课程，效果不理想。在他们看来，先进的信息技术不仅可以应用于计算、制造等产业，亦能被普遍应用于我国高等院校之中的思想政治教育教学当中，同时这也是时代发展的必然趋势。因此，在信息时代下构建课程思政与思政课程协同育人机制是当今我国高等院校进行思想政治教育的必然选择，同时，也能够在向当代大学生传授知识的同时对其进行正确的价值引领和提高其实践能力②。

第二，高校课程思政育人理念的研究。关于高校课程思政育人理念的研究，学者张海洋在《高职院校"课程思政"与协同育人的融合逻辑理路》一文中明确说明，传统的思想政治教育一般情况下都是仅仅依靠思想政治理论课程对学生进行思政教育的，这种单线的教育理念和单兵作战的教学模式，不仅使思政教师处于一种"孤军奋战"的境地，而且教学效果往往也是大打折扣。而课程思政育人所倡导的教育理念则摒弃了传统思政教育的这种教育理念和教学模式，它主张要始终坚定不移地坚持马克思主义的基本观点、立场和方法，并以此为出发点和落脚点，要求高等院校的全体教师要时时刻刻秉持着开放、协同、合作的教育理念，根据育人主体的不同潜力和特征因材施教去激发育人主体的积极性和主观能动性③。

第三，高校课程思政育人功能的研究。在高校课程思政育人功能这一问题上，在当今这个社会大环境下，一般情况下，往往大多数的学者还是自然而然地、约定俗成地认为哲学社会科学学科蕴含较多的育人元素和具有较强的意识形态属性，在对学生进行思想政治教育方面具有至关重要的作用和职

---

① 曹文泽.以"课程思政"为抓手创新育人手段[J].学习时报,2016(8):1.

② 王岩,王静.信息时代构建"思政课程"与"课程思政"协同育人机制的思考:评《信息技术与课程深层次整合理论》[J].中国科技论文,2019,14(7):833－834.

③ 张海洋.高职院校"课程思政"与协同育人的融合逻辑理路[J].中国职业技术教育,2019(35):63－67.

责。程光泉提出"专业课程蕴含的思政元素同样能够对新时代大学生进行价值引领,发挥育人功能"①。学者高君提出,高等院校开设的每一门课程都蕴含思政元素和意识,都值得全体教师进行深入挖掘和研究,特别是专业课程的育人功能尤其值得高校教师不断地、积极主动地进行学习和探索。值得注意的是,在对专业课程的思想政治育人功能进行挖掘和探索的过程中,切忌教条主义、生搬硬套,要以真理的力量征服学生,以趣味性的教学方式吸引学生,从而高效、有效地实现对新时代大学生的价值引导②。

(三)高校协同育人的相关研究

第一,高校协同育人内涵的研究。赵新峰从协同教育所包含的内容着手,提出"协同教育的内容主要包括横向协同教育、纵向协同教育及协同教学"。横向协同教育是指学校教育、家庭教育、社会教育共同形成一个协同培养体系;纵向协同教育是指高校中教师之间的协同;协同教学是指在学习内部的教育,它主要是指教师知识的传授与学生学习与接收之间的协同,并且要确保以开放的教学环境为基础③。学者高文兵指出,协同教育首先要做到的就是打破所谓的学科壁垒,深入挖掘不同学科的思政元素,真正做到跨学科育人,同时要以开放的教学理念和教学方法将校内外的育人资源进行充分的整合利用,促进学生协同发展,为我国特色社会主义的建设培养全面综合发展的高素质人才④。

第二,高校协同育人必要性的研究。王海建认为高校思想政治教育的多主体性、多环节性、多领域性决定了协同创新的必要性和可行性⑤。孙建指出高等院校思想政治教育工作必须坚持协同育人的理念是由新时代高校的教学理念、教学方式、育人模式和载体的分化所决定的,同时,不仅要将思想政治教育工作系统与其他教学系统、教学辅助系统之间形成一种积极良好的

①　程光泉.发挥哲学社会科学课程育人功能[N].中国教育报,2004-10-26(1).
②　高君.高校课程思政与思政课程的协同效应[J].天津师范大学学报(社会科学版),2022(2):122-128.
③　赵新峰.协同育人论[M].北京:人民出版社,2013.
④　高文兵.跨学科协同教育研究[M].北京:高等教育出版社,2015.
⑤　王海建.协同创新:高校思想政治教育创新发展的必然路径[J].探索,2013(1):139-143.

协同关系,而且思想政治工作内部各子系统之间的关系也要协同好①。王学俭等学者则是从微观、宏观角度来分析协同创新的育人机制。从微观角度来看,可理解为思想政治教育实现其教育价值的具体化;从宏观角度来看,则可理解为是思想政治教育适应人的发展需要的表现②。

第三,高校协同育人问题的研究。薛立伟等学者认为主要是各职能部门之间没有形成系统完善的合作关系,缺乏及时的沟通与合作,信息难以共享,教育资源之间缺乏优化等问题导致了协同育人难以形成良好的协作效应③。学者符昌昭在《高校学生思想政治教育工作协同性研究》一文中指出,高校思想政治工作协同育人过程中主要存在的问题是高校思想政治教育管理机制不够完善、统一,因而就导致一系列问题,如高校思想政治教育队伍中教师的意识不够,教育积极性不高,团队成员之间缺乏协同合作性,以及高校、教师、学生三者之间缺乏协同性、交互性等,尤其是教师与学生之间缺乏沟通与互动的问题④。

第四,高校协同育人渠道的研究。甘霖等学者提出要通过两大课堂的合作共享达到协同育人的目标,因为两大课堂有各自的特点和功能,二者之间可以相互借鉴和学习,同时二者在教育目标、方向和环境等方面相似,具有一定的基础⑤。刘兵勇等学者提出要利用好两大课堂,协调好辅导员、专业课教师与两大课堂,以及辅导员与专业课教师的协作关系。在第一课堂中以专业课教师的课堂教学活动为主,辅导员协助专业课教师进行部分教学改革工作,及时、有针对性地做好学生的思想政治教育和引导工作为辅,在第二课堂中"专业课教师在教授专业课知识之余,也要了解关心学生们的日常生活,参与一些日常开展的思想政治教育活动,通过观察和倾听,及时了解学生们的思想和心态变化,同时还能搜集到一些关于学习效果方面的反馈"⑥。

---

① 孙建.论协同育人视角下高校思想政治工作机制及实践反思[J].学校党建与思想教育,2014(24):63-64.

② 王学俭,李晓莉.思想政治教育协同创新的育人机制探析[J].教学与研究,2015(10):98-104.

③ 薛立伟,孔斯丁.大学生思想政治教育协同育人机制的现实困境及解决路径[J].科教导刊(上旬刊),2014(13):90,147.

④ 符昌昭.高校学生思想政治教育工作协同性研究[J].教育观察(上半月),2016,5(12):9-10.

⑤ 甘霖,熊建生."两大课堂"协同育人初探[J].中国高校科技,2014(4):51-52.

⑥ 刘兵勇,王雅静,齐宁.高校辅导员与专业课教师协同育人的机制构建[J].山西高等学校社会科学学报,2015,27(2):81-84.

二、国外相关研究

国外高校虽然没有明确提出"课程思政"的概念和主张，但他们对课程育人以及跨学科协同教育方面的教学理念、模式都进行了诸多研究，并且取得了相应的成果。借鉴国外课程育人成果的成功教学经验和教学模式，对于进一步探索新时代我国高等院校课程思政协同创新一样具有至关重要的作用和意义。

（一）关于通识教育的相关研究

通识教育是 1829 年由美国的帕卡德教授提出来的。帕卡德教授认为通识教育是在学习一门课程前，必须要对即将要学习的这门课程的总体情况、体系做全面、系统、综合的了解。换句话说，就是学生在学习专业的知识时，高等院校的教师毋庸置疑地要为学生提供专业知识的所有分支的教授与讲解，它是一种尽可能综合的教育①。之后在马修·阿诺德的大力宣传和引导之下，针对现代高等院校的"通识教育"理念渐成规模并且影响愈来愈广泛。1943 年，美国哈佛大学不同学科领域的十二名著名教授成立了一个委员会，专门来研究通识教育和哈佛本科教育的创新、改革与发展。该委员会经过两年的潜心研究，于 1945 年出版了名为《自由社会中的通识教育》的著作。此书中对通识教育与专业教育的关系等做出了精辟的注释，特别是在各个不同的学科之间如何相互影响、相互作用，统一性等问题上提出了联合教育的意见，并对高等院校培养"好"学生和公民的重要性及必要性进行了详细明了的论证说明。以上的这些论证说明也在当年的美国高等教育学术界引发了强烈的认同。20 世纪 70 年代，美国教育学术界关于将通识教育融入专业课程知识教育中进行了反复的剖析，当时认为过多的通识教育融入专业知识教育中会本末倒置，从而忽略专业教育，因此进行了一些调整。2009 年，哈佛大学明确提出高等院校应对大学生进行专业知识、专业精神的教育，教师在教授专业知识时必须要融入通识教育，以其为辅，才能达到一种平衡的状态。哈佛大学通过对师生意见进行调研、收集、整理、分析、总结，提出大学生在校

---

① 顾明远. 中国教育大百科全书[M]. 上海：上海教育出版社,2012.

期间学习的内容要确保能够应用于社会、贡献于社会,高等院校的教育目标是培养学生在未来的工作和学习生活中具有解决问题的能力、批判思维与逻辑等,最终重新设计了一套新的通识课程体系。

在哈佛大学新的通识课程体系中,文化与信仰门类的课程旨在训练和发展大学生对多样性的文化,人类传统文化和不同国家、民族不同的信仰的理解包容及品鉴能力;伦理推理门类的课程是要在道德素养、政治信仰和实践等方面培养学生的独立思考、评价与推理分析能力及批判和辩证思维逻辑;世界和社会门类的课程则要求学生不做“井底之蛙”,将目光放得更加长远,在全球化的背景之下思考和分析未来极大概率可能会出现的政治、经济、社会、文化等问题,重点在于研究和剖析美国之外的其他各个国家的不同特点,美国与世界其他各个国家的关系及未来的关系走势;世界中的美国门类的课程则要求学生利用辩证思维同时从历史和未来两个不同的视角来研究分析美国的各项制度等。

(二)关于隐性教育的相关研究

国外学者对于隐性教育的研究比较多且形成了一定的理论体系,并且在实践领域也取得了较为不错的成效。美国著名的哲学家、心理学家 Dewey 提出了类似于隐性教育的相关概念,认为“社会环境在无形之中就是一种隐性教育,它会通过一种间接的、无意识的、隐性的方式对学生的思想观念、认知行为产生一定程度的影响,并在无形之中塑造了学生的道德品格,而且社会环境中的榜样模范常常会以一种润物细无声的方式对学生起到一定的传达教化作用”[1]。因此,Dewey 指出社会环境对学生潜移默化的影响和教化作用是对学生学校教育的有效补充,要从社会环境中学习、从生活中学习。由此,这样的教育才是最优的、平衡有效的。美国学者 Akbar 指出“各个不同的课程和具有不同特点的学科中都充斥着资本主义的意识形态,各种知识层面上都隐性地蕴含了意识形态的内容”[2]。因此,在课堂教学、教书育人的过

---

① DEWEY J. Democracy and education：an introduction to the philosophy of education[M]. BeiJing：China Light Industry Press,2016.

② AKBAR S. Development model of islamic citizenship education [J]. Procedural Social and Behavioral Sciences,2013,89:64 – 68.

程中,不管是哪门课程、哪种不同类型的学科,都务必要把自由、民主等思想观念深深地融入其中,以培养其政治意识、政治参与能力。美国学者 Guerin 指出"美国的隐性教育不仅仅在课堂教学过程中加以应用,在实际生活中也有被应用并且能够加以体现出来"①。在日常的课堂教学过程中,教师往往会以一种隐性、巧妙的方式围绕社会政治热点问题来教学,从而引发学生的思考和进一步的讨论,在讨论过程中教师会以一种无形的方式占据主导地位,引导学生对美国民主、法治等方面的认同,培养学生的民族自豪感。而在实践教学中,通过引导学生参与社区服务、鼓励学生参观并听证法庭审理案件,从而增强他们的服务意识与社会责任意识,增强学生对于民主、自由等价值的追求。

美国的公民教育同样也是普遍而广泛地采取了间接的、隐性的教育方式。通过在日常的学习、生活和工作过程中对学生潜移默化地进行思想政治教育,从而引导其主流价值观,塑造服务社会型的人格②。英国的隐性德育主张以开设的各个不同的学科为载体,以渗透融合为手段对学生进行思想道德教育,并且强调了校园环境对学生潜移默化的影响和熏陶作用,特别注重将所学所知应用于实践。新加坡的专业课程、选修课程的课堂教学过程也都潜移默化地融入了共同价值观教育,使得学生在学习成长过程中逐步逐级地增强对新加坡价值观的了解和认同,呈现出润物无声的生长姿态③。综上可以发现,各国在学生的思想政治教育、价值观引导方面有异曲同工之处。虽然不同国家和民族的德育培养方式存在一定的差异,但各国都不约而同地大力强调并支持高校开展思想政治教育,并且在方式上都强调了隐性教育的教学方式。

(三)关于道德教育实践的相关研究

不同国家和民族的高校道德教育课程实施的侧重点各不相同。以美国为代表的国家重视教育的整体德育功能,注重民族精神的熏陶;以马来西亚

---

① GUERIN L. Citizenship education：the feasibility of a participative approach [J]. Educational Research,2013,55(4):427－440.

② 刘鹤,石瑛,金祥雷.课程思政建设的理性内涵与实施路径[J].中国大学教学,2019(3):59－62.

③ 杨芝.美国隐性教育途径对中国高校思想政治教育的启示[J].新西部,2018(33):161－162.

为代表的国家注重课堂教学的作用,强调在课堂教学的过程中讲好道德教育;新加坡、日本强调正规教育在德育教育中发挥的作用;西欧各国则侧重于通过宗教教育对学生进行德育教育。各国学校进行道德教育的主要方式有:在日常学习过程中,特别开设专门的道德教育课程或价值观教育课,其他不同的学科同样具有道德教育功能,要在课堂教学过程中通过教师的教学加以体现出来;在日常校园生活中,主要通过礼仪教育及整洁等行为习惯教育,通过班风、校风、师生关系等班级隐性课程,通过同辈群体的标杆模范作用来潜移默化地影响和感染学生。

19世纪初德国著名教育家、哲学家洪堡创办了柏林大学,并提出"务必要通过研究来对学生进行教学","不可轻研究,忽视教学;更不可轻教学,重研究,教学与研究之间要达到一种平衡的状态,要相统一"。这是洪堡创办的柏林大学的办学原则,更是其重要标志。洪堡要求柏林大学的全体教师不仅要在课堂教学过程中传授给学生专业课知识,还要给学生传授教师自己的经验成果、正确的价值观等;教师也可以以一种潜移默化的方式引导学生自发组织一些研讨班,以研讨课的形式来了解、学习相关的思想政治教育内容。J. H. 纽曼认为,"高等院校教育的主要目的是要培养学生们的理智,以及拥有清晰明朗的逻辑、思维能力,而只有古典人文学科才能够担此重任,最有利于培养人的理智,因为此门学科具有较强的教育理念和价值。古典人文学科虽然不同于高等院校之中开设的其他各个不同的课程,特别是不像专业课程一样能够为在校大学生直接提供在社会上谋生的技能和获利的手段,但它能够使学生在浮躁压抑的环境下得到些许'自由教育',从而使学生心灵能够获得满足以及精神得到愉悦。并且他所提出的大学理念针对的就是自然科学课程的实用性,但是更为重要的是,这些课程的功利性和片面性不容忽视"[1]。大学生健全理智的塑造需要通过专门的人文课程来达到。除此之外,可以通过文娱活动、体育活动、学习小组等课外活动培养学生的情操来达到道德实践目的;西方各国普遍重视宗教教育的作用,甚至有部分国家将宗教课列为一项必修课,强制要求学生必须参加各种各样的宗教活动,毫无疑问,这能够潜移默化地培养学生们的价值观念。

---

[1] 顾明远.中国教育大百科全书[M].上海:上海教育出版社,2012.

三、国内外相关研究述评

综上所述,国内外学者对于思政教育问题展开了诸多讨论,形成了较为丰富的研究成果。相比较而言,国内学者对于课程思政教育的内容讨论得更加具体丰富,为后续研究的展开提供了丰富的理论基础和文献支撑。具体表现在:首先,当前学术界对高校课程思政育人机制有了一定的研究,并且形成了一些重要的理论研究成果,如对课程思政的本质内涵解析、课程思政的价值意蕴研究、课程思政与思政课程之间的关系判定等,都是现有研究当中比较重要的研究成果。其次,近年来,随着我国学者对高校课程思政育人机制研究的不断深入,很多文献中都对课程思政的部分内容进行了论述、概括。但是对高校课程思政效果提升路径探究进行系统分析的成果较少。如缺乏对课程思政育人机制从整体性构建上进行研究,同时关于课程思政教育与其他各个不同学科之间的关系的处理有待学者们进一步挖掘探讨。对高校课程思政协同育人机制存在的问题研究中,多数学者主要从宏观层面上进行分析,缺乏针对性,没有针对具体问题具体分析,换句话说,也就是忽略了矛盾的特殊性。新时代我国高等院校的课程思政育人机制构建的改革和发展一定会受到一定程度的影响。最后,新时代各个高校在对课程思政教育研究的过程中,对现有的理论研究成果进行选择性梳理,取其精华,去其糟粕,运用辩证思维选取出对自己的研究有用的部分,这能够在很大程度上减少一部分研究工作量,同时这也是对现有资源的有效整合利用。

第四节　本　章　小　结

本章是后续研究得以展开的理论基础部分。首先,准确界定了课程思政的内涵。课程思政不是指某一门特定的课程,而是一种教育理念、一种教育思维、一种教育方式,是以马克思主义基本观点和方法为指导,以高校各个专业开设的所有课程为依托,把思政教育教学活动融会贯穿于各科课程的始终,最终实现立德树人的根本任务和终极目标。其次,系统阐述了本书写作的相关理论基础。马克思关于人的全面发展理论、教育学相关理论(合作教育理论、隐性教育理论、有效教学理论)、协同教育理论和新时代课程思政教育人理论,为后续研究提供了理论依据。最后,详细梳理了国内外已有的相关研究成果。本章围绕国内外课程思政、课程思政育人、高校协同育人、通识教育、隐性教育、道德教育实践等核心问题,对国内外相关研究进行了较为详尽的描述并进行了综合评价,为本书后续的研究提供了文献支撑。

第二章　高校课程思政教育的 必要性和主要内容

高校课程思政教育的必要性和主要内容是高校思政课程改革的主要依据和发展方向。本章对高校课程思政教育的必要性和主要内容展开多维度分析,具体由三部分构成。第一部分通过论述课程思政与思政课程本质差异和价值统一的关系,阐述高校开展课程思政教育的必要性;第二部分对高校课程思政教育的必要性进行理论概述,从不同角度阐述高校实行课程思政教育的必要性;第三部分论述高校课程思政教育的主要内容,利用课程思政教育提高学生的综合素质,从而确保学生得到全面的发展与提升。

第一节　课程思政与思政课程的关系

课程思政和思政课程是国内各高校执行思想政治教育任务的必要措施,二者在本质上具有差异性,但也具有一定的价值统一性。近年来,我国高度重视"大思政"体系的构建,积极开展"立德"和"树人"的一体化教育,在"大思政"格局的建设中,课程思政与思政课程发挥着重要的作用。从教学的角度来看,高校应坚持以社会主义办学为主要方向,因而要求我们必须由思政课程向课程思政演变,与此同时,课程思政教育能否有效开展,需要思政课程和专业课程等各类学科充分展现自身的作用和价值,在高校教学过程中实现优势互补。综上所述,厘清课程思政与思政课程的关系有助于高校教学工作的顺利开展。

一、课程思政与思政课程的本质差异

（一）"思政"内容的差异

课程思政中的"思政"内容不同于思政课程中的"思政"，课程思政是"隐性"课程，这与思政课程大相径庭，思政课程则是"显性"课程。在课程思政中，要求高校教师特别关注对学生思想价值的引导，在其他各类课程中均要培育学生的政治意识，例如专业课、理论课和思政课等。而思政课程中的"思政"是重视思想政治理论知识的传授以及思想政治教育工作的开展，思政课程是高校学生的必修课，需要对学生传授"马克思主义理论"教育，是高校学生接受思想政治教育的主要方式。在课程思政教育的大背景下，专业课和通识课的教学设计不仅包括必修课，还包括选修课。与思政课程不同的是，在专业课和通识课的课堂上，思想政治教育是通过激发学生的爱国情怀和政治意识，以及向学生弘扬中华优秀传统文化来发挥对大学生的思想价值引领作用的。从课程德育的角度来看，有研究者分析，德育也是一种隐性教育，在其他课程中融入"德育元素"，进而开展对于学生的"道德教育"。德育的特点与课程思政教育有相似之处，它们都具有隐蔽性和渗透性。在专业课程中融入科学精神和创新思维，使高校学生在收获专业知识的同时，受到道德教育的引导和熏陶，能够改善自身的价值选择和综合素质。

所以，课程思政重视思想价值引领，强调将其放在首位，但是不能取代于专业知识和其他课程的学习。一方面，专业课的"去行政化"十分重要，高校需要区分思想政治理论课程和专业课程中"思政"内容的不同，只有这样，课程思政和思政课程中"思政"内容才能不被混淆。值得注意的是，课程思政不能单一地等同于专业课思政或思政课程，因为它们在本质上具有一定的差异。在课程思政教育开展的过程中，要防止变成专业课思政，也就是说要遵循专业课的教学规律和方式，不能在专业课中过度强调思想政治教育，以免课程的性质发生变化，使其变为思政课程。另一方面，也应该避免思想政治理论课的"通识化"，即对思想政治理论课的重点把握不到位，侧重点在放大通识性内容上，导致思想政治理论课的教学内容和教学重点产生偏差，最后变为通识课。课程思政教育是在其他各类学科中融入思想政治教育，而不是改变其他课程的教学方向和重点,若在课程思政的改革过程中,出现上述两种情况,则有悖于课程思政的初衷。因此,明确课程思政和思政课程中"思政"内容的不同之处,有利于二者发挥各自的优势。

(二)"思政"重点的差异

思政课程的重点在于提高学生对于思想政治理论部分的学习,它是国内各个高校需要开设的必修课程。而课程思政重视思想价值的引领,强调在授课的过程中,侧面突出思想政治教育的重要性。要正确把握好思政课程中的"思政"和课程思政中的"思政"重点,不能将二者混淆,并明确课程思政的重点在于把"思政元素"加入专业课中,而不是把思政课程的全部内容照抄照搬到专业课上来。

从教学内容的角度分析可知,思政课程的教学重点是培养高校学生的思维逻辑能力,加强他们对于思想政治理论知识的学习,使其掌握相关的学习方法。因此,高校的思政课程通常采用开设必修课的方式,对高校学生开展全方位的思想政治理论教育。而课程思政的重点是高校教师在传授专业知识的基础上,加强对于学生的思想引导,强化他们的政治觉悟,培养大局意识。高校的党员教师更应该充分利用自身的优势,做国家"大思政"格局的有力践行者,帮助学生开阔视野,提高他们的思想理论素养①。由此可知,思政课程强调思想政治的理论学习教育,而课程思政在此基础上,还重视对学生思想和精神层面的引导。

从对教师的要求方面可以看出,课程思政中的"思政"和思政课程中的"思政"重点不同。目前,国内高校高度重视对于课程思政的建设工作,但开展课程思政并非是把全部课程"思政化",高校教师应把握思政课程和课程思政中"思政"的不同重点,把握好"度"。课程思政教育的开展,要求高校教师在教好专业知识的基础上,引入"思政元素",但不是引入的越多越好,而是从专业的角度,将与课程内容相关的思政元素进行融合,再讲授给学生。高校教师不能无中生有,将与专业课内容无关的思政元素在课堂上灌输和传授给学生,这样的做法只会画蛇添足,导致专业课变成思政课,学生既没有学

---

① 王燕.高校思政课程与"课程思政"的关系探析[J].宁波教育学院学报,2020,22(4):38-41.

习到专业知识,也没有理解透彻思想政治理论。高校开展思想政治教育的工作,必须通过思政课程这个主要渠道,因为思政课程具有相对完整的理论体系。另外,各类课程还需同步而行,互相配合,从而培养学生对于抽象概念的理解能力,引导学生把在专业课中积累的实践经验融入思想政治理论的学习中,并进行升华,丰富专业课的内在价值。无论是思政教师还是专业课教师,都应该守好各自的"渠",把握好二者之间"思政"重点的不同,共同完善"大思政"育人体系。

(三)"思政"地位的差异

新时代"大思政"育人体系下,高校的课程思政和思政课程同处在主要位置上,但二者"思政"的地位存在明显差异,前者居于思想政治教育的主导地位,而后者又是前者的有力支撑。课程思政注重学生在掌握专业知识的基础上,明确自己的职业方向和学习该专业的实际使命,与此同时,高校会根据专业课的不同类别,开发符合其专业范畴的思想政治教育功能,这样不仅能突显思想政治教育学科独特的育人优势,还可以体现哲学社会科学学科独特的育人功能[1]。目前,我国高校学生的思想信念和精神支撑容易遭到侵袭,思政课程作为"坚固堤坝"通过教授理论知识向学生普及思想政治教育,为他们的成长保驾护航,使他们在成长的道路上坚定自己的信仰。课程思政的建设是协助思政课程完成任务的主要举措,课程思政使隐藏在其他各类专业课程中的"政治元素"得以挖掘,对思想政治理论课程讲授的内容进行升华与总结。高校专业课教师在课堂上引入"思政元素",可以对学生进行精神层面的引导,使课堂内容和形式更加丰富,培养高校学生学习思想政治理论知识的热情,进而防止出现思想政治教育的"孤岛"现象,确保专业教育和思政教育有效融合,实现价值引导和知识传递的作用。

思政课程有助于课程思政教育的开展,是课程思政顺利进行的基础和前提,而课程思政作为思政课程的补充与拓展,有助于思政课程有重点、有层次地进行建设,使国内高校思想政治教育工作得到全面落实与开展。坚持构建

---

[1] 张苗."思政课程"与"课程思政"的同质性和差异性研究[J].辽宁师专学报(社会科学版),2021(1):56–58.

"全员、全程、全方位"育人体系,不仅要保持思政课程的重要地位不动摇,还要特别重视课程思政的补充与完善作用,充分发挥二者之间的协同效应。在全国高校思想政治工作会议上,习近平总书记曾特别强调:"思想政治理论课要坚持在改进中加强,提升思想政治教育亲和力和针对性,满足学生成长发展需求和期待,其他各门课程要守好一段渠、种好责任田,使各类课程与思想政治理论课同向同行,形成协同效应。"①思想政治理论课是形成协同效应的基础和主导,同时,它也是高校内部学习马克思主义的重要载体,因而需要重点建设。为此,《纲要》明确指出:"要进一步办好高校思想政治理论课,充分发挥思想政治理论课的主渠道作用,深入实施高校思想政治理论课建设体系创新计划,完善教材体系,提高教师素质,创新教学方法,增强教学的吸引力、说服力、感染力。"②要充分利用课堂教学这个"主渠道",保持课程思政和思政课程的同向而行,二者协同发展,在改进思政理论课程的基础上,注重课程思政教育的建设和开展,改善师资队伍,强化教学手段与方式,将专业课和思政课程进行有效融合,真正达到高校主张的"协同育人"效应。

二、课程思政与思政课程的价值统一

(一)育人目标的价值统一

思政课程和课程思政拥有同样的育人目标——立德树人,各个高校的教育工作不仅是为了教授学生专业知识,同时也要注重"德育"工作的进行,德育和智育同等重要,要双管齐下。高校应着重关注专业课程中的德育内容,要进行德育就需要通过思想政治教育这个主要渠道,且德育的传播离不开思政课程和课程思政,二者在育人目标方面保持着高度的一致。高校应该明确目标,使学生不受西方多种思潮的影响,让他们意识到学习思想政治理论的重要性。高校教师也应该保证学生学好专业知识的同时,引导他们成为有正确政治信仰的大学生。毫无疑问,思政课程和课程思政应保持"同向而行",

---

① 把思想政治工作贯穿教育教学全过程 开创我国高等教育事业发展新局面[N].人民日报,2016-12-09(1).

② 教育部办公厅.高等学校课程思政建设指导纲要[EB/OL].(2020-06-01)[2022-06-18].http://www.moe.gov.cn/srcsite/A08/s7056/202006/t20200603_462437.html.

有学者认为"保持二者相同的政治方向,应该做到坚持以社会主义办学为方向,以思想政治教育为引领"①。因此,在实际教学的过程中,其他各类专业课也应该与思政课程的政治方向保持高度一致,构建协同育人体系。课程思政的建设可以为专业课增加活力,走出长期与思政教育脱离的困境,与此同时,也有助于思政课程走出"孤岛",所以保持思政课程和课程思政教学目标的一致性,有助于高校明确社会主义办学方向,还可以提高高校思政建设的效率,改善高校教育工作的质量。

习近平总书记指出:"古今中外,每个国家都是按照自己的政治要求来培养人的,世界一流大学都是在服务自己国家发展中成长起来的。我国社会主义教育就是要培养社会主义建设者和接班人。"②而且在相关政策和文件中,习近平总书记曾多次强调我国高校开展课程思政教育的主要目标——培养社会主义合格建设者和可靠接班人,高校需重视对学生的思想政治教育工作,不仅要教书更要育人,高校是社会主义意识形态建设的主要阵地,应该抵制腐朽的思想文化,拒绝不良观念的侵蚀。高校要加强教师队伍的建设,改进原有的授课思路和讲课方式,提高自身的教学水平,不再只是以"教书"为教育目标,与此同时,还要实现"育人",体现高等教育的真正价值。因此,无论是专业课教师还是思政课教师都应利用课堂教学的主要渠道,大力弘扬社会主义先进文化,用先进的思想文化引导学生健康发展,让学生学会利用"中国特色社会主义理论体系"武装自己。课程思政和思政课程都是我国高校思想政治教育工作的重要构成部分,二者是一个共同体,它们的共同目标是一致的,都是实现"立德树人"的主要任务,从而为社会主义事业的建设工作培育人才。

（二）教学要求的价值统一

课程思政的建设不仅对专业课中的"思政"内容做出了严格的要求,也对思想政治理论课制定了更高的标准。思政课程作为高校思政教育的主要传播方式,高校内所有相关人员都应履行自身的教育职责,不断提升思想文

---

① 吴沁阳.思政课程与课程思政关系辨析[J].佳木斯职业学院学报,2022,38(2):19-21.
② 习近平在北京大学师生座谈会上的讲话[N].北京日报,2018-05-02(2).

化修养,自觉承担起高校教育工作的重要使命。就本质而言,高校充分发挥思想政治教育的功能和价值,就要把课程思政教育和思想政治教育贯穿于教学的全过程,在课程安排设计上可以使学生了解和接受思想政治教育。思政课程是高校学生接受思想政治教育的主要阵地和渠道,更是构成课程思政的重要组成部分,应该充分发挥其价值引导作用。同时,思想政治理论课应全面落实课程思政的教学理念,思想政治理论课的本质要求是要保持自身的意识形态性,高校教师必须做到可信、可靠、可敬,避免出现迎合思政课程教育的假象。无论是思政课程还是课程思政都是在实施思想政治教育,都要求高校全体师生坚定"四个自信""四个意识",保持自己的政治立场,成为传播思想政治教育的主体力量。课程思政教育不同于以往的教育,它有更新、更高的要求,思政课程的教学要求也越来越严格,因此二者在教学要求上具有一致性。

课程思政的建设需要贯彻落实到各类学科中,包括思政课程在内,课程思政并不是简单的非思政课程的思想政治教育,它也对其他各类课程做出了严格的要求。在授课过程中,这些课程需要重视对于高校学生价值观、道德感、意识形态等多方面的教育,致力于为社会主义发展培养全面型优秀人才。思想政治理论课高度遵守课程思政的建设要求,巩固"思政育人"的重要地位,在为学生传授知识的过程中,要特别重视意识形态教育,要遵守"不把敏感话题带入课堂"的纪律,要充分履行思政教育职责。在德育建设部分,其他各类学科也需要进行强化,高校突出强调思政课教师要主动担负起立德树人、教书育人的重任,对专业课教师也做出了同样的要求,二者应互相合作,同向而行。专业课教师应发挥自身的长处,利用丰富的专业知识和技能将思政课程的内容和专业课的内容进行有效结合,有针对性地对学生开展思想政治教育工作,进而为社会主义事业的建设工作培育优秀人才。毋庸置疑,思政课程和课程思政都对高校教师制定了更高的标准,要求高校教师必须具备良好的道德品质,只有这样才可以对学生开展思想政治教育,成为育人体系的重要力量。

（三）根本使命的价值统一

高校教育改革需要考虑的首要问题就是"培育什么类型的人才",在我国高校实行高等教育的过程中,课程思政和思政课程都肩负着"立德"和"树人"的根本使命,对于实施思想政治教育工作以及体现教育内涵式发展都起到了不可或缺的作用。在全国教育大会上,习近平总书记提出"我国是中国共产党领导的社会主义国家,这就决定了我们的教育必须把培养社会主义建设者和接班人作为根本任务,培养一代又一代拥护中国共产党领导和我国社会主义制度、立志为中国特色社会主义奋斗终身的有用人才"①。毫无疑问,推动我国高校教育的根本力量是为党、为国家和社会塑造符合时代要求的接班人和建设者,这也是高校当仁不让的时代使命。课程思政和思政课程的协同发展有助于当代大学生把个人理想信念、国家命运和民族大义有机联系起来,无论是课程思政还是思政课程都会开设各类主题教育,如思想政治教育、爱国主义教育和道德教育等,告诫学生把国家和人民群众的利益放在首位,并树立远大志向,坚定自己的政治信仰和理想信念。只有这样才能为党的事业发展注入青年一代的新鲜血脉,进而确保我国特色社会事业的可持续发展②。

新时代育人背景下,我国各高校肩负着重要的使命——为党和国家培育德智体美劳全面发展的优秀人才。想要完成这一使命,就需要课程思政和思政课程协同发展,需要所有教育工作者一同努力。现如今,我国高校不仅重视对于学生的思想政治教育,还注重营造思想政治工作的良好氛围,对学生进行有针对性的授课,为提高思想政治教育的效率和质量,所有课程都责无旁贷,必须齐头并进。课程思政和思政课程的协同作用有助于高校形成"三全"育人体系,因此高校所有课程都应坚持学生为主体,高校教师为载体,时刻关注学生的思想动态,真正做到为学生服务,提高他们的思想境界、道德水平和政治素养,使他们成为真正意义上的全面发展型人才。高校教师在对学生进行思想政治教育时,要遵循教学的基本规律,切忌急于求成,应当遵从学生的成长轨迹,采取"循序渐进"的教学思路,不断探索全新的教学方法,提高自身的创新意识和整体的工作水平。高校教师还应充分利用课堂教学的

---

① 坚持中国特色社会主义教育发展道路 培养德智体美劳全面发展的社会主义建设者和接班人[N].人民日报,2018-09-11(1).

② 张苗."思政课程"与"课程思政"的同质性和差异性研究[J].辽宁师专学报(社会科学版),2021(1):56-58.

主要渠道,完善思政课堂的建设,加强思想政治教育的亲和力,满足学生的期待,符合时代发展的规律,保证思政课程和课程思政共同发挥作用,完成我国高校的根本使命。

第二节　课程思政教育的必要性

新时代背景下,形成"协同育人"的大思政体系,必须大力推行课程思政建设,这样有助于发挥课程思政教育的有效性、提升课程思政教育的时效性,以及协调课程思政与思政课程教育的共振性。

一、发挥课程思政教育的有效性

习近平总书记在全国高校思想政治工作会议上强调,要坚持把立德树人作为中心环节,把思想政治工作贯穿教育教学全过程,实行全程育人、全方位育人,努力开创我国高等教育事业发展新局面。在高校的教学过程中,光靠思政课程的教育是远远不够的,课程思政的开展与建设有助于思政课程走出"孤岛"。为了我国特色社会主义事业的建设,高校及高校教师应充分履行自身的职责,确保专业课、通识课和思政课程能够体现各自的育人价值,不能对学生只传授知识,还应该注重对于学生精神层面的价值引导,以此来完成高校的根本使命。在学生接受高等教育时期,高校的教育对于学生思想观念的形成和确立有着非常重要的影响,在这一阶段,高校教师对学生的思想引领十分重要,课程思政的建设就是一条正确的途径。在全员思政的格局下,课程思政教育不再只是简单的理论概念,高校应特别重视思政工作的开展,争取构建高质量的思政教育体系。目前我国高校学生大多是"95 后"和"00 后",该群体的显著特点是抗压能力较弱、个性极为突出,这就需要高校教师做到因材施教、以身作则,提高自身的综合能力,为学生树立良好的榜样。

因此,无论思政课程还是课程思政的教师,在课堂上,都应充分了解学生的成长规律和性格特点,向学生传递与社会主义核心价值观相符的观点和概念。高校教师也应该坚持"协同育人"的教育理念,在传授学生专业知识的同时,注重学生思想政治素养的提升。高校教师在授课过程中,应把握课程的重点,保证所有课程都站在中华民族人民的立场,以马克思主义理论、毛泽东思想、习近平新时代中国特色社会主义思想作为指导思想,只有这样才能不被国外歪曲的历史所误导,才能不受西方价值观的渗透,才能为中国特色社会主义的建设培养优质的人才①。

课程思政作为高校政治教育的重要组成部分,是高校社会主义办学的重要方向,同时,也是当代大学生形成正确思想观念的重要保障。新时代背景下,高校思政教育的开展是必然趋势,高校内所有课程都应融入思政元素,但由于很多非思政教师的专业限制,无法开展有效的思想政治教育工作。因此,高校目前对于教师的要求变得更加严格,高校教师不仅要注重知识的传授,也要关注对学生的价值观引领。

在专业课的课堂上,学生往往会充满新鲜感,希望可以尽快掌握、吸收专业知识和技能,并对自己将来所要从事的行业,展现出无尽的期待和向往。所以专业课教师应把思政元素有理有据地引入自己的课堂,实现专业课程和思政课程的完美融合。这体现了高校课程思政的建设工作不仅需要把思政元素融入专业课,而且还需要其他各类课程与思政课程双管齐下。高校需要培养对社会建设有用的人才,高校学生作为最有力的储备力量,需要具备强大的综合素质,不仅要有战略眼光,还要具有民族情怀;不仅要有个性特征,还要具有责任担当;不仅要踏实肯干,还要具有创新思维等。为应对更多的国际挑战,光靠某一学科和某一专业教师的力量是完全不够的,高校内的所有教师都应秉持着正确的教学观念和坚定的政治立场,传承马克思主义的观点,确保所有的课程都含有育人元素,只有建立"大思政"体系,各类学科和思政课程同向而行,所有教师保持课程育人目标一致,高校各个部门相互配合,做到教书育人的统一,才能引导大学生树立正确的政治信仰,指引他们做社会主义事业的践行者和接班人。从前文可知,高校是对学生进行高等教育的主要场所,"立德"和"树人"要双管齐下,保证高校思想政治教育工作的持续进行,构建"三全育人"的教育体系,这样才可以促进高校大学生全面发展,成为全能型人才。在此过程中,就需要高校教师明确自身的职责与使命,坚持课程思政的建设,在专业课知识教学过程中,为学生灌输正确的价值观,让知识和道德齐发展。综上,高校开展课程思政教育工作十分必要,在很大

---

① 赵翼.“三全育人”理念下高校“课程思政”建设路径研究[D].重庆:重庆邮电大学,2021.

程度上发挥了课程思政教育的有效性。

二、提升课程思政教育的时效性

新时代社会知识容量迅速增加,高校教育对象变为"95后"和"00后",个性特征发生巨大变化,对此高校应不断完善和改进思想政治教育工作,坚持课程思政的核心地位不动摇。针对当前的高校教学环境,部分高校认为思想政治理论课是实施思想政治教育工作的主要方式,在专业课的学习过程中,认为学生充分吸收理论知识、明确专业方向就已足够,所以最后出现了专业课和思政课各自为政的情况,这很明显是一个误区,会影响到高校育人的效果[①]。在新时代、新要求的高等教育背景下,高校在进行思想政治教育工作的过程中,教师应尽力挖掘专业课中的"思政元素",培养学生正确的精神信仰和政治信仰,促使他们时刻自觉用道德标准严格要求自己。高校应让全体教师意识到实施课程思政建设的必要性,这场教学改革不仅要充分利用蕴藏在专业课内的思想政治教育元素,还要适应新时代的发展要求,把思政内容融合到课堂教学的各个阶段,建立良好的课程思政机制,以此来发挥它的时效性。在以往的高校教学中,思政课程是思想政治教育的唯一教学方式,但教学形式单一、课程枯燥乏味,最终导致育人效果不理想。思想政治理论课的主要课程涵盖"思想道德修养与法律基础""毛泽东思想和中国特色社会主义理论体系概论"等,这些课程的学时也十分有限,大概为四学时,每周两节到三节,即便算上思政课的任课教师与学生在课下讨论的时间,也不会超过五个小时,思政课程课时严重不足,这也在很大程度上影响了思想政治教育的时效性。再加上专业课和其他课程占据了学生的大部分学习时间,又有一部分同学将时间用来上网冲浪,真正留给思想政治教育的时间屈指可数[②],因此这样的教学方式达不到立德树人的根本目的,也不能实现"三全育人"的目标。此外,思想政治理论课的理论性极强,如果高校教师不能改变僵化的教学手段和传统的授课方式,将无法获得学生的认同感,这样会造成育人功能的缺位和发挥不足,并最终导致育人效果差强人意,还会严重影响

① 江颉,罗显克.新时代高校"课程思政"建设的路径探究[J].中国职业技术教育,2018(32):84-87.

② 赵明月.高职院校课程思政建设的必要性及对策[J].辽宁高职学报,2019,21(9):51-54.

思政教育的时效性。开展课程思政建设有利于增强课堂内容的时代感,保证课程紧追时代浪潮。在专业课程的课堂上,引入"思政元素",在一定程度上可以改变传统的教学方式,重新定位课程理念,在此基础上,无论是高校教师还是学生,都会提高自身综合素质,也会改善专业课的课堂质量。思想政治教育资源所涵盖的范围十分广泛,可以把重要的历史时间节点作为思想政治教育的学习契机,立足于我国独一无二的历史文化,探究蕴藏在专业课中的思政元素①。在专业课中融入思政元素有助于学生找到适合自己的学术方向,而不是逃离实践的"理想"热点,还可以开拓学生的视野,并开展"接地气"的学术研究。

课程思政的建设是高校工作的重要任务之一,这是一项复杂而又不可或缺的工作,它的时效性是客观存在的,但它的表现特征具有一定的特殊性,需要反复进行深入探究。影响课程思政教育发挥时效性的主要因素可分为高校思政教育的工作者、高校学生、教学活动和教育环境四大类,这些基本元素涉及的范围十分广泛,而且它们之间存在着密切的联系,并且对高校课程思政教育的时效性产生了巨大的影响②。首先,高校教育工作者是对学生进行思政教育的核心力量,他们也会对学生产生直接的影响,因而需要高度重视这一群体。思想政治教育会对学生产生极大的影响,所以思政教育工作者应该具备一定的政治素养和道德操守,他们不仅要有深厚的文化功底,还要注重授课的方法,他们需要与学生保持良好的沟通,增加学生的"参与感""融入感"和"认同感",这样可以极大地促进课程思政教育工作的可持续发展。其次,对于大学生来说,他们是接受思想政治教育的主要对象,与课程思政的时效性有着更为密切的关系。高校学生对于思政课程改革的主观能动性十分重要,只有他们积极地、自愿地参与到思政教育的活动中来,他们才能迅速掌握课程思政的内在要义,激发自身的学习动力。再次,教学活动包含思政的目的、课堂内容、教学方法和成果等多个方面,其作用不容小觑,它可以将高校思政教育的工作者和高校学生有效结合起来。最后,从当前社会形式来看,教学环境也会对课程思政建设的时效性产生深远的影响,技术和管理创

① 彭付芝,谭桂贤.重大事件融入高校思想政治理论课探索[J].北京教育(德育),2020(Z1):106-110.
② 吴玲.高校思想政治教育的实效性研究[J].当代教育实践与教学研究,2019(16):235-236.

新等社会环境的变化对高校思政教育工作提出了新的要求,也在一定程度上丰富了思政教育的内容。在多元文化交融的新时代背景下,高校的思想政治教育有助于引导学生树立正确的思想观念和政治立场。一是我国高校应注重校园文化的建设工作,让学生在校园内时刻感受到思政氛围,接受思政教育的熏陶①。二是课程思政的建设主要通过课堂教育来开展,这就需要高校教师改变思政教学方式,拓展实践,保证思政教育的质量。三是高校作为传播知识的主要主体,应丰富教育内容,不仅要求学生掌握专业知识和技能,还要对他们进行思想和道德教育。综上所述,在当前的文化环境下,开展课程思政教育是十分必要的,课程思政教育不仅要坚定学习马克思主义,还要对多元文化进行整合,与时俱进,创造良好的校园环境,改变传统的教育方法和课程内容,构建"大思政"育人体系,从而提升课程思政教育的时效性。

三、协调课程思政与思政课程教育的共振性

思政课程一直是高校实现思想政治教育工作的主要途径,但从实际的效果来看还存在很多不足之处。"大思政"体系下,高校对于课程思政教育的建设工作不仅可以大大改善仅依靠思想政治理论课进行"教书育人"的效果,也可以全面落实高校"立德树人"的根本使命,提高专业知识和精神价值的融合度以及促进高校学生的全面发展,进而在根本上协调课程思政和思政课程教育的共振性②。"培养什么人、怎样培养人、为谁培养人是教育的根本问题,立德树人成效是检验高校一切工作的根本标准"③。立德树人作为首要任务,对思想政治教育的持续性发展具有深远的意义,"德行立身之本,才识处世所先",良好的道德修养是为人处世的首要原则,只有崇德修身,才能充分发挥自身的优势与长处。课程思政的建设不仅可以给学生传授知识,还可以对他们进行能力培养并引导其树立正确的价值观。高校教师是主要群体,课堂建设是主要战场,教学活动是主要渠道,所有群体都要"守好各自的渠,种好各自的责任田",使所有课程和思政课程共同发挥作用,展现各自的

---

① 徐余跃.多元文化背景下高校思想政治教育时效性研究[J].湖北开放职业学院学报,2022,35(4):109-110.

② 杨金铎.中国高等院校"课程思政"建设研究[D].长春:吉林大学,2021.

③ 教育部办公厅.高等学校课程思政建设指导纲要:教高〔2020〕3号[A].

内在价值。新时代的高等教育背景下,我国高校面临着为国家和社会培养优秀人才的难题,如何把"人口大国"变成"人才强国"是高校教育工作所面对的巨大挑战,高校的主要目标就是为党的事业发展不断输送建设者和接班人,只有完成立德树人的根本任务,才可以实现这一主要目标。目前,我国高校的教学环境和教育对象都发生了巨大的变化,多种思潮激烈交锋,高校学生在校内接受马克思主义和社会主义核心价值观教育的引导,但在校外可能会受其他观念的影响,从而使得大学生的思想具有易变性。这种情况需要引起高校的高度重视,同时也给高校的教育工作带来了全新的挑战。一直以来我国高校的思政课程都保持知识教育和德行教育相一致的教学理念,这是实施立德树人的关键步骤。从长期发展来看,思政课程"单打独斗"的教育方式是行不通的,有很多不足已经暴露出来,思政课程需要与其他课程一起配合,彼此"增援",课程思政的建设要求高校教师摒弃只传授给学生知识的传统观念,而是在传授知识的同时对学生进行精神层面的引导。虽然各类专业课没有政治理论课那么强烈的政治信仰,但也包含了三观塑造和精神引导的作用。专业课教师只有发掘自己所在学科的这种功能,与课程思政建设结合在一起,才能改善立德树人的教学效果,并协调课程思政与思政课程之间的共振性。

从以往的高校教育分析来看,我国高校存在重传授专业课知识理论,而轻价值观引导的现象,导致教书和育人无法有效结合。教师是高校教学的主力军,他们肩负着向学生传递专业文化知识以及培养其道德修养素质的重要使命,如果教师只是刻板地把没有温度的知识传授给学生,那么学生的领悟效果也会大打折扣,将无法体现教育的真实价值。对于我国高校的课程思政教育建设而言,专业课教师和思政课教师一样,都应该把对学生的价值观引领作为自身的职责,培养德才兼备的社会主义建设者。新时代对高校的人才要求也越来越高,不仅需要有过硬的专业技能和综合素质,也需要具备正确的世界观、价值观及人生观。课程思政的建设丰富了高校思政教育的内涵,课程思政的实行使越来越多的高校教师意识到教书育人的重要性和真正本质。专业课教师将充分运用自己的专业技能,在课堂中引入"思政元素",找到它们之间的"契合点",指引学生找到适合自己的未来发展方向,并引导他们做出正确的判断,从而实现思政课程和课程思政教育的有效结合,发挥二者在传授知识和精神引领的同步驱动作用。现阶段,我国已经进入了新时代,这意味着会有更严格的要求,而我国经济社会已经实现了"质的飞跃",科学的社会主义制度能够为国家的发展提供强大的支撑和顽强的生命力。与此同时,"三全"教育背景下,大学生肩负着全新的时代使命,他们的全面发展是实现这一使命的前提,而其实现全面发展的前提便是高校的专业课教师和思政课程教师承担起纽带作用。在我国高校的专业课教学中,往往存在着一种"知"和"德"相分离的现象,从本质上讲,导致这种现象的原因在于高校专业课教师只重视专业知识的传授,忽视了其内在价值,因此高校无法真正实现"教书育人"的教学效果。在"大思政"教育体系下,"知"是"德"的基础和前提,"德"是"知"的延伸与拓展,所以高校的课程思政建设要求专业课教师摒弃一味地传授专业知识的错误观念,从更多角度去发挥"德"的作用。课程思政的建设要求每位高校教师都认识到向学生传授专业知识的根本目的,"一切人文学科和自然学科的最终归宿都是为了认识人类社会的规律以及自然界发展的规律,而认识自然界发展的规律实际上也是为了更深刻地认知人类社会的发展规律"①。高校应遵循学生的发展规律,保持知识和价值的齐头并进,打破专业教育和思政教育"两张皮"的教育壁垒,从而更好地协调课程思政和思政课程教育的共振性。

第三节　课程思政教育的主要内容

高校是完成对大学生思想政治教育工作和进行人才培养的主要阵地,针对当前的"三全育人"背景,以立德树人为追求目标,进行思政课程改革,在改革过程中,坚持以课程思政教育为主要着力点,使其贯穿于思政课程教育的整个过程。课程思政教育的实质与其他课程不同,它并不是开设一个新的课程,也不是开展一个教学活动,它是在原有课程的基础上,引入"思政元素",把这些元素带到课堂,使它们发挥"润物细无声"的作用,从而改善教学效果,实现真正的"全员、全程、全方位"育人格局。高校课程思政教育的主

---

① 王学俭,石岩.新时代课程思政的内涵、特点、难点及应对策略[J].新疆师范大学学报(哲学社会科学版),2020,41(2):50-58.

要内容包括政治引导、思想引领、道德熏陶、劳动教育以及心理健康教育等五个方面。

一、政治引导

课程思政不同于以往的教学方式，它是一种崭新的教学模式，这其中含有丰富的思想理念和价值观点，是高校实现"三全育人"的必经之路。课程思政建设已经成为国内高校教育的一项重要工作，并且其中的重要内容就是政治引导，这就需要高校教师通过课程思政对学生进行引导，坚定他们的政治立场与信仰。目前，我国高校学生大多数是独生子女，且多为"95后"和"00后"，当他们面临复杂的社会现象时往往无法分辨，其中大部分人对于国内外的政治新闻关注较少，不懂得珍惜现如今来之不易的幸福生活①。由此看来，我国高校肩负的思想政治工作还任重道远，所以高校不仅要在思想政治理论课程中体现"立德树人"的作用，同时也要在其他各门专业课中充分显现这种作用。在"三全育人"的思政教育体系下，高校教师在向学生传授专业知识和技能的同时，也要培养他们爱国如家的情怀，提高他们的政治觉悟，自觉践行社会主义核心价值观的要求。除此之外，我国高校还应引导学生树立正确的思想观念和政治观点，这样才能使他们为推进祖国事业贡献自己的一分力量。高校思政教育工作的主要任务是实现立德树人，在全国高校思想政治工作会议上，习近平总书记曾强调："高校立身之本在于立德树人。要坚持把立德树人作为中心环节，把思想政治工作贯穿教育教学全过程，实现全程育人、全方位育人。"②

从某一特定的角度来看，大学具有独特的社会属性和意识形态属性，但不能脱离社会而独立存在。新时代的高校必须坚持学习马克思主义、坚持党的领导、坚持创建社会主义大学，只有这样才能确保做好高等教育、找对办学的正确方向。课程思政教育要以马克思主要理论为基础对学生开展教育，马克思主要理论为高校的课程思政教育提供了理论基础和政治引导。马克思

---

① 肖润花，李珊珊，陈文娟. 高职院校推进"课程思政"的内涵与实施策略[J]. 教育与职业，2021(22)：82-85.

② 把思想政治工作贯穿教育教学全过程 开创我国高等教育事业发展新局面[N]. 人民日报，2016-12-09(1).

主要理论关注以人为主体,还有由人构成的社会群体,从而做出全面的分析,将人作为主要的研究对象,以其存在与发展作为研究路径,以此来深度分析人类社会的起源与发展规律,找到人的价值与理想,进而探索出一条适合人类解放与发展的全新道路①。国内高校的思想政治教育多以马克思主义人学理论作为理论支撑,这也为课程思政教育提供了政治导向和理论依据。马克思强调"人的本质属性就是需要与社会、与外界产生沟通与联系,人不能脱离社会而独立存在"。开展课程思政教育就是让学生认清现实的需要,清楚自身肩负的时代使命和责任重担,并以课程为载体,提高学生的政治素养,坚定自己的政治信仰,使学生可以充分且全面地认识社会,同时具备建设社会的能力和素质。

为持续推进课程思政教育的工作,高校工作者应全面贯彻落实习近平新时代中国特色社会主义思想,让高校学生对我国的国情、党情、民情有深刻认识,增强他们对我党"创新理论"的政治认同,以此保持正确的政治方向,坚持"四个自信"毫不动摇②。由上述内容可知,新时代"大思政"格局背景下,高校在建设什么样的学校、如何建设、为国家和社会培养什么类型的人才等这些问题上必须坚定不移地遵守政治原则,坚持正确的政治方向。课程思政教育是我国高校政治思想教育工作的主要构成部分,它能够生动地体现我国社会主义的育人特色,并在一定程度上实现立德树人的根本任务。课程思政在授课过程中,不仅完成了对学生的知识传授,还可以起到政治引导的作用,体现高等教育的专业知识、政治信仰和品德教育的"大熔炉"作用,从而确保课程思政教育建设的根本目标和主要任务得以顺利实现。课程思政的建设是高校思政教育工作的大势所趋,也是改善高校思政教育工作质量的主要方式。因此,高校课程思政教育的政治引导对育人工作贯穿思想政治教育全过程具有重要的意义。

二、思想引领

思想引领也是课程思政教育的主要内容之一。在专业课的正常授课环

---

① 贾尧天.马克思主义人学理论基础与人的全面发展[J].汉字文化,2019(14):112 - 114.

② 教育部办公厅.高等学校课程思政建设指导纲要:教高〔2020〕3 号[A].

节中融入思政元素的这种教学方式就是课程思政教育,这些思政元素可能既包括思想政治教育理论,也可能涵盖隐形的价值元素和精神元素。从课程思政教育开展的具体情况来看,为了方便实现对高校学生的思想引领,课程思政已经不是传统意义上的思政教育,它不再让学生单一地学习理论知识,而是依托融合的思政元素去引导学生树立正确的价值观、人生观和世界观。课程思政教育的建设给高校思想政治教育工作提供了全新的方式和机会,课程思政与思政课程有所不同,它可以与其他课程实现完美融合,并具有一定的"可操作性",在教学实践中融入正确先进的思想,可以对学生形成正向引导。高校的大学生都是建设祖国的接班人,他们处在人生的"拔节孕穗期",需要精准的"灌溉",并进行细心的引导和培育。各高校大学生的思想在一定程度上决定着我国未来的价值观念,由此可以看出,重视对大学生的思想引领是十分必要的。习近平总书记在十九大报告中曾明确指出:"青年兴则国家兴,青年强则国家强。青年一代有理想、有本领、有担当,国家就有前途,民族就有希望。"①国内高校的大学生们正处于树立正确"三观"的时期,这一时期对他们来说尤为重要。对大学生的培养是时代赋予高校的使命,要想解决好时代难题,就要先解决好对新时代青年的思想引领问题。

高校学生在进入大学校园之前,就已经形成了一定的思想意识,因此高校的教育应更具有针对性,当部分学生产生错误的思想观念时,高校教师应及时纠正,并对学生进行引导,带领他们树立正确的思想观念。大学阶段对于学生来说是十分关键的,他们会开始一段丰富多彩的旅程,迎接前所未有的挑战。与此同时,高校大学生面临的是一个多元价值观念混淆的环境,要求他们必须清晰地分辨各类信息的好坏,因为有些渠道获得的信息会包含一些不利于他们价值观念的因素,导致他们无法分辨出现实世界和虚拟世界,从而造成很多大学生在一定程度上存在理想信念不坚定和政治立场不坚定等问题②。新时代的高校学生都具有较高的综合素质,但缺乏相应的实践能力,要想不受外部不良环境的影响,就需要大学生坚定自己的理想信念,并肯定自我价值。高校在学生思想观念的塑造时期,必须牢牢抓住重点,以此来

---

① 习近平在全国教育大会上的重要讲话[N].人民日报,2018－09－10(1).

② 蔡文玉.高校课程思政实践策略研究[D].秦皇岛:燕山大学,2019.

满足学生的发展需要。课程思政教育是高校保障学生身心健康发展的有力举措,课程思政要发挥对学生"三观"的塑造作用,需要高校教师对他们进行思想引领。通过课程思政的建设达到"一石二鸟"的教学效果,不仅可以使思想政治教育和专业课相互融合,互相协同,还可以使学生在接受专业知识的同时,理解道德、思想和政治教育的真实含义,并掌握其中的真谛。

新时代背景下,我国高校已经逐渐意识到教学形式需要不断地进行创新尝试,打破传统的教学壁垒,在"大思政"教育体系下,不停优化创新发展,改善原有对人才的培养模式。目前,各个高校已经掀开了课程思政教育的"神秘面纱",有序地开展了课程思政教育工作。由此可知,高校思想政治教育的改革推动了课程思政教育的建设,以往的高校思政教育功能主要体现在坚定学生的理想信念上,这表明课程思政建设的主要内容是发挥思想引领作用,《纲要》中也强调了思想引领对课程思政教育的重要性。除此之外,从具体的教学内容来看,课程思政教育以专业课为载体,在对学生传授知识的同时,培育他们的实践能力,在此基础上,还要注重对学生的思想引领和价值塑造,从而培养学生正确的思想观念和精神追求[①]。

三、道德熏陶

道德熏陶是课程思政教育的主要内容之一,在全国高校思想政治工作会议上习近平总书记特别指出"要坚持把立德树人作为中心环节,把思想政治工作贯穿教育教学全过程,实现全程育人、全方位育人"[②]。道德熏陶是整个课程思政教育过程中重要的组成部分。课程思政教育应当通过相关媒介,把德育融入思政课堂,并贯穿于高校教师的整个教学过程,将道德熏陶寄托于详细的课程内容中去。"立身做人,以德为先",更是强调了道德感对于一个人成长的重要性,它不仅是立国之本,更是从政之基。我国强调从政干部要"明大德""守公德""严私德",格外注重个人的品德修行。高校教师在课程思政教育过程中担负着"传道授业解惑"的职责,在教授学生专业知识的同时,还要在品行方面,为学生树立良好的榜样。作为一名优秀的人民教师,应

---

① 郑美丹.高校课程思政的育人价值及其实践路径研究[D].石家庄:河北科技大学,2020.
② 吴晶,胡浩.习近平在全国高校思想政治工作会议上强调把思想政治工作贯穿教育教学全过程 开创我国高等教育事业发展新局面[N].光明日报,2016 - 12 - 09(1).

该做到知识传递和道德引领的有效结合,既要向学生"授业解惑",也要把"传道"作为自己的初心。道德熏陶不单单是思想政治课程教师的责任,其他专业课和通识课的教师也有相应的义务去提高学生的道德感。目前,我国社会主义建设事业的接班人需要德、智、体、美、劳等全面发展的人才,作为建设者的首要目标就是立德。高校需要承担起为社会培育"接班人"的教学工作,培育出德才兼备的学生。

道德熏陶既是课程思政教育的主要内容,又是其本质特征,德育元素的引入有助于高校课程思政教育更好地发挥作用,德育的实现需要通过课程思政教育这一主要方式。为了让学生更好地接受道德教育,思政教师可以在课堂中融入德育元素,实现思想教育和道德教育的有机统一。课程思政教育属于间接德育课程,要求专业学习和道德培养保持高度一致,并在具体内容上实现深度融合。所有学科,无论是专业课还是思想政治理论课都是实现道德教育的主要渠道,所有课程都应以一种内敛的教学方式对学生进行道德熏陶。课程思政教育的有效开展离不开道德教育,高校应遵循当代课程的发展规律,利用好课程思政教育,把对学生的道德教育摆在主要位置,为课程思政的建设提供有力的支撑。课程思政教育中对学生的道德熏陶,有利于实现新时代高校为社会培养全能型人才的目标。在课程思政教育中,提高对学生的道德熏陶不仅能够激发课堂隐形的活力,还可以让高校和教师重拾育人的信心①。

"三全育人"背景下,社会和高校对大学生提出了更高的道德标准和行为规范,开展课程思政教育有利于对学生的道德培养。很多大学生从小生活在优越的环境中,时常会以自我为中心,经历的挫折较少,缺乏团队合作的意识,道德意识相对薄弱。对此,高校开展课程思政教育,通过课堂内容加强学生的综合素质教育,希望可以培育他们的吃苦耐劳精神、团队协作意识及创新精神,最重要的是课程思政教育可以在无形中加强对学生的道德熏陶,使他们严于律己,树立良好的道德感。我国高校开展课程思政教育,不仅是国家的战略发展需求,还是高校学生发展的必经之路。从国家战略要求方面来看,"立德树人是教育的根本任务"。近年来,很多高等教育相关的会议或政

①　秦江波.高校课程思政建设路径与保障策略[J].知与行,2021(5):51-57,95.

策,都强调高校教学应把"立德"作为培养人才的首要任务,把道德熏陶融入课程之中,是课程思政教育的主要内容。我国高校肩负着为社会主义建设培育优秀接班人的时代使命,而首要发展的就是"德",这表明对学生进行道德教育是高校的重要职责。从个人发展需求来看,"先成人,方能成,而成人先成德",每个人都应具备良好的道德修养,无论是从国家发展层面还是个人发展层面分析,拥有良好的品德都是成人的首要前提。因此,道德熏陶是课程思政教育的主要内容,对课程思政建设具有十分重要的作用。

四、劳动教育

课程思政教育的内容还包括劳动教育,它和思想政治教育具有高度相关性,劳动教育以课程思政教育为载体,推动思政课程、课程思政共同发展,三者发挥协同效应,在一定程度上可以确保高校劳动教育的工作得到有效落实,还可以提高思政教育的时效性[①]。新时代背景下,高校教师需要引导高校学生树立正确的劳动价值观,并对学生进行长期的教诲和熏陶。我国高校坚持社会主义核心价值观办学,大多数学生都秉持着"劳动光荣,不劳动可耻"的社会主义劳动价值观,高校的劳动教育通过课程思政建设发挥巨大的作用。高校对学生实行劳动教育,通过此项教育工作引导学生的劳动思维,激发他们劳动创造的热情,并形成热爱劳动的中华传统美德。在全国教育大会上,习近平总书记曾强调:"要在学生中弘扬劳动精神,教育引导学生崇尚劳动、尊重劳动,懂得劳动最光荣、劳动最崇高、劳动最伟大、劳动最美丽的道理。"[②]劳动精神需要通过劳动教育来引领和传播正能量,劳动教育所担负的立德树人的职责和课程思政教育不谋而合。立德树人是课程思政教育的主要任务,劳动教育又是立德树人的首要原则。劳动教育作为课程思政教育的内容之一,和课程思政教育有着同样的教学目标,可以引导学生形成正确的劳动思维和劳动价值观,从而培育他们踏实严谨的优秀品德。

课程思政教育中具有劳动精神价值,劳动教育作为课程思政教育的主要

---

① 黄春,刘爱华.论劳动教育与高校思政教育的内在契合性及其有机结合[J].渭南师范学院学报,2020,35(11):8-14.

② 习近平在全国教育大会上强调:坚持中国特色社会主义教育发展道路 培养德智体美劳全面发展的社会主义建设者和接班人[N].人民日报,2018-09-11(1).

内容,既符合当代社会发展的需求,也遵从了立德树人的根本任务,可以提高大学生的综合素质以及他们的实践能力。"大思政"教育背景下,高校学生需要增强自身的劳动精神,这是我国特色社会主义办学的重要体现,其目的在于为国家和社会的发展提供合格的接班人,使学生能够主动地参与到社会主义的建设工作中去。在课程思政建设中,让学生形成正确的劳动观念和劳动精神,从而更加积极主动地参与社会实践①。高校的课程思政教育在培养学生德、智、体、美、劳等全面发展的过程中,劳动教育担任着不可替代的角色,它可以让学生于课堂中深刻认识到劳动创造的重要性,并在实践活动中,充分展现自身的劳动价值,促使他们更加脚踏实地、踊跃地参加各种实践项目。课程思政教育离不开劳动教育,二者充分发挥协同作用,综合提高学生的各项修养水平,如政治观念、法律素养、团结合作意识、爱国主义精神等,还有助于学生树立积极健康的思想观念,在实践中提高学生的专业技能和就业能力。高校学生通过积极参与实践活动可以激发对于劳动的热情,增强他们独立思考的能力,为未来的就业方向打好基础。劳动精神是课程思政教育不可或缺的组成部分,有助于高校更好地实现立德树人的教学任务和目标。

我国高等教育一直强调育人先"育德",注重"传道授业解惑"和"与人成才"的有效结合,新时代背景下,国内高校的课程思政教育需要构建"三全育人"格局,从而保证各类学科的同向而行,形成协同效应。课程思政教育着重关注对学生价值观、世界观、人生观的培养工作,引导他们树立正确的"三观"、文化观及劳动价值观。劳动教育作为课程思政教育的主要载体,对学生进行劳动意识的培养,能够使其理解劳动的内在含义。将劳动精神与课程思政建设融为一体,可以使高校学生进一步内化劳动精神,使劳动精神融入学生自身,让其提升劳动素养。

高校的思想政治教育工作重点在于"为党育人、为国育才",培育可以担任实现民族复兴重任的接班人,劳动教育有助于高校培养全能型人才,是培育社会主义接班人的有效途径。让理想信念教育贯穿于劳动教育的全过程,能够督促学生树立积极正向的劳动思维。在课程思政教育中,充分发挥劳动

① 李婷. 思想政治教育视域下大学生劳动精神培育研究[J]. 教育观察,2021,10(19):19-20,112.

教育的作用,把劳动教育与国家富强相结合,鼓励学生积极参加实践活动,有利于体现课程思政教育的价值,形成新时代"大思政"的育人体系。

五、心理健康教育

心理健康教育是课程思政教育的主要构成之一,要求高校教师利用好课堂教学这个主要渠道,将心理健康教育和思政教育进行有效协调,形成协同效应,对大学生展开教育,这样才能最大程度改善高校的教学效果①。在高校教师进行教学工作的过程中,如果只是依赖思政教育,那么教学成果将十分受限,而课程思政教育的提出在某种意义上解决了这一问题。课程思政建设符合时代要求,也能较好地体现育人的价值,具有中国特色社会主义办学的本质属性,同时也是思想政治教育的拓展与延伸。在课程思政建设过程中,高校教师应多关注学生的心理健康,并及时对其进行干预和指引,应做到心理健康教育和课程思政教育融会贯通,将思政元素应用于心理健康指导的各个环节,真正做到"润物细无声",提升社会主义接班人和建设者的质量。针对现如今越来越复杂的环境,高校学生的心理问题也变得越来越突出,从而导致危机事件的快速增加。在这种情况下,单一的心理健康教育已经无法有效解决此类问题,在高校教师为学生做心理健康指导时,不能只是单纯地从心理学角度去分析和解决问题,还应运用马克思主义价值观、马克思主义方法论进行有效指导,这样才能从根本上解决学生的心理健康问题,通过心理健康教育来坚定学生的理想信念,利用课程思政教育来提高学生的综合素质,进而确保学生得到全面的发展与提升。

"大思政"教育背景下,高校的心理健康教育紧跟时代发展步伐,高校教师在"传道授业"的过程中要充分挖掘专业课程中蕴藏的"思政元素",体现立德树人的育人价值。高校的心理健康教育有助于促进学生的全面发展,提升他们的心理素质水平,对高校"大思政"育人体系具有重要的价值,同时这也是课程思政教育的重要组成部分。高校需要保持"育人""育心""育德"同步进行,在课程思政教育中充分发挥心理健康教育的作用,确保学生综合

---

① 米兰.课程思政在高校心理健康教育课程教学中的实现途径[J].湖北开放职业学院学报,2022,35(6):71－72.

全面发展①。经济高速发展的全新时代在为大学生提供良好物质保障的同时，也给学生的心理带来了越来越大的压力，所以做好高校学生的心理健康教育势在必行。高校的教学实践表明，充分发挥课程思政教育的优势，可以加快心理健康教育内容和形式的创新，从而改善心理健康教育的教学成果②。无论是课程思政教育还是心理健康教育都有共同的育人目标——促进学生的全面发展，使其成为社会主义事业合格的接班人。在实施课程思政教育的过程中，要特别关注学生的心理动态，教导他们保持积极、乐观的心态，提高自身的心理承受能力。课程思政教育和心理健康教育在教学内容上具有极大的相似性，在课程思政建设过程中，充分利用心理健康教育资源，可以促进课程思政教育的有效开展。

我国高校的课程思政建设工作主要以立德树人作为首要任务，以心理健康教育作为契合点。从心理健康的视域来看，课程思政教育的教学方式，应当重视对学生心理素质的培养，提升他们对课程思政教育价值的认同感，从而促进他们的全面健康发展。在课程思政教育中着重突出心理健康教育有助于形成更好的育人效果。大学生身心健康主要分为身体健康和心理健康，这两者为学生的物质和精神提供了最基本的保障，如果任何一方出现问题，都会严重影响学生的正常生活和学习，导致学生不能形成健全的人格。高校教师通过开展课程思政教育，可以对高校学生的心理健康起到政治导向作用，引导学生树立正确的政治观点，最重要的是可以激发他们的精神动力，使他们拥有健全、高尚的人格③。高校教师通过课程思政对学生实行心理健康教育时，要坚持"以人为本"的理念，使学生的健康发展"内化于心，外化于行"。高校教师还要根据学生的实际需求，设计有层次的、系统的课程，对学生加以引导和教育，在激发他们学习热情的基础上，注意观察学生的心理状态变化，培养他们的自我调节能力和抗压能力。综上所述，课程思政教育与心理健康教育有着密切的关系，心理健康教育作为课程思政教育的主要内容

① 唐月芬,黄茂.课程思政下高校心理健康教育教学探讨[J].教育观察,2020,9(13):42－44,105.

② 梁瑛楠.高校大学生心理健康教育课实施课程思政的路径创新策略[J].高教学刊,2022,8(6):36－39.

③ 张乐雅.新时期大学生心理健康教育课程思政的教学探索[J].大学,2021(51):155－157.

之一,在高校实行课程思政教育的过程中,应充分显现心理健康教育的重要位置,着重培养高校学生的良好心态和坚强的心理素质,提高他们的主体意识和能力,构建完整的育人体系,充分发挥课程思政教育的育人效果。

第四节　本章小结

本章从多维角度阐述了高校课程思政教育的必要性和主要内容。首先,论述了课程思政与思政课程的关系,二者之间的本质差异主要体现在"思政"内容、"思政"重点及"思政"地位方面;二者之间价值统一主要体现在育人目标、教学要求和根本使命方面。其次,从课程思政的有效性、时效性及共振性等层面阐述了高校课程思政教育的必要性。最后,从政治引导、思想引领、道德熏陶、劳动教育及心理健康教育等角度,论述了高校课程思政教育的主要内容。

第三章 高校课程思政教育的教学体系和运行机制

根据教育部印发的《高等学校课程思政建设指导纲要》(教高〔2020〕3号),本章侧重于研究高校课程思政教育的教学体系和运行机制两部分内容。第一部分结合了课程思政教育的主要内容,从思政课程、专业课程和实践课程三个方面融入中国特色社会主义教育、心理健康教育、劳动教育等思政教育内容,阐释课程思政教育教学体系。第二部分论述了高校课程思政教育的主体、对象、方法、平台和制度,并系统梳理了高校课程思政育人的典型模式,为进一步优化高校课程思政教育的运行机制提供了参考借鉴。

第一节 高校课程思政教育的教学体系

构建高校课程思政教育教学体系就是围绕着立德树人目标,将思想价值引领通过"基因式"嵌入高校所有课程,以形成思政课程、专业课程、实践课程为一体的课程思政教育教学体系,把思想政治教育与高校教育教学有机结合起来。

一、思政课程中的课程思政教育

(一)中国国情意识教育厚植爱国主义情怀

国情意识教育中的"国情"是指世情、党情、社情和民情。该教育是高校思政课程中必不可少的环节,尤其对于社会主义国家来说,国情意识教育不仅是爱国主义教育的过程,更是社会主义教育的过程,因为它能够抵御外来文化的侵蚀,巩固思想意识形态的根基①。在新世纪新时代的背景下,高校思政课程中加入国情意识教育有助于加强学生对国家和民族的认同感、归属感及自豪感。

各个高校在设置思政课程体系时,可以将国情意识教育分为自然国情、历史国情、现实国情和比较国情四部分内容。首先,自然国情教育要求高校学生对我国自然条件有一定的了解,包括人口情况和地理环境等知识,例如从人口问题上,我国仍是世界上人口最多的国家,但人口老龄化问题日渐突出,劳动力供给也从过剩转向短缺等;其次,历史国情教育要求高校学生对我国历史发展过程有科学的认识,重点了解社会发展规律方面的知识,例如我国为何会选择走中国特色社会主义道路,中国共产党为何能够肩负起领导中国革命的重任等;再次,现实国情教育要求高校学生对我国制度有正确的认知,包括政治、经济、文化等方面,例如从经济发展上,我国经济韧性强,并且持续保持经济增长,但是依然存在着发展不平衡不充分的问题;最后,比较国情教育要求高校学生对我国与其他国家的不同之处有深刻的理解,包括我国的优势和不足等,例如我国与发达国家相比的确还有一些差距,但我国社会主义制度具有无法比拟的优越性等②。如此一来,高校便可以通过国情意识教育厚植学生的爱国主义情怀,提升学生的政治思想觉悟,使其奋发图强,不断进取,为未来建设祖国储备力量。

(二)制度优势意识教育筑牢爱党护党根基

制度优势意识教育中的"制度优势"是指中国特色社会主义制度的优势,在众多优势中,"全国一盘棋,集中力量办大事"是显著优势,党的领导是中国特色社会主义制度的最大优势③。由于实现中国梦和建设强国都需要依赖中国特色社会主义制度,因此高校思政课程应该以使学生理解并认同中国特色社会主义制度优势,坚定"四个自信"为目标,不断丰富教学内容,从不同角度讲解制度的优势。

---

① 朱浩.论高校"课程思政"建设中的国情教育[J].宁夏师范学院学报,2021,42(3):65-69.
② 解丹.高校加强基本国情教育研究[D].北京:中国地质大学,2011.
③ 李一鸣.高校思政课强化中国特色社会主义制度优势的隐性教育研究[J].品位·经典,2022
(3):130-132.

具体而言,高校思政课教师在进行制度优势意识教育的过程中,不但要讲清制度优势的主要内容、形成原因、重要程度,还要从多角度向学生阐述我国制度的优越性,比如可以结合我国已经取得的历史成就,或者是与西方资本主义制度相比较,或者是从辩证发展的观点出发,以此来证明中国特色社会主义制度的优势不是靠自我标榜,而是经过历史和实践检验得出的结论①。除了讲述制度优势的相关内容之外,思政教师还要自觉引导学生关注当下的社会热点问题,适当要求他们借助网络平台,比如学习强国等软件,充分了解当前时政热点问题,帮助他们在生活中养成关心国家、关注世界的习惯。同时,思政课教师需要把课讲得"有意思",不是简单地传授知识,而是用故事启迪学生思考问题,也可以采取视频、音频等形式,注重与学生互动和交流,让课堂变得生动有趣,更具吸引力,但也要注意把握分寸,绝对不能为了活跃课堂而百无禁忌。教师通过上述潜移默化的方式让学生不断学习新知识,增强对中国特色社会主义制度的认同,提高明辨是非的判断能力。高校应以思政课程为主要阵地,把显性教育与隐性教育相结合,发挥各自的优势特点,在制度优势意识教育中激发学生爱党爱国之情,树立正确的政治信仰,筑牢理想信念的根基,使其成为合格的社会主义接班人。

(三)文化自信意识教育点燃青年未来理想

文化自信意识教育中的"文化"是指中华优秀传统文化、革命文化及社会主义先进文化。培养学生的文化自信,既是高校思政课程应当完成的任务,也是当今时代培育人才的需要,而且它关乎着建设社会主义文化强国和中华民族伟大复兴目标的实现②,由此可见,增强高校思政课程文化自信意识教育具有重要意义。

一般来讲,高校思政课通常包括"基础课""原理课""纲要课""概论课""形策课"五门课程,为了达到预期的文化自信意识教育的效果,高校教师可以将中华优秀传统文化、革命文化及社会主义先进文化这些中华文化融入每门课程当中。对于"基础课"来说,授课教师应该积极引导学生学习马克思

---

① 尹旦萍.高校思政课讲好制度优势的探索[J].学校党建与思想教育,2021(7):80-81,95.
② 于文香.新时代高校思政课涵育大学生文化自信研究[D].上海:上海师范大学,2021.

主义信仰观,并让学生能够理解中华传统美德及它与社会主义核心价值观的内在联系,而学生只有在充分汲取这部分知识之后,才可以提升自身的道德修养,树立高尚的理想信念;对于"原理课"来说,教师在授课过程中要重点深化马克思主义文化理论,教会学生运用唯物辩证法的知识去看待文化现象,启发他们能够结合时代背景客观分析中西方文化;对于"纲要课"来说,思政课教师在教授中国近现代史时应以史为据,围绕学生感兴趣的历史故事和历史人物重点讲述,使其能够被历史故事中的民族精神所感染,从而增强他们的文化自信意识;对于"概论课"来说,培养学生文化自信意识的内容应根据时代变化的要求,实时更新,并将习近平新时代中国特色社会主义思想的最新理论成果运用到教学中,为文化自信的内涵注入新的活力;对于"形策课"来说,授课内容需突显其时效性,针对国内外发展大势来调整和设计,例如把我国最新的文化政策以专题的形式走进课堂,加强学生对时政问题的关注度①。通过文化自信意识教育可以让高校学生对中华文化产生高度的认同感,从而坚定未来的崇高理想,同时对外来文化保持客观的态度,以实际行动弘扬中华文化。

(四)家国情怀意识教育培育责任担当新人

家国情怀意识教育中的"家国情怀"是指对祖国、对家乡、对家庭的发自内心的深切情感。无论什么时候,家国情怀都代表着中华民族独特的精神标识,它深深根植于中华民族的灵魂与血脉之中,而且激励着中华民族不断砥砺前行,创造出一个又一个奇迹②。可以说,在高校思政课堂上进行家国情怀意识教育是非常有必要的。

首先,高校思政课程的教学内容要深入挖掘家国情怀的元素,特别是要注重选择具有强烈家国情怀的热点事件形成教学案例,引发大学生情感上的共鸣,例如将"最美逆行者"的感人事迹等作为教学素材,向高校大学生展示祖国强大的凝聚力,培育他们的历史使命和责任感。其次,思政课堂还可以运用情景教学的方式,例如通过影片、纪录片等"现场"环境让学生能够身临

---

① 石梅梅.高校思想政治理论课培育大学生文化自信研究[D].昆明:昆明理工大学,2020.
② 李昌恕,郭田.新时代高校思政课培育学生家国情怀的创新路径[J].黑龙江教师发展学院学报,2020,39(9):41-44.

其境进而迸发家国情怀,在结束放映之后教师需要对视频进行一定的解读,再组织学生发言,表达自己的观看感想,并与学生一起探讨相关历史问题,在交流中实现师生的共同进步。最后,高校思政课也可以创新实践教学的方法,整合课内、课外两种资源,巩固思政课堂上所学的知识,并将其内化于心、外化于行,例如举办一些参观、辩论赛、角色扮演等多种实践活动,厚植学生的家国之情,增强家国情怀意识教育的效果①。深化家国情怀意识教育,让家国情怀能够持久地影响高校学生,促进其思想境界的提升,引导他们始终将人民利益、集体利益和国家利益放在个人利益之上,在实现人生价值的过程中将个人价值与社会价值统一起来,认清新时代青年大学生身上肩负的责任和使命,积极投身于建设中国特色社会主义事业当中。

二、专业课程中的课程思政教育

(一)以业务知识为核心的专业素养教育

在高校专业课程中融入思政教育,需要以传授业务知识和技能为核心,在优化学生专业知识体系的基础上,再根据各专业的学科特点,深入挖掘其中的思想政治教育元素,并将专业素养教育与思政教育相结合,尽最大可能发挥专业课程的育人功能,从而规范和约束学生的行为举止②。

人文社科类专业即人文科学和社会科学的总称,具体包括哲学、法学、历史学、管理学等专业。人文社科类课程教师在带领学生学习本专业知识外,还应利用好课程平台对他们进行融入式思政教育,如法学专业的教师需要向学生讲授法学理论知识和一些实务技能,以及解读我国法律法规和相关政策,还要认识到思政教育的意义,注重培育学生德法兼修的专业素养。自然科学类专业包括数学、物理学、天文学等,自然科学类课程教师在把专业素养教育和思政教育结合的过程中,应以增强学生分析、解决问题的能力为目标,如天文学专业的教师应要求学生掌握天文学基础理论、观察手段及数据处理的方法,同时教师还要巧妙地将追求真理的科学精神等思政元素融入教学当

---

① 吴舒婷.思想政治理论课培育大学生家国情怀研究[D].重庆:重庆工商大学,2021.
② 林泉伶."课程思政":新时代高校思想政治教育新途径研究[D].南京:南京邮电大学,2019.

中。艺术体育类专业包括音乐学、舞蹈学、电影学等,艺术体育类课程教师应该将德育与美育一起放在同等重要的位置上,提升学生的审美能力和人文素养,如舞蹈学专业的教师需要教授舞蹈的历史文化知识和基本理论,还有分析舞蹈作品的方法,以及舞蹈写作、创编技能,此外授课教师也可以通过横向和纵向比较古今舞蹈文化和中西舞蹈文化的区别,来引导学生树立正确的审美观和艺术观。像医学、教育学等专业特点较强的课程,也同样可以运用上述方式,如医学专业的教师在教会学生相关医学知识和技能外,更要加强医德教育,培养他们救死扶伤、仁心大爱等医者精神[1]。

(二)以爱岗敬业为主题的专业信念教育

高校专业课程不能只重视业务知识和技能的学习,而忽略了专业信念的教育,专业课教师应该将以爱岗敬业为主题的专业信念渗透到课堂教学之中,让学生能够用严肃、认真、恭敬的态度去对待现在的学习和未来的工作,在接受教育的过程中使学生获得强大的精神力量,丰富精神世界,并增强职业责任感[2]。

首先,专业课程教师在进行专业信念教育时,可以将学校里以及社会上爱岗敬业、甘于奉献的真实事例引入专业课的课堂,鼓励学生积极讨论案例,但需要注意的是,教师选取相关案例时要避免出现虚假或者是具有争议的人物和事件,用这种方法无形中可以让学生受到职业精神的熏陶,并能反复深入思考,最终在学习、生活和工作中,通过榜样的表率和示范,增强学生对爱岗敬业的体会与理解;其次,授课教师也可以利用课堂上的一部分教学时间邀请与该专业相关的学校或行业模范走进课堂,请他们讲述一些自己的工作经历,例如对于知识技能、心得感悟等内容的分享,让学生从与劳动模范的零距离接触和交流中,逐渐加深对于爱岗敬业的理解和体会,以达到促进学生全面发展的目的;最后,专业课教师还可以给学生布置一些课外任务,这些任务需围绕着爱岗敬业、无私奉献、开拓进取等主题,采访或者是拍摄身边的真人真事,在争取当事人同意之后,学生可以将故事或者是视频在下次课堂上

---

① 胡亚楠.新时代高校课程思政建设个案研究[D].桂林:广西师范大学,2021.
② 杨金铎.中国高等院校"课程思政"建设研究[D].长春:吉林大学,2021.

进行分享和展示,由此让爱岗与敬业精神根植于学生内心深处,如果条件允许的话,学生们也可以借助新媒体平台,上传拍摄的视频和撰写的文章,并引导更多学生以点赞、收藏、转发、评论的方式进行互动,最大范围传播正能量,来提高专业信念教育和思想政治教育工作的效果①。

(三)以诚实守信为标准的行业伦理教育

诚实守信既是建设社会主义思想道德建设的必然要求,也是发展先进文化的重要内容,它对于中国特色社会主义现代化建设有着不可或缺的意义②。因此,将高校专业课程教学内容与以诚实守信为标准的行业伦理教育有机联系起来,才能真正发挥专业课程的育人作用。

高校学生接受教育主要有两种途径,一是基础课,二是专业课。但是我们必须要清楚认识到,到目前为止,部分基础课正在逐渐变得形式化,其原因在于大学生为了应试而死板地背诵书本,并没有加以理解,至少是在不能全面理解的情况下进行记忆,长此以往,将不利于学生"三观"的塑造,所以要加强行业伦理等思想政治教育,单单依靠基础课是不够的,还应该基础课和专业课"两手抓",同时提高专业课对学生的人文素质教育③。也就是说,高校应根据各学校和专业的实际情况,把行业伦理教育相关内容融入专业课程教学,用先进的知识来武装新时代大学生的思想。举例来说,经济学专业的教师在授课过程中,可以重点讲述诚信在经济社会的意义——从微观层面上,在市场经济条件下,人们需要依靠诚信来与他人进行各种合作和交易,这是由于诚信能够减少买卖双方的费用,而且还能够实现双赢,给双方带来更大的利益;从宏观层面上,诚实守信不仅能够优化社会资源配置,还能够促进社会主义市场经济健康、持续、稳定发展。除此之外,高校专业课程教师可以安排关于以诚实守信为标准的行业伦理的专题演讲活动,鼓励学生参加演讲,激发学生的诚信意识,使他们更能深刻理解诚信的内涵,明白诚信对个人和社会的积极作用,从而树立诚信理念,把讲诚信变成一种自觉主动的行为,

① 宋晓蕾,梁宏斌.爱岗敬业与高校思政教育的融合策略探析[J].文化创新比较研究,2020,4(13):154-155.
② 潘秀山.加强大学生诚信教育的实践途径[J].高教论坛,2004(1):7-9,13.
③ 邢巨娟.高校诚信教育和思想政治教育的关系研究[D].太原:中北大学,2013.

类似这样的实践活动能让学生切身感受到诚信的重要性,也许会达到意想不到的效果。

(四)以攻坚克难为目标的专业心理教育

攻坚克难即人们克服重重困难,圆满完成任务或是目标。换句话说,就是当遇到艰难险阻时,即使身处逆境,也能以积极的态度面对,并冷静地分析问题,找出问题关键所在,遵循客观规律来解决困难,历经层层考验后走向成功。在高校专业课程中对学生进行以攻坚克难为目标的专业心理教育,能够发扬学生持之以恒、刻苦钻研的精神,锤炼百折不挠、迎难而上的意志,有利于培养时代新人和实现社会主义现代化的远景目标[1]。

专业心理教育重点是对大学生进行心理健康教育,促使他们拥有攻坚克难的意志与信心。专业心理教育中对高校学生面临挫折和困境时的心理疏导,积极心态和坚定意志的培养,能够强化学生不畏艰难的精神。正因为新时代大学生群体大部分是在物质条件充盈、家长宠爱下成长起来的新一代,他们一般生活顺遂安稳,社会阅历较少,独立性不强,意志力薄弱,抗打击能力较差,所以高校大学生在应对学业与就业压力、人际交往不顺等状况的时候,心理上难免会出现各种各样的问题,比如说产生挫败、沮丧、悲观等情绪。针对这种情形,专业课教师应当在心理方面给予学生关心和辅导,并且教会他们克服困难的有效方法,并以学生喜闻乐见的形式,将本行业的英雄人物的事迹呈现在课堂上,以此激励学生勇于直面挫折,采取正确的方式战胜困难,防止学生心理出现失衡[2]。并且,在专业课教师进行专业心理教育活动的过程中,要教育学生坚定自己的目标和梦想,不能屈服于眼前的挫折,保持乐观进取的心态,于逆境中砥砺前行,才能够实现一直追寻的理想。在完成上述专业心理教育后,当学生再次遭遇挫折时,他们不但能积极进行自我心理调控,还能自觉激发攻坚克难的精神,从而更加坚定未来的理想目标。

---

① 黄小元.新时代大学生艰苦奋斗精神教育研究[D].哈尔滨:东北林业大学,2021.
② 张颖.新时代大学生艰苦奋斗精神教育研究[D].长春:东北师范大学,2018.

三、实践课程中的课程思政教育

(一)工匠精神教育

工匠精神,狭义是指凝结在工匠身上,广义是指凝结在所有人身上所具有的、制作或工作中追求精益求精的态度与品质。工匠精神蕴含着丰富的思想政治教育元素,因此在新时代背景下,深刻理解和把握工匠精神,把工匠精神教育加入高校实践课程中,对于大学生树立正确的价值观以及增强个人的就业能力具有积极作用[①]。

现阶段,我国高校思想政治课主要是以理论讲述为主,“填鸭式”和照本宣科化的教学形式很难引起学生的兴趣,甚至可能会让他们产生抵触的情绪,真实的教学效果与预期教学目标之间存在一定差距。所以深化工匠精神教育,除了上述形式之外,应该更多依靠学生在社会实践的过程中去领会工匠精神、锻炼职业技能、磨炼精神意志,进一步推动个人的成长和发展,将工匠精神教育内容由抽象变得具体、由枯燥变得生动,让学生感受到其中具有的时代性和现实性,从而改变被动接受知识的状态,自觉主动地学习先进文化。高校应当充分发挥实践课程的优势作用,引导学生深入企业的基层,到工作岗位中实地学习,把理论知识与实践活动相结合,在社会实践中培育工匠意识,以实际行动践行工匠精神。具体来说,学校可以通过校企合作这一途径,让学生提前了解职场的工作节奏和员工的岗位职责,使其能够在体验过后制定出适合自己的未来职业生涯规划,以及明白工匠精神在就业中的重要意义,促进学生根据个人目标严格要求自己[②]。另外,在实践课程结束之前,实践课教师应要求学生提交一份社会实践报告,或者是由教师组织一次实践汇报活动,针对学生实践的具体情况提出可行性建议和意见,帮助他们吸取更多有益的经验,以强化工匠精神教育的效果。

(二)社会责任感教育

对于高校学生来说,他们的社会责任感就是能够从内心深处真正认同社

---

① 任镕. 工匠精神融入高校思想政治教育研究[D]. 南充:西华师范大学,2019.

② 韩玉玲. 高校工匠精神培育与大学生思政教育的融合[J]. 大众文艺,2020(14):187-188.

会责任,并以实际行动肩负起社会责任。大学生是国家和民族的希望,他们是否具备社会责任感关系到国家和民族的前途和命运,因而通过高校实践课程对其进行社会责任感教育是十分有必要的①。

实践课程不同于注重理论教学的第一课堂和第二课堂,它以实践教学为基础,相较于理论课程和专业课程而言,更适合与社会责任感教育相结合,只有将社会责任感落实到具体实践中才能履行社会责任,所以实践课程对强化学生社会责任的情感具有不可或缺的作用。高校实践课程可以用志愿服务的方式,让学生在社会实践活动中促进其社会责任意识的形成。具体来说,高校可以将志愿服务活动分为三种类型——扶贫助贫活动、社区建设活动和社会公益活动。首先,组织大学生参与扶贫助贫活动,让他们以志愿者的身份组建服务团队,走进经济欠发达地区,尤其是农村和山区,开展卫生、文化、科技等相关服务,使其能够用自己的力量为社会发展和进步做出贡献,在社会实践中实现人生价值;其次,鼓励学生参与社区建设,让学生志愿者队伍在社区工作人员的同意和协助下,服务社区、建设社区,例如在社区举办各种健康向上的文娱活动,丰富和充实居民的业余生活等,引导学生积极为社会主义精神文明建设添砖加瓦;最后,促进学生主动参与社会公益,例如让学生到学校附近的养老院、儿童福利院、残疾人康复中心等场所,为这类弱势群体提供生活、文化、保健上的服务和帮助,或者是到居民经常活动的小广场开展防诈骗宣传和文化演出等公益活动,让学生为社会服务的同时,也可以体会到自己的价值,进而提高他们的社会责任感,并以极大的热情投入社会主义现代化建设中②。

第二节　高校课程思政教育的运行机制

高校课程思政教育要想充分发挥协同育人的作用,需要统筹各种教育资源,协调好教育主体与教育对象、教学方法与教学平台、各项制度之间的关系,实现高校课程思政体系内各部分的优势互补,从而建立起真正行之有效

---

① 赵志勇,马文婷.高校思想政治课程设计与大学生社会责任感的培养[J].经济师,2015(8):191-192.

② 邢瑞娟.高校思政课实践教育途径探究[J].思想政治课研究,2017(2):9-12.

的运行机制。

一、课程思政教育的主体

教育的主体是教育活动的重要组成部分,在整个教学过程中发挥着关键作用。然而,高校课程思政教育的主体到底是不是教师,教师究竟在教学中处于怎样的地位,这类问题一直是学界讨论和研究的热点话题,至今也没有明确的规定。

到目前为止,学界关于课程思政教育主体的争论主要有四种代表性观点——"单主体论""双主体论""多主体论"和"主体际说"。"单主体论"认为在教育过程中只存在唯一的主体,教育活动的主体最初被认为是教师,而学生仅仅是教师教学的对象和客体;之后,随着学生自主学习理论的兴起,教育活动的主体变为了学生,这一理论主张学生的发展完全取决于自身,而教师只是起到辅导的作用,尤其是思政教育活动中,教师的辅助作用更加明显。"双主体论"认为教师和学生两者都是主体,它将思政教育活动分成"教"和"学"两个过程,教师和学生在各自的领域中担任着教育活动的主体。"多主体论"认为教育活动的主体不仅包括教师和学生,还包括在教育过程中的其他要素,但这些组成要素必须承担或者是履行某种职能。"主体际说"即"主体间性论",它认为教师和学生不再是主客体关系,双方是平等的,师生之间是一种交互的关系,他们都是以参与者的身份加入相互教学的关系中①。从上述理论来看,无论是依据哪一种观点,不可否认教师都具备一定程度的主体性,而且教师作为课程思政活动中最具主观能动的要素,能够发挥主体作用正确引导学生的价值观,使其拥有与社会发展相适应的知识技能和道德素养。

教师在高校课程思政教育中的主体地位主要体现为以下几个方面:首先,教师具有自觉性。教师根据一定的教学目标,在了解学生思想状况和内在需求的基础之上,能够自觉转变教育理念,运用多样化的教学方式,培养学生良好的行为习惯以及思想品德。其次,教师具有能动性。教师除了向学生传授知识和技能外,还应该通过思想政治教育活动中反馈的各种信息及时调

---

① 张娜. 现代高校思想政治教育主体间关系研究[D]. 合肥:安徽大学,2012.

整教学方案,积极采取措施解决现存的问题,使得课程思政教育可以顺利进行下去。最后,教师具有创造性。一方面,教师需要因材施教,依据学生的兴趣爱好和性格特点,再结合教育现状,灵活地选择适宜的教学方案,促进每一位学生都能够全面发展与进步,成为社会所需的时代新人;另一方面,教师还需要不断创新教育的内容、手段和模式以适应现实的变化,而且教育的内容应通俗易懂,教育的手段应行之有效,教育的模式应新颖又切合实际。与此同时,教师也应以辩证发展的眼光看待每位学生,对学生可能出现的问题提前做好准备工作和应对措施,加大课程思政教育前瞻性的研究力度。

高校教师素质的高低直接影响到课程思政教育的效果,如果要充分发挥教师的主体性作用,那么教师除了要具备强烈的主体意识以外,还要具备相应的主体素质,例如较高的政治觉悟、强大的人格魅力、丰富的理论知识、优良的道德品格和出色的工作能力等,只有两者兼具才能巩固教师在课程思政教育中的主体地位。但我们要将教师的主体作用与党委的主导作用区分开来。高校党委的主导权是在育人方面占据主导地位,就是时刻与社会主义的前进方向保持一致,为中国特色社会主义现代化建设培养有理想、有担当的接班人。具体来说,党委在高校课程思政教育中承担着政治责任、组织责任、推行责任。所谓政治责任,就是高校党委从宏观上把握方向,防止西方资本主义腐朽文化的侵蚀,坚持马克思主义在思想意识形态领域中的指导作用,将课程思政教育与中华民族复兴的伟大梦想相结合,与共产主义的远大理想相结合。所谓组织责任,就是高校党委统筹全局,划分具体的职能与责任,统一配置资源,协调各部门、各学院之间的关系,为课程思政教育提供制度、经费等方面的支持,以确保课程思政教育活动畅通无阻地开展。所谓推行责任,就是高校党委真正落实好课程思政教育,积极调动辅导员和课程教师的主观能动性,明确职能部门及二级学院各自的执行责任,并对课程思政教育的实施过程进行监督检查与信息反馈,以便能够迅速解决问题、修正错误,保证课程思政教育可以收到良好的效果①。

---

① 戚静.高校课程思政协同创新研究[D].上海:上海师范大学,2020.

二、课程思政教育的对象

高校课程思政教育的对象,也就是课程思政教育的客体,有广义和狭义之分。从广义上讲,客体是指高校课程思政教育个体客体(干部、教师、学生等)和群体客体(共产党员群体、教师群体、学生群体等);从狭义上讲,客体是指高校课程思政教育中的学生个体及学生群体①。而本书所指的高校课程思政教育对象是狭义上的客体。

高校课程思政教育的对象是有着所属专业的大学生,只有在深入了解学生群体的基本特征及影响该群体的因素的前提下,才能开展有效的课程思政教育。具体来说,高校学生的群体特征有三个方面:首先,高校学生大部分是二十岁左右的青年学生,思想观念已经初步定型,而且具有独立的人格意识和鲜明的个性特点。因此,高校课程思政要做的是在其原有的基础上进行塑造和教育,而不是让他们完全舍弃固有思维方式,重新树立不同的价值观念,该特征可以发挥出学生客体的主动性作用,但也要注意它给课程思政教育带来的挑战。其次,大学生群体生活在数字时代,他们更习惯于从互联网中获取自己想要的知识和信息,也更喜欢将大量的空闲时间用在网络上。因而,高校课程思政教育应该突破传统的授课形式,特别是课堂教学和灌输式教学,更应强化对学生的影响力,这样才可以有效提升思想政治教育的效果。最后,相较于思政理论课程来说,高校学生更加注重专业课程知识及技能的学习,甚至一小部分学生对思政课程抱有强烈的抵触情绪和排斥心理,认为空洞的大道理根本无法解决实际生活中的问题②。所以,高校为了弥补思政课程的不足,在专业课、实践课和公共课等课程中融入思想政治教育,再选择相应的教学方式全面推行课程思政教育。

一般来说,高校学生会受到诸如学业、就业、家庭和情感等问题的困扰,而这些问题又是当代社会各方面问题的反映,处在社会大环境下的大学生难免会受其影响。再加上随着全球化的推进,我国与世界在经济、文化和科技等方面的联系更加紧密,与此同时,西方文化也不断涌入我国,其中消极的思

---

① 朱峥嵘,朱俊.论高校思想政治教育工作中教育者与教育对象的关系[J].中国校外教育(理论),2008(8):9.

② 周勇,王佳文.人能弘道:论课程思政教育的主体与客体[J].武陵学刊,2022,47(2):121-124.

想观念对正在成长期的大学生造成了严重的不利影响。就经济层面来说,市场经济条件下企业追求利润最大化,这种功利主义和拜金主义的价值取向若是不能加以矫正,势必会危害到大学生的思想观念;就科技和文化层面来说,互联网在为人们带来便利的同时,也滋生了大量的低俗文化和不良的娱乐文化,很有可能侵蚀大学生的心理健康;就政治层面来说,西方资本主义的政治理念,如"三权分立"等,宣扬的民主只是资产阶级的民主,对大学生有着较大的迷惑性,还有我国社会存在的一些腐败现象等,都是极易破坏民族情感的因素[①]。基于此,高校课程思政教育应该密切关注随时可能出现的新问题,及时调整相应的对策,使高校思想政治教育保持良性运转。

相较于教师这一高校课程思政教育主体来说,学生处于从属地位,因为学生受到教师教育的影响,其思想和行为理论上会发生积极的变化,朝着社会需要的方向发展。然而,高校课程思政教育客体不同于其他物质客体,学生并不是知识的被动接受者,他们也具有主观能动性,要想提高课程思政教育的实际效果,那么充分发挥学生的主动性是必要条件之一。学生在高校课程思政教育中的主观能动性主要体现为以下几个方面:首先,学生不再是简单的信息接收者。教育活动是一个双向的过程,教师是知识的输出者,学生是知识的输入者,他们在接受教育时,也会根据个人原有的认知去理解和吸收思政教育的内容。其次,学生能够自觉践行所学知识。教育的目的是培育学生良好的品德和习惯,教师只是承担引导的作用,真正将思想政治教育的知识内化于心、外化于行还是要依靠学生自身。再次,学生还会结合思政教育的内容,反思自己的思想观念和行为方式。例如通过自我认识、自我评价、自我调整和自我教育等途径逐渐修正错误的地方,使其回归到正确轨道上来。最后,学生在接受思想政治教育的过程中也会影响和改变教师。师生双方是相互作用、相互促进的关系,教师从知识、人格、思想和品德等各个方面影响学生,而学生也能够帮助教师不断完善和创新思政教学内容及手段等。

三、课程思政教育的方法

高校课程思政教育的方法应当和现阶段教育工作的情况紧密结合,不能

---

① 李家珉.关于高校思想政治教育对象的若干思考[J].思想理论教育,2009(7):37-41.

与当前的思想政治教育相矛盾,要既能够对其起到促进的作用,又能够为其补充新的教育形式。因此,在选择课程思政教育方法时,必须坚持以下三个原则:首先,坚持融合性原则。每一种课程思政教育的方法都有各自的特点,充分发挥每个教育方法的优势,才能保证课程思政教育活动的有效实施。按照融合性原则的要求,在实施课程思政教育方法时,高校应该考虑到各种方法是否相互冲突,方法与方法之间是否可以相辅相成、互为补充,每个方法是否都以深化课程思政教育为目标等一系列问题,若是不能实现兼顾,那么全新的课程思政教育方法不但无法对传统的教育方法进行完善,甚至还可能浪费高校有限的教育资源。其次,坚持实效性原则。确保课程思政教育方法的可行性和有效性是决定运用该方法的基本条件,无论是哪种课程思政教育的方法,都应该通过切实可行的教育方法使新时代的大学生具备相关知识和技能,以及良好的道德素质,否则它就失去了原本存在的意义,不能给思想政治教育带来助力,反而给高校课程思政教育工作带来一定的阻力。最后,坚持创新性原则。高校创新课程思政教育的方法可以分为两种,一种是有针对性地改进现有的教育方法,使其更加完善和有效;另一种是探索全新的教育方法,从形式到理念上都有别于原本的教育方法。而且,高校要尽量保证两个路径同时推进,以避免出现因创新工作不到位而阻碍课程思政教育进程的情况[①]。

当然,理论意义上的原则只有真正落到实处才能更好地发挥指导作用,高校选取课程思政教育的方法时,在坚持上述原则的基础上,更要立足实际,才能最大程度利用好现有资源,极大提升课程思政教育的效果。一般来说,高校课程思政教育的方法大致包括影视导入法、案例教学法、情景演绎法、实践体验法[②]。首先,影视导入法是教师借助多媒体设备播放影视片段,在视觉和听觉方面给学生以"刺激",以此激发他们学习的热情,增强思想政治教育的效果。值得注意的是,导入的影视作品应该选择与本课程相关的,同时具有思政教育意义的片段作为教学材料,这样才能加深学生对该节课的印象。譬如在大学英语的课堂上,教师可以根据每一单元的专题内容,有针对

① 胡娟.高校思想政治教育载体建设研究[D].赣州:江西理工大学,2015.
② 李佩文.高校"课程思政"实践研究[D].成都:四川师范大学,2020.

性地选取英文电影,以《阿甘正传》为例,这部影片既能辅助学生学习英语以及文化知识,又能让学生被故事主人公阿甘的真诚、勇敢等精神所打动,在不知不觉中接受思想政治教育。其次,案例教学法是教师依照一定的教学目标,选择典型又真实的案例,引导学生进行探讨和分析,以强化学生对知识内容的理解。教师可以从网络上搜索教学案例,也可以邀请校内外的优秀党员和优秀团员等先进人物走入课堂或是以其他形式讲述他们的事迹,高校还可以聘请他们担任思政专题教育的辅导员,让他们与课程思政教师共同编写关于自身事迹的案例教材,并由教师将其运用到课堂教学中,最终通过榜样的行为示范作用,来带动学生向其学习的积极性。再次,情景演绎法是教师在全面考虑实际情况的基础上,根据具体的教学内容,创设特定的情境和角色,鼓励学生主动自愿地参与角色扮演,培养学生换位思考和解决问题的能力。教师开展课程思政教育活动时也可以构建具体情境,引发学生情感上的共鸣,使其在欢快的氛围中提高思想道德素养。比如教师在法学专业的教学中可采用辩论赛、情景剧等形式,并围绕法学知识展开,以经济法为例,教师可以指导学生编写情景剧剧本,确保该剧本中包括消费者、生产商、经销商等所有角色,在准备工作完成之后,组织学生进行情景表演,并对其表现做出评价和总结,促进学生将理论知识与实践相联系。最后,实践体验法是高校或教师有计划地指导学生参与社会实践活动,积极协调和调动多方力量,促进学生形成良好的道德品质和行为方式。在实施课程思政教育的过程中,教师可以将教学内容和社会调研、志愿活动、专业实习、参观考察等实践活动紧密结合,引导学生从实际操作中学习技能、巩固知识,从而激发学生对该课程的浓厚兴趣。

四、课程思政教育的平台

高校在开展课程思政教育工作时需要正确把握新时代大学生的特征——思想观念变化快、信息接收能力强、新鲜事物接受程度高、人格意识和法律意识以及权利意识强等,并以提升学生的综合素质为教育目标,为学生搭建更具科学性和有效性的教育平台①。就目前来看,高校课程思政教育平台可以分为线下教育平台和线上教育平台两大类。

线下课程思政教育平台具体包括课堂教学平台、社会实践平台和校园文化平台等。首先,课程思政教育依托课堂教学平台。课堂教学是最基本的也是最传统的教学模式,因为不管教学形式如何变化,都脱离不了由教师授课的方式。高校在深入挖掘各类课程蕴藏的思政元素时,都应该秉承实事求是的原则,坚持理论与实际相结合,尽可能从教学内容的深度和广度着手,使其更加贴合学生们的实际生活,更具感染力和针对性。其次,课程思政教育依托社会实践平台。该平台不仅可以有效地发挥教育作用,而且相比于传统的理论教学,以思想政治教育为专题的实践活动更能吸引学生的注意力,同时也为原本枯燥的学习过程增添了一些趣味。一般情况下,高校和教师是实践课程的安排者和组织者,学生从中获得的锻炼机会有限,因此为了实现社会实践课的有效性,高校需要打破实践课程的形式化,重视学生社团组织的作用和功能,鼓励教师出面和在校学生社团一起去联系和落实社会实践活动,让学生真正成为社会实践过程中的主人。最后,课程思政教育依托校园文化平台。校园文化是一个学校总体环境和氛围的体现,通过校园文化来推动思想政治教育,必须立足于本校和社会现实,这样才能达到更好的课程思政教育效果。因为每一所高校都有自己独特的传承和历史文化,所以各高校要建设适合本校的特色课程思政体系,比如理工类院校在开展课程思政教育工作时,应该重点突出我国相关专业领域的建树以及成就,点燃当代大学生的爱国热情。另外,只有课程思政教育内容时常更新,不断注入活力,课程思政才能保持长久的生命力,为此高校需要特别关注当前社会的发展变化,并紧密联系新时代的校园文化,加快构建科学且优质的课程思政体系②。

线上课程思政教育平台即网络媒体平台,这一平台是伴随着互联网等现代信息技术的发展而兴起的,网络媒体教育特有的优势在于将教学与网络相结合,授课形式从线下教学变为了线上教学,打破了时间和空间的限制,为高

---

① 邹维忠,李逸龙,陈熙.浅谈高校大学生思想政治教育的六个平台[J].教育教学论坛,2012(20):11-12.

② 张策,王丽珍,李亚军,等.试论校园文化对高校课程思政体系建构的作用[J].教育理论与实践,2019,39(21):29-31.

校课程思政教育工作提供了便利的条件。如今,网络媒体已经在高校课程思政教育中得到了广泛的应用,但各学校利用网络媒体平台进行课程思政教育的具体方式各有不同,比如说,有部分高校是把传统课堂搬到了线上,有部分高校借助网络宣传和介绍思政教育,有部分高校小范围试行教学互动,还有部分高校的少数教师开通个人网络账号率先尝试突破等。由此可以看出高校线上课程思政教育变得越来越普遍化,然而就创新的程度来说,还不够深入,还没有发挥出网络媒体的真正作用,因此高校需要加强和改进线上课程思政教育平台建设。具体而言,首先,高校可以依托学校官方网站、各二级学院网站以及微博账号、微信公众号等,推进建立有学科和学院特色的思想政治教育主题专栏,以文字、音频和视频形式宣传思想政治教育,例如使用音频朗读或是讲解与专业相关的、又具有思政教育意义的经典著作[①]。其次,授课教师借助各种网络平台,以录播和直播的方法把线下和线上的课堂教学统一起来,让学生通过留言及时提出疑问,授课教师会与其他相关教师同一时间收到该留言,他们再针对这一问题从不同角度给出自己的解答。再次,高校也可以搭建课程思政教育信息共享平台,学生登陆此平台不仅能够浏览每天发布的教学信息、课程安排情况以及网页新闻等内容,还能够转入校园数字图书馆来阅读相关文献资料。最后,高校在征得从事课程思政教育工作的相关教师同意之后,将他们的教学和科研成果展示在校园网络平台上,并附上微信、手机号码、电子邮箱等联系方式,实现教师与教师之间的经验共享,以促进课程思政教育水平的提升。

五、课程思政教育的制度

为了保障课程思政教育的顺利开展,高校必须从理论引导、师资保障、协作配合、资源整合、反馈评价等方面着手,建立和完善相应的制度体系,营造有利于教学工作正常运行的环境,促进教学发展的有效性和科学化,切实提高课程思政教育的效果和质量。一般而言,高校课程思政教育的制度由以下几个部分构成。

首先,理论引导制度。课程思政作为一种教学行为,必然需要科学的理

---

① 李靖.新时代高校课程思政发展研究[D].沈阳:辽宁大学,2021.

论或理念指导实践,来保证课程思政教育方向的正确性。因此,高校在深化课程思政教育改革之前,最先考虑的问题是利用理论来引导相关工作者的认知,逐步使各方达成思想上的共识。从高校管理者的角度来讲,理论引导意味着让他们把课程思政教育当作一项重要的管理工作,明确主体责任以及筑牢责任意识。管理者自身需要践行理论知识学习等制度要求,同时也需要健全监督等相关管理制度,使理论真正可以贯彻落实到教学实践中。从课程教师的角度来讲,理论引导则是让他们将思政元素融入课堂教学,重视课程思政教育的意义,并且熟练掌握具体的教学方式,例如高校可以完善教学研讨制度,通过经验分享使同一院系各课程教师的能力得到提升①。

其次,师资保障制度。任课教师的能力和素质的高低在一定程度上决定了课程思政建设的有效与否。对于任课教师来说,除了具备专业知识和技能以外,更重要的是具有思政教育相关的基础理论、政治素质和教学技巧,但实际情况是,受大环境的影响和专业背景的限制,授课教师并没有丰富的思政教育知识,因而减缓了高校课程思政建设过程的推进,所以高校必然要实施课程思政教学培训制度来保障和提高教师的育人素质。具体而言,高校需要统一安排课程思政教育的教师岗前培训、在职培训以及师德等专题培训,并对培训的效果进行评价以确保培训的实效性。另外,各二级学院还需要与马克思主义学院建立起课程思政教学联系制度,通过与思政课程的教师定期集体备课等方式,来深入研究各科知识点中的思政内容,开拓课程教师的教学思路,凝聚专业课程与思政课程合力,发挥不同课程的协同育人作用②。

再次,协作配合制度。课程思政建设要想达到预期的效果,需要各部门之间、各院系之间、各课程之间以及教学资源之间的协同运作,协调好各个部分在课程思政体系中的关系,才能有利于提高课程思政教育水平和质量。比如说,高校可以形成意见反馈制度及时为授课教师提供思想政治教育的最新信息,该制度主要是由高校的团委和学工部门相互合作来完成的,这两个部门最关键的任务就在于把握大学生的思想动向,将现阶段学生出现的问题反馈给各课程教师,以便于教师通过学生的基本思想状况来制定或者是改进相

① 胡洪彬. 课程思政:从理论基础到制度构建[J]. 重庆高教研究,2019,7(1):112-120.
② 张华. 高校课程思政内涵建构及实践路径研究[D]. 南京:南京医科大学,2020.

应的教学内容和模式,并在其中融入思想政治教育来引导学生观念,帮助他们全面发展。除了意见反馈制度外,高校构建其他制度时也应当遵守系统运作的原则,促进相关参与主体能够全力协同配合,尽最大可能激发出各主体活力和育人功能,为课程思政教育工作创造良好的氛围。

最后,反馈评价制度。为了增强课程思政教学的实效性,高校需要评估和分析课程思政的主体和资源以及整个运作过程是否符合要求,以进一步构建更加科学、规范的课程思政体系。一方面,高校应该建立质量评估制度,针对课程思政的管理手段、协作情况、教学方式和实施效果等多维度进行综合考量。高校可以采取"自下而上"的评估方法——在校学生填写相关的调查问卷,也可以采取"自上而下"的评估方法——课程思政管理部门对实施效果进行督查,或者还可以邀请专业人员——思政课程教师以专业的视角参与评估工作,再根据具体的评估结果发现不足之处并及时纠正错误①。另一方面,高校还应该完善绩效考核制度和责任落实制度,将课程思政落实情况与相关主体的考评相挂钩,对于落实状况较好的主体予以晋升、表彰等奖励,对于尚未完成课程思政教育目标的主体进行指导和培训,对于责任严重缺失的主体要适当追究其责任,以此来激励各相关主体积极参与高校课程思政建设,从而推动课程思政教育的持续发展。

第三节　高校课程思政教育的典型模式

高校课程思政教育模式是否有效,关键在于是否以学生为本,是否基于各课程的特殊性,使其与思政课程同向同行。目前,有部分高校正在积极探索和尝试思政课程引领课程思政、易班＋课程思政、慕课＋课程思政、互联网＋课程思政、案例＋课程思政等思政教育模式,并为高校课程思政建设积累了一些典型的经验。

一、思政课程引领课程思政模式

现阶段,推进高校思政建设的重点在于形成思政课程与课程思政协同育

---

① 覃景冠.高校课程思政育人机制构建研究[D].西安:西北政法大学,2021.

人的格局,而协同育人格局的重点又在于思政课程对课程思政的引领作用。因此,高校普遍将思政课程引领课程思政当作课程思政建设的重中之重,以此带动整个高校思想政治工作的进程。思政课程引领课程思政模式成为国内高校相对比较普遍的课程思政育人模式。

以思政引领课程思政不但能够确保课程思政的政治方向,还能够为思政课程注入新的活力,从而促进思政课程与课程思政共同发展。从课程思政的角度来说,思政课程的引领作用首先体现在它有利于保证课程思政正确的政治方向,巩固马克思主义在高校思想意识领域的指导地位,同时它在思想政治教育方面独特的专业性可以丰富课程思政的教育资源和形式,推动建设更为有效的课程思政体系。从思政课程的角度来说,这种模式除了为课程思政指明方向、提升质量之外,它也能够从各类课程中汲取能量,通过不同学科的相互借鉴和碰撞,获得多元化的学科视角、课程方法以及知识框架,进而完善和优化思政课程教学体系,最终带动其他课程的创新发展,实现思政课程与课程思政同向同行,真正达到高校思想政治教育立德树人的目标①。

以华东政法大学为例,该校实行的是"'法治中国'思政课程引领课程思政"的模式,其中马克思主义学院思政教研组通过集体说课、群策群力等形式来提高有关教师的教学技巧和水平。因此,在推动落实思政课程引领课程思政的过程中,也可以借鉴部分华东政法大学的经验:首先,强化育人体系的理念引领功能。高校专业课程教师需要全面把握各自的专业特点,在明确其育人目标的基础之上,在设置具体的教学内容时,将思想政治教育作为重要部分,进一步塑造学生的价值观念,借助学科知识来强化思政课程的价值引领功能。其次,落实高校马克思主义学院对课程思政教学的指导或者牵头责任。就指导责任而言,马克思主义学院可以委派思政理论课程教师,指导课程思政的教材资料编纂、教学效果评价以及教学方式创新等,并帮助其他课程教师设计合适的课程思政教学方案,定期组织开展专门的课程思政教学培训工作,旨在提高专业课程教师的思政意识和能力。就牵头责任而言,在高校党委批准后,由马克思主义学院领衔建立课程思政研究中心,主要任务就是探讨前沿的教研科研专题,共同合作申报课程思政的项目和发表相关的论

---

① 王瑞.思政课程领航课程思政论略[J].中国电化教育,2021(10):65-71.

文等①。最后,充分发挥课程思政教师的引领作用。高校应该打造一支课程思政协同队伍,在教学协同联动的过程中,该队伍的思政课程教师要向其他课程教师示范思政课程的教学,并且对他们进行有针对性的指导,与其一起合作开发出真正能够培育社会主义接班人的新课程,当然思政课程教师也会通过互动协作学习到不同学科(尤其是哲学社会科学类)的新观点、新知识,从而不断促进马克思主义学科的发展。

二、易班+课程思政模式

易班是提供教育教学、师生交流、生活服务、文化娱乐等内容,并且融合论坛、微博、相册、网盘等功能的新型网络互动社区②。其中,班级功能作为最主要的功能为学生学习和教师教学创造了便利的条件,更为高校课程思政教育工作搭建了一个全新的平台。

与传统的课程思政教育模式相比,易班+课程思政模式有其特殊性和可行性,具体表现在五个方面:一是易班作为网络教学载体,同时具备线上教育平台的共性,它可以打破时间、空间等条件的限制,将其与课程思政相结合是不错的传播载体方式;二是易班能够严格管理平台内容,排除了过度娱乐化的信息,它所推送的全部是正能量的话题和活动,可以吸引学生主动了解和学习国家政策等相关知识;三是易班整合了大量的教育资源,并且共享了题库等学习资料,特别是还有大学生较为关注的英语等级考试、NCRE考试、CPA考试等视频课程,这种课程培训的方式也有助于平台开展课程思政教学;四是易班有线上和线下的实践活动,可以引起学生主动参与的兴趣,充分利用好易班活动不仅能深化学生的认知和理解,还能增强课程思政教育的实际效果;五是易班可以帮助教师以及学校管理部门进行教学和管理,例如考勤、安排补考等,极大提升了教育工作的效率,该功能也同样适用应用于课程思政建设③。

易班+课程思政模式在实际建设过程中可以采取如下措施:首先,打造一支高水平的易班教师团队。该教师团队的成员应该以思政课程教师为主,

---

① 董前程.高校思想政治理论课教学模式改革研究[D].哈尔滨:东北林业大学,2017.
② 黄慧煌.基于易班的大学生思想政治教育研究[D].漳州:闽南师范大学,2017.
③ 秦彩云.易班平台的大学生思想政治教育现状及对策研究[D].桂林:广西师范大学,2019.

其他课程教师为辅,同时有坚定的政治立场、丰富的思政教育理论知识、熟练的网络操作技术以及相关的管理能力,能够真实地了解学生思想的具体情况,并引导他们形成正确的思想认知,像东华大学成立了易班的"名师工作室",并有上百位任课教师长期进驻在易班为学生答疑解惑和进行思想疏导等。高校还需经常性地组织关于网络思政教育等方面的培训,提高教师的知识、技能和素质,以便更好地利用易班进行思政教育活动。其次,组建学生易班社群。该社群需要提高黏性,使学生对易班社群有一定的依赖度,只有受到学生的喜爱,才能有助于课程思政教育的持续开展,像厦门大学就将易班与微信相融合,在微信上就可以登录易班实现互动、签到和抢票等功能,增加了学生用户的黏性。所以为了吸引用户,易班内容应该娱乐和学习两者兼顾,比如开发一些健康又减压的娱乐模块以供学生在学习之余能够放松心情,或者完善面试指导、自习室空位查找、考研考公咨询等学习模块,还可以录制对挂科率高的科目重难点的讲解课程等①。最后,发挥学生的网络领袖作用。网络领袖可以对学生的思政教育起到引领作用,其主要职责包括传播主流文化和关注学生思想状况,他们不仅需要通过发帖等易于学生接受的形式来引导学生的思想,向学生分享一些积极健康的内容,从而达到营造良好网络环境的目的,还要向易班教师汇报和反映学生的思想动向,以便教师及时发现问题并采取有效措施。

三、慕课 + 课程思政模式

慕课(MOOC)本质上是一种大规模的在线开放课程模式。其中,"大规模"是指慕课的受众群体非常庞大,而且课程范围也非常广泛;"在线"是指它不是以面对面的形式进行授课,而是在互联网上就可以获取所需的视频、讲义等课程材料;"开放"是指慕课平台上绝大多数课程是免费的,它开放地面向网络中的所有用户。慕课的出现为课程思政教育提供了全新的教学理念与方法,有利于促进当前高校课程思政教学的发展和改革。

慕课 + 课程思政模式在现有的高校课程思政教育模式中具有其显著的优势:一是慕课教学可以将学生作为课堂的中心。相较于传统的课程思政教

---

① 易亚哲.课程思政视阈下易班育人作用研究[J].教育现代化,2019,6(95):265–267.

学,慕课教学模式中学生参与课堂在线讨论的积极性更高,表达自己观点的意愿更强烈,这样不仅能够保证学生有效地接受课程思政教育,并且还能够发挥学生在学习上的主观能动性,从而使其逐渐处于课堂教学的中心地位。二是慕课平台可以共享优质的教学资源。以往优质的课程教学只在特定的时间和地点面向特定的对象,而慕课突破了这一束缚,能够让越来越多的学习者接触到更多优质的资源,同时学生也能够根据自身情况合理安排学习时间和内容,为高校课程思政提供了更加便利的条件,如丰富的教学资源等。三是慕课的应用可以增强教学的实效性。慕课能够使学生在课下完成教学中布置的学习任务,进一步深化了课程思政教育的效果,而且它让课堂不再以讲解为主,而是以答疑解惑、指导学业为主,增加了师生间在线互动交流的机会①。

以武汉大学为例,该校作为慕课界的"网红",它成功的经验值得其他高校学习,比如教师会提前布置课程任务或是测验来考查学生知识的掌握情况,并记录下课上的交互内容来计入最终的考核成绩中等。所以,高校实施慕课+课程思政模式时,也可以借鉴该校的一些做法:首先,要重视慕课模式下课程思政建设。高校应该以积极的态度去对待慕课,加大对于该模式构建的投入力度,深入探索与课程思政更为契合的慕课教学方式,例如在慕课中的任课教师可以利用在线对话的功能开展有针对性的思想政治教育,也可以向学生推荐一些含有思政元素的书籍和网站来完成学生自我教育的过程,还可以通过线上小测试、文字链接等方式进行思政教育。其次,要坚持线上线下合力育人。课程思政教育贯穿于整个课堂教学活动中,只有线上线下都做好各自的育人工作,才能将慕课+课程思政模式真正落到实处。比如在各科考试的设置方面,线上教师可以通过无监考的网络考试来培育学生诚实守信、道德自律的品质,而线下教师则可以通过批评和纠正考试抄袭、替考等作弊行为来提高学生规范学习的意识。最后,要设立慕课下的课程思政评定环节。该环节的目的不是在于考查教师的课程思政能力,而是增强学生对于课程思政的重视程度。慕课教师可以将记录了学生学习过程的后台数据与有思政元素的专业知识考核结合起来,以此作为评定其学习能力的基本内容,

---

① 姚绮.慕课背景下高校思想政治理论课教学中的问题与对策[D].南昌:江西财经大学,2019.

这样既能够检验课程思政教育的成果,又能够促进学生加深对课程思政的理解①。

四、互联网＋课程思政模式

互联网＋课程思政是利用现代信息技术手段来优化课程思政教学的方法和内容的一种教育模式。将互联网与课程思政教育进行有效融合,能够加快课程思政教育的信息化建设,为进一步实现高质量、高水平的课程思政教育提供了有力的技术支持。

之所以实施互联网＋课程思政模式,既是因为该模式符合现实的需要,也是因为它具有显著的育人优势。一方面,基于互联网技术在高校迅速推广的实际情况,高校只有创新和改革教育教学模式,才能保证课程思政教育建设与时俱进,而且对处于互联网大环境下的大学生来说,网络在其学习和生活中无处不在,无时不有,如果教师不能熟悉网络,可能会无形中拉远与学生的距离,还可能会失去双方深入交流和沟通的机会,从而无法开展课程思政教学活动。另一方面,互联网＋课程思政的优势在于主体的多元化、载体的多样化以及超时空化。具体而言就是课程思政的主体不再局限于教师群体,而是扩大到了校内的后勤人员、领导干部和校外的企业家、公职人员、行业模范等;课程思政的载体除了课堂教学、社会实践等传统媒介外,还拓展到了微博、微信、易班等线上平台。这种模式已经突破了固定时间和地点的制约,而不只是在教室、实验室、博物馆、纪念馆等场所可以进行,线上平台也可以开展,并且将育人教育渗透到了学生的日常生活中②。

近年来,各高校以互联网为依托推出"云课堂""云直播"等线上教学模式,在此模式下课程思政建设也取得了良好的效果③。基于此,高校需要加强互联网＋课程思政体系建设,具体的实施措施如下:首先,建立专业课程思政渗透云平台。该平台集合了各科教师对专业教学中思政元素融入的建议

---

① 曹晖.构建基于课程思政的慕课线上线下联动机制[J].辽宁工业大学学报(社会科学版),2020,22(6):100-102.

② 辛如彬."互联网＋课程思政"育人特征、困境与实施策略[J].河南工业大学学报(社会科学版),2021,37(1):84-89.

③ 李粤霞."课程思政"实施的理念与路径研究[D].广州:广东外语外贸大学,2020.

和经验,这些意见会根据一定的标准进行分类,以教育内容为例,可以分为理论教学、技能教学、实操教学中的思政教育等,再将不同类别的意见放入不同的模块或标签中,以便为授课教师提供相关课程思政教学方面的参考。其次,除了云平台外,也可以与齐鲁工业大学一样设立线下课程思政工作室。它是在思政教研室的基础上,专门针对课程思政而成立的,主要采用师师合作等方式来整合教师资源,发挥集体智慧,实现知识共享,以达到专业课与思政课深度融合、课程思政感染力提升的目的①。最后,创新课堂教学模式。借助互联网可以提前调查学生的思想特点等情况,以此设计精准的教学内容和方式,同时还可以增加与学生之间的交流,从原来的"师问生答"转变为"师生互问互答",比如说通过弹幕、聊天区的互动,教师能够为学生答疑解惑,并充分了解他们的观点看法,像浙江师范大学的外国语学院,教师在不方便面授的情况下就采用"QQ 视频 + 微助教 + 浙师云盘"形式授课,不但能够运用多样化的教学工具来讲授视听课程,而且增加了与学生互动的机会,使得课堂的气氛一直非常活跃。

五、案例 + 课程思政模式

案例 + 课程思政模式本质上是案例教学在课程思政中的运用和拓展,它围绕着课程的知识点,将思政热点问题导入具体的教学过程中,以生动的事例启发学生思考,进一步实现丰富学生专业知识结构,提高其理解以及解决问题能力的教学目标。

对于课程思政教学来讲,案例的应用不仅可以起到引导学生价值观的作用,还可以更好地让学生内化课程知识。具体来说,课程教师主要选取社会热点事件作为案例素材,在对事例进行整合后,会将其中与专业相关的思想政治教育资源嵌入到实际教学内容中,这样能够激发案例的思想政治教育功能,用更加亲和、潜移默化的形式使学生增强马克思主义思维能力,感受爱国情怀、社会责任感等精神力量,从而引导学生树立正确的价值观念;与此同时,案例还是专业课程知识的重要补充,因为它与每门课程特定章节的知识

---

① 张美容.高校"互联网 + 课程思政"体系建设与实践路径探索[J].锦州医科大学学报(社会科学版),2020,18(6):71 - 74.

点相对应,在拓宽学生视野之余,也能够让学生明确专业知识的逻辑和应用,在探讨案例的过程中深化对知识的理解,进而增强课程思政的教学效果①。

　　高校应用案例+课程思政模式时,需要从三个方面进行优化:首先,建立和完善课程思政案例库。参考燕山大学课程思政案例库的建设过程,应该既要发挥教师的集体智慧,也要鼓励学生与教师一起努力,例如课程教师也可以和燕山大学一样通过成立思政案例课程教研组,团队成员就案例撰写、推进过程等问题进行探讨,互相给予可行性的建议,共同建设和分享思政案例资源库;还可以引导学生留意网络等媒体平台上的社会热点,以形成主动搜集案例素材的意识。当然,课程思政案例库中的素材除了要保证优质以外,还要在筛选后进行深入细致的加工与处理,理清案例的具体类型、详细过程和社会舆论等,并实时更新案例素材以确保有效性。其次,提高教师的职业能力。该模式除了要求高校教师具备较高的责任感和扎实的理论知识外,还需要有较强的媒介素养、筛选案例、驾驭课堂、总结归纳等能力。对于选取思政案例的能力来说,教师应该提前调查,再根据不同专业、不同类型高校学生的关注度来选择,以文理专业为例,人文社科类学生比理工类学生更关注政治类热点,而理工类学生比人文社科类学生更关注科技类热点,因此教师可以按照学生的偏好来选用合适的案例,力求最大程度贴合学生的实际情况,像上海财经大学经济学专业的教师通过小岗村"分田到户"的教学案例,在传达了专业知识的同时,又体现了历史教育和通识教育。最后,转变学生的学习观念。在实际课程思政案例教学的过程中,难免会有极少数学生出现抵触或不适应等心理,大大降低了教学的效果,所以教师应当帮助他们明白课程思政的重要性,以积极的学习态度对待课程思政教育,并且引导学生去适应新的案例教学方法,鼓励他们踊跃参加课堂讨论,敢于提出自己的想法和观点,同时培育其自省以及自评的习惯,促使他们真正做到知行合一②。

---

① 冯梅,曹辉,李晓辉.以思政案例为载体的高校课程思政教育教学初探[J].中国高等教育,2020(Z3):37－39.

② 衣安琪.社会热点案例教学法在高校思政课中的运用研究[D].济南:山东大学,2019.

第四节　本 章 小 结

　　本章主要阐述了高校课程思政教育的教学体系和运行机制,为后续开展课程思政教育的现状调查以及研究相关的引导策略提供了一定的依据。首先,深入探讨了课程思政教育教学体系的具体内容,包括在思政课程中加入中国国情意识教育、制度优势意识教育、文化自信意识教育和家国情怀意识教育,在专业课程中融入专业素养教育、专业信念教育、行业伦理教育和专业心理教育,在实践课程中嵌入工匠精神教育和社会责任感教育。其次,详细阐述了课程思政教育运行机制的构成要素,包括主体、对象、方法、平台和制度,并且总结典型的高校课程思政教育模式,例如思政课程引领课程思政、易班＋课程思政、慕课＋课程思政、互联网＋课程思政和案例＋课程思政等教育模式,通过分析不同高校课程思政建设的典型经验,有助于促进高校课程思政教育教学的发展。

第四章 高校课程思政教育实施现状调查

本章将通过问卷调查方式收集数据,对高校课程思政教育实施现状进行描述统计,为后续课程思政的影响因素实证分析提供依据。第一部分对问卷进行信效度检验、因子结构验证以及验证性因子分析。第二部分根据调研问卷分别从学生的个体特征情况、年级与学科状况、学生干部经历以及高校层次对学生的基本情况进行描述性统计分析,从教师的个体特征情况、学历与教龄状况、职称与高校层次、从教学与任教课程类型对教师的基本情况进行描述性统计分析,再根据问卷内容对教师的课程思政素养状况以及学生对课程思政的满意度情况进行描述性统计分析,并对不同学生群体的课程思政满意度群体差异进行分析;对教师群体的课程思政教育有效性和实效性的群体差异进行分析。第三部分从大学生思想认知、大学生行为倾向、教师课程思政素养三个方面总结高校课程思政教育的实施成效。

第一节 课程思政教育现状的调查设计

一、调查目的

《高等学校课程思政建设指导纲要》指出,"立德树人成效是检验高校一切工作的根本标准。……让所有高校、所有教师、所有课程都承担好育人责任,守好一段渠、种好责任田,使各类课程与思政课程同向同行。"[1]党的十九大提出要加强对课程思政工作的建设,在这一背景下,开展高校课程思政教

---

① 教育部办公厅. 高等学校课程思政建设指导纲要[EB/OL]. (2020 – 06 – 01)[2022 – 06 – 28]. http://www.moe.gov.cn/SIC Site/A08/ST056/202006/t20200603_462437.html

育,通过将思想政治元素融入课堂,提高学生的思想政治素质、引导学生进行价值观塑造是势在必行的。课程思政是借助课堂的渠道,在学科教学的基础上,将思想政治教育元素与其他课程融会贯通、协同发展,充分发挥"三全育人"的重要作用,最终达到立德树人的目标[①]。本书通过问卷调查方法,为深入研究高校课程思政教育中存在的问题,需要了解当前大学生对于课程思政教育的满意度以及教师对课程思政教育有效性和实效性的状况。

二、调查对象

高校课程思政教育实施现状调查分为两部分,一部分是高校课程思政教育的有效性和实效性调查,另一部分是高校课程思政教育的学生满意度调查。课程思政教育有效性和实效性调查问卷的调查对象是来自不同层次高校、不同专业任教的教师;课程思政教育的学生满意度调查问卷的调查对象涵盖本科大一、大二、大三、大四、硕博研究生等在校大学生;调查高校类型涵盖了"双一流"院校、普通本科院校、大专院校;调查专业涵盖了经济学、管理学、文学、教育学、法学、理学、工学、农学、医学、艺术等。

三、调查工具

为了能够全面了解当前高校教师课程思政教育的状况,本书根据研究目的采用问卷调查法,设计针对学生和教师两套问卷,教师课程思政教育的有效性调查问卷借鉴了管恩京的教学有效性模型;教师课程思政教育的实效性调查问卷借鉴了郭祺佳的大学生网络思政教育实效性评估体系和徐绍华的思政教育实效性的相关成果;课程思政教育学生满意度调查问卷借鉴了邹琪的高校课程思政实践教学满意度及其影响因素的相关成果。两套问卷中所有题项均采用单项选择形式呈现,一是为了方便参与调查的教师和学生填写,节约时间;二是为了保证回收的调查数据有效性更高。

首先,课程思政教育的学生满意度调查问卷,即学生问卷的内容包括两部分,第一部分是学生的基本情况调查,主要收集学生的性别、年龄、年级、专

---

① 刘影.新时代课程思政视域下对"三全育人"的思考[J].佳木斯职业学院学报,2022,38(3):25-27.

业、政治面貌、是否担任过学生干部、学校层次、户口类型、是否为独生子女、父母的受教育程度等信息。学生的基本情况调查在问卷中是以单项选择形式呈现的,学生对课程思政教育的满意度调查同样采用李克特(Likert)五点式量表的形式呈现,此量表由 25 个问题构成。

其次,课程思政教育的有效性和实效性调查问卷,即教师问卷的内容包括三部分,第一部分是教师的基本情况调查,主要收集教师的性别、年龄、学历、职称、教龄、政治面貌、从教学科、毕业学校层次、任教学校层次、是否有师范类专业背景以及任教课程类型等基本信息。这部分数据用于分析不同群体的课程思政教育结果差异。第二部分和第三部分是以量表形式呈现的,量表采用李克特五点式量表进行划分,选项由 5 个等级组成,从小到大分别是:1 表示"非常不同意",2 表示"不同意",3 表示"不确定",4 表示"同意",5 表示"非常同意",数字越大代表对表述越赞同。第二部分为课程思政教育的有效性调查,此量表由 24 个问题构成。第三部分是课程思政教育的实效性问卷调查,此量表由 31 个问题构成。

我们通过问卷星在线上发布问卷,由教师和学生主动填写,答题时间不做要求,保证每道题都是经过认真思考后作答的。最终经过核算,共回收教师问卷 102 份,学生问卷 220 份。

第二节　课程思政教育调查问卷信效度检验与验证性因子分析

一、问卷的信效度检验

(一)课程思政教育的学生满意度调查问卷信效度检验

经过信度和效度检验之后,如表 4-1 所示,课程思政教育的学生满意度调查量表的所有项目都高于 0.4,说明量表内部一致性较好,量表通过信度检验。KMO 值为 0.95,适合进行因子分析,并且近似卡方为 5 013.36,自由度为 300,显著性为 $P < 0.05$,拒绝球形假设,可以证明量表各项目之间存在相关性,并不相互独立,可以进行因子分析。

表 4 – 1　课程思政教育的学生满意度调查问卷信效度检验

测试项目	CITC	删除项后 α 值	测试项目	CITC	删除项后 α 值
A1	0.62	0.97	A14	0.69	0.97
A2	0.64	0.97	A15	0.66	0.97
A3	0.65	0.97	A16	0.64	0.97
A4	0.77	0.97	A17	0.63	0.97
A5	0.73	0.97	A18	0.70	0.97
A6	0.77	0.97	A19	0.78	0.97
A7	0.79	0.97	A20	0.77	0.97
A8	0.75	0.97	A21	0.77	0.97
A9	0.64	0.97	A22	0.83	0.97
A10	0.79	0.97	A23	0.82	0.97
A11	0.74	0.97	A24	0.84	0.97
A12	0.79	0.97	A25	0.74	0.97
A13	0.71	0.97			
α	0.95				
KMO	0.95				
近似卡方	5 013.36				
自由度	210.00				
显著性	0.00				

（二）课程思政教育的有效性调查问卷的信效度检验

经过信度和效度检验之后，如表 4 – 2 所示，课程思政教育的有效性调查问卷量表的所有项目都高于 0.4，说明量表内部一致性较好，量表通过信度检验。KMO 值为 0.93，适合进行因子分析，并且近似卡方为 1 991.30，自由度为 276，显著性为 $P < 0.05$，拒绝球形假设，可以证明量表各项目之间存在相关性，并不是相互独立的，可以进行因子分析。

表 4-2　课程思政教育的有效性调查问卷信效度检验

测试项目	CITC	删除项后 α 值	测试项目	CITC	删除项后 α 值
B1	0.72	0.96	B13	0.69	0.96
B2	0.51	0.96	B14	0.78	0.96
B3	0.81	0.96	B15	0.80	0.96
B4	0.51	0.96	B16	0.78	0.96
B5	0.71	0.96	B17	0.79	0.96
B6	0.67	0.96	B18	0.76	0.96
B7	0.67	0.96	B19	0.66	0.96
B8	0.69	0.96	B20	0.74	0.96
B9	0.64	0.96	B21	0.81	0.96
B10	0.80	0.96	B22	0.64	0.96
B11	0.73	0.96	B23	0.64	0.96
B12	0.81	0.96	B24	0.56	0.96
α	0.93				
KMO	0.93				
近似卡方	1 991.30				
自由度	276				
显著性	0.00				

(三)课程思政教育的实效性调查问卷信效度检验

经过信度和效度检验之后,如表 4-3 所示,课程思政教育的实效性调查问卷量表的所有项目都高于 0.4,说明量表内部一致性较好,量表通过信度检验。KMO 值为 0.90,适合进行因子分析,并且近似卡方为 2 711.78,自由度为 465,显著性为 $P < 0.05$,拒绝球形假设,可以证明量表各项目之间存在相关性,并不是相互独立的,可以进行因子分析。

表 4 – 3　课程思政教育的实效性调查问卷信效度检验

测试项目	CITC	删除项后 α 值	测试项目	CITC	删除项后 α 值
C1	0.50	0.97	C17	0.77	0.96
C2	0.52	0.97	C18	0.76	0.96
C3	0.60	0.97	C19	0.74	0.96
C4	0.76	0.96	C20	0.77	0.96
C5	0.73	0.96	C21	0.70	0.96
C6	0.53	0.97	C22	0.62	0.97
C7	0.44	0.97	C23	0.67	0.97
C8	0.67	0.97	C24	0.70	0.96
C9	0.72	0.96	C25	0.70	0.96
C10	0.61	0.97	C26	0.72	0.96
C11	0.66	0.97	C27	0.62	0.97
C12	0.66	0.97	C28	0.49	0.97
C13	0.86	0.96	C29	0.79	0.96
C14	0.63	0.97	C30	0.78	0.96
C15	0.77	0.96	C31	0.77	0.96
C16	0.81	0.96			
α	0.96				
KMO	0.90				
近似卡方	2 711.78				
自由度	465				
显著性	0.00				

二、问卷的因子结构验证

(一)课程思政教育的学生满意度调查问卷因子结构验证

课程思政教育的学生满意度因子特征根与方差解释率如表 4 – 4 所示。

表4-4 课程思政教育的学生满意度因子特征根与方差解释率

项目序号	初始特征值			提取载荷平方和			旋转载荷平方和
	总计	方差/%	累积/%	总计	方差/%	累积/%	总计
A1	11.70	55.71	55.71	11.70	55.71	55.71	4.09
A2	1.79	8.50	64.21	1.79	8.50	64.21	3.67
A3	1.14	5.41	69.61	1.14	5.41	69.61	3.32
A4	0.95	4.54	74.15	0.95	4.54	74.15	3.02
A5	0.63	2.98	77.13	0.63	2.98	77.13	2.10
A6	0.59	2.81	79.94				
A7	0.55	2.64	82.58				
A8	0.50	2.36	84.94				
A9	0.41	1.97	86.91				
A10	0.35	1.68	88.59				
A11	0.34	1.62	90.21				
A12	0.32	1.53	91.74				
A13	0.28	1.35	93.09				
A14	0.25	1.19	94.29				
A15	0.22	1.06	95.35				
A16	0.21	1.00	96.35				
A17	0.18	0.86	97.20				
A18	0.17	0.80	98.01				
A19	0.16	0.75	98.76				
A20	0.14	0.67	99.42				
A21	0.12	0.58	100.00				
A22	3.25	81.00	81.00	3.24	81.00	81.00	
A23	0.40	10.06	91.06				
A24	0.22	5.68	96.74				
A25	0.13	3.27	100.00				

如表 4 - 5 所示,此次调查问卷一共提取出 5 个因子,旋转后的累积方差解释率为 77.13%,特征根均大于 1,没有需要剔除的项目。5 个因子中,每个因子都至少包含了 3 个项目,而且每个项目计算出的因子负荷为 0.51 ~ 0.99,远远高于 0.4,无须剔除。根据每个项目的含义和各测量项目的实际情况,对 5 个因子分别进行命名。

表 4 - 5　课程思政教育的学生满意度最优斜交旋转后因子负荷矩阵

题项	因子负荷				
	F1	F2	F3	F4	F5
A6. 您认为学校"课程思政"实践教学的水平	0.80				
A5. 您对学校"课程思政"实践教学的信赖度	0.74				
A4. 您对学校"课程思政"实践教学的印象	0.70				
A7. 您认为学校在"课程思政"教学方面与学生交流的程度	0.63				
A10. 您对"课程思政"实践教学质量的满意度	0.61				
A11. 您认为"课程思政"实践教学中参与提问或讨论的频率与水平		0.76			
A13. 您认为"课程思政"实践教学中进行课程汇报的频率与水平		0.74			
A9. 您认为目前所学课程对思政元素的融入程度		0.68			
A18. 您课堂上与同学合作完成"课程思政"实践教学相关任务的频率与水平		0.62			
A12. 您认为"课程思政"实践教学中回答/思考问题的频率与水平		0.60			
A8. 您认为在"课程思政"实践教学中付出努力与收获的匹配度		0.55			
A16. 您与辅导员、教师等平等讨论人生观、价值观的频率与水平			0.81		

表 4 –5(续 1)

题项	因子负荷				
	F1	F2	F3	F4	F5
A15. 您与辅导员、教师等平等讨论职业计划的频率与水平			0.80		
A17. 您认为辅导员、教师对以上讨论的回应频率与水平			0.71		
A14. 您认为课外辅导员、教师等进行"课程思政"实践教学的频率与水平			0.64		
A20. 您认为同学间互相检查和评估"课程思政"学习结果正确性的频率与水平				0.80	
A21. 您课后与同学参与课程思政实践教学的频率与水平				0.76	
A19. 您与同学交流对"课程思政"某一主题看法的频率与水平				0.76	
A1. 您对学校"课程思政"的实践教学的总体期望程度					0.74
A3. 您认为参加学校"课程思政"实践教学能带来多大的实际效用					0.72
A2. 您认为学校在多大程度上满足学生"课程思政"学习的需求					0.53
A22. 您对学校"课程思政"实践教学中学习风气和氛围、课堂质量、学术经历、整体收获的满意度			0.92		
A23. 与预期相比较,您对学校"课程思政"实践教学中学习风气和氛围、课堂质量、学术经历、整体收获的满意度			0.90		
A24. 与理想状况相比,您对学校"课程思政"实践教学中学习风气和氛围、课堂质量、学术经历、整体收获的满意度			0.94		

表 4 –5（续 2）

题项	因子负荷				
	F1	F2	F3	F4	F5
A25.您参与到课程思政实践教学过程中的意愿度	0.83				

第一个因子（F1）包括 5 个项目，分别是 A6"您认为学校'课程思政'实践教学的水平"、A5"您对学校'课程思政'实践教学的信赖度"、A4"您对学校'课程思政'实践教学的印象"、A7"您认为学校在'课程思政'实践教学方面与学生交流的程度"、A10"您对'课程思政'实践教学质量的满意度"。这 5 个项目均能反映学生对学校形象的满意度，所以将这个因子命名为"学校形象因子"。

第二个因子（F2）包括 6 个项目，分别是 A11"您认为'课程思政'实践教学中参与提问或讨论的频率与水平"、A13"您认为'课程思政'实践教学中进行课程汇报的频率与水平"、A9"您认为目前所学课程对思政元素的融入程度"、A18"您课堂上与同学合作完成'课程思政'实践教学相关任务的频率与水平"、A12"您认为'课程思政'实践教学中回答/思考问题的频率与水平"、A8"您认为在'课程思政'实践教学中付出努力与收获的匹配度"。这 6 个项目均表现了学生在课程思政教育中的价值感知，所以将这个因子命名为"价值感知因子"。

第三个因子（F3）包括 4 个项目，分别是 A16"您与辅导员、教师等平等讨论人生观、价值观的频率与水平"、A15"您与辅导员、教师等平等讨论职业计划的频率与水平"、A17"您认为辅导员、教师对以上讨论的回应频率与水平"、A14"您认为课外辅导员、教师等进行'课程思政'实践教学的频率与水平"。这 4 个项目均是反映学生对课程思政实践教育过程中生师互动的满意度的，所以将这个因子命名为"生师互动因子"。

第四个因子（F4）包括 3 个项目，分别是 A20"您认为同学间互相检查和评估'课程思政'学习结果正确性的频率与水平"、A21"您课后与同学参与课程思政实践教学的频率与水平"、A19"您与同学交流对'课程思政'某一主题看法的频率与水平"。这 3 个项目均能反映学生对课程思政教育实践过程中生生互动的满意度,所以将这个因子命名为"生生互动因子"。

第五个因子(F5)包括 3 个项目,分别是 A1"您对学校'课程思政'的实践教学的总体期望程度"、A3"您认为参加学校'课程思政'实践教学能带来多大的实际效用"、A2"您认为学校在多大程度上满足学生'课程思政'学习的需求"。这 3 个项目均能反映学生对课程思政教育的期望效果,所以将这个因子命名为"学生期望因子"。

因为自变量与因变量之间存在相关关系,可能会影响效度分析结果,因此对其分别进行效度分析。结果发现,因变量包括 4 个项目,分别是 A22"您对学校'课程思政'实践教学中学习风气和氛围、课堂质量、学术经历、整体收获的满意度"、A23"与预期相比较,您对学校'课程思政'实践教学中学习风气和氛围、课堂质量、学术经历、整体收获的满意度"、A24"与理想状况相比,您对学校'课程思政'实践教学中学习风气和氛围、课堂质量、学术经历、整体收获的满意度"、A25"您参与到课程思政实践教学过程中的意愿度"。这 4 个项目主要反映的是学生对课程思政满意度方面的问题,因此将其命名为"课程思政满意度因子"。

综上,在使用 SPSS 软件进行信效度检验后,其中量表的 CITC 均大于 0.4,KMO 值为 0.80,显著性为 0.00,拒绝球形假设。在自变量方面,抽取的因子解释了总变量的 80.76%,可以说明此次调查量表的内容效度良好;在因变量方面,抽取的因子解释了总变量的 81%,可以说明此次调查量表的内容效度良好。

(二)课程思政教育的有效性调查问卷因子结构验证

课程思政教育的有效性因子特征根与方差解释率如表 4-6 所示。

表 4-6 课程思政教育的有效性因子特征根与方差解释率

项目序号	初始特征值			提取载荷平方和			旋转载荷平方和
	总计	方差/%	累积/%	总计	方差/%	累积/%	总计
B1	10.63	55.92	55.92	10.63	55.92	55.92	5.02

表 4 – 6(续)

项目序号	初始特征值			提取载荷平方和			旋转载荷平方和
	总计	方差/%	累积/%	总计	方差/%	累积/%	总计
B2	1.59	8.38	64.30	1.59	8.38	64.30	2.47
B3	1.11	5.84	70.13	1.11	5.84	70.13	2.27
B4	0.87	4.59	74.72	0.87	4.59	74.72	1.83
B5	0.65	3.45	78.17	0.65	3.45	78.17	1.73
B6	0.57	3.00	81.17	0.57	3.00	81.17	1.64
B7	0.46	2.44	83.61	0.46	2.44	83.61	0.94
B8	0.46	2.40	86.02				
B9	0.40	2.10	88.12				
B10	0.34	1.79	89.90				
B11	0.33	1.75	91.65				
B12	0.28	1.48	93.13				
B13	0.27	1.44	94.57				
B14	0.26	1.35	95.92				
B15	0.23	1.22	97.14				
B16	0.21	1.08	98.22				
B17	0.14	0.73	98.95				
B18	0.10	0.55	99.50				
B19	0.10	0.50	100.00				
B20	3.03	60.68	60.68	3.03	60.68	60.68	
B21	0.88	17.53	78.22				
B22	0.53	10.54	88.76				
B23	0.32	6.42	95.18				
B24	0.24	4.82	100.00				

如表 4 – 7 所示,课程思政教育的有效性调查问卷一共提取出 7 个因子,

旋转后的累积方差解释率为 83.61%，特征根均大于 1，没有需要剔除的项目。7 个因子中，除了 B1 所在的因子，其他都至少包含了 2 个项目，所以将 B1 删除，而且每个项目计算出的因子负荷为 0.52 ~ 0.89，远远高于 0.4。根据每个项目的含义和各测量项目的实际情况，对剩下的 6 个因子分别进行命名。

表 4 - 7　课程思政教育的实效性最优斜交旋转后因子负荷矩阵

题项	因子负荷						
	F1	F2	F3	F4	F5	F6	F7
B16. 您的课程思政内容针对性强弱	0.89						
B15. 您的课程思政内容应用性强弱	0.80						
B17. 您的课程思政教学目的全面性程度高低	0.75						
B13. 您的课程思政内容与教学目标契合程度高低	0.73						
B3. 您课程思政讲授思路的清晰程度	0.65						
B18. 您的课程思政目标可测量性高低	0.63						
B14. 您布置给学生的课程思政自主学习内容明确性高低	0.62						
B10. 您的课程思政基本信息完备性强弱	0.55						
B11. 您课程思政常规性学习资源数量多少		0.80					
B12. 您课程思政拓展性学习资源数量多少		0.69					

表 4 −7（续）

题项	因子负荷						
	F1	F2	F3	F4	F5	F6	F7
B6. 您学生自主学习能力的强弱			0.84				
B7. 您学生协作能力的强弱			0.77				
B4. 您的信息技术应用能力的强弱				0.85			
B2. 您对网络学习数据的应用程度				0.78			
B19. 您课堂上生师互动频率高低					0.78		
B9. 您启发式教学的应用程度					0.70		
B8. 您组织学习活动的频率高低						0.71	
B5. 您课堂上学生主体地位的强弱						0.58	
B1. 您课程思政教学资源的共享程度							0.66
B20. 您课程思政内容比例高低	0.79						
B21. 您对思政内容掌握程度	0.86						
B22. 您认为学生满意度高低	0.77						
B23. 您认为用人单位对您的满意度高低	0.74						
B24. 您认为学校的奖励、考核与监督体制的完善水平高低	0.72						

第一个因子（F1）包括 8 个项目,分别是 B16"您的课程思政内容针对性强弱"、B15"您的课程思政内容应用性强弱"、B17"您的课程思政教学目的全面性程度高低"、B13"您的课程思政内容与教学目标契合程度高低"、B3"您课程思政讲授思路的清晰程度"、B18"您的课程思政目标可测量性高低"、B14"您布置给学生的课程思政自主学习内容明确性高低"、B10"您的课程思政基本信息完备性强弱"。这 8 个项目均属于教学方法,所以将这个因子命名为"教学方法因子"。

第二个因子（F2）包括 2 个项目,分别是 B11"您课程思政常规性学习资源数量多少"、B12"您课程思政拓展性学习资源数量多少"。这 2 个项目均属于教学环境,所以将这个因子命名为"教学环境因子"。

第三个因子(F3)包括 2 个项目,分别是 B6"您学生自主学习能力的强弱"、B7"您学生协作能力的强弱"。这 2 个项目均属于学生在课程中体现的能力,所以将这个因子命名为"学生因子"。

第四个因子(F4)包括 2 个项目,分别是 B4"您的信息技术应用能力的强弱"、B2"您对网络学习数据的应用程度"。这 2 个项目均属于教师的能力,所以将这个因子命名为"教师因子"。

第五个因子(F5)包括 2 个项目,分别是 B19"您课堂上生师互动频率高低"、B9"您启发式教学的应用程度"。这 2 个项目均属于课下学生对课程的反馈,所以将这个因子命名为"教学反馈因子"。

第六个因子(F6)包括 2 个项目,分别是 B8"您组织学习活动的频率高低"、B5"您课堂上学生主体地位的强弱"。这 2 个项目均属于教师对课程效果的目标,所以将这个因子命名为"教学目标因子"。

对因变量进行效度分析,结果发现,因变量包括 5 个项目,分别是 B20"您课程思政内容比例高低"、B21"您对思政内容掌握程度"、B22"您认为学生满意度高低"、B23"您认为用人单位对您的满意度高低"、B24"您认为学校的奖励、考核与监督体制的完善水平高低"。这 5 个项目主要反映的是教师课程思政教学有效性方面的问题,因此将其命名为"教学有效性因子"。

综上,在使用 SPSS 软件进行信效度检验后,其中量表的 CITC 均大于 0.4,KMO 值为 0.93,显著性为 0.00,拒绝球形假设。在自变量方面,抽取的因子解释了总变量的 83.61%,可以说明此次调查量表的内容效度良好;在因变量方面,抽取的因子解释了总变量的60.68%,可以说明此次调查量表的内容效度良好。

(三)课程思政教育的实效性调查问卷因子结构验证

课程思政教育的实效性因子特征根与方差解释率如表4-8所示。

表 4 - 8　课程思政教育的实效性因子特征根与方差解释率

项目序号	初始特征值			提取载荷平方和			旋转载荷平方和
	总计	方差/%	累积/%	总计	方差/%	累积/%	总计
C1	13.75	49.12	49.12	13.75	49.12	49.12	5.71
C2	2.20	7.84	56.96	2.20	7.84	56.96	4.89
C3	1.63	5.80	62.76	1.63	5.80	62.76	4.14
C4	1.34	4.79	67.55	1.34	4.79	67.55	4.11
C5	1.09	3.88	71.43	1.09	3.88	71.43	1.15
C6	0.92	3.28	74.70				
C7	0.79	2.81	77.52				
C8	0.61	2.18	79.70				
C9	0.60	2.13	81.83				
C10	0.58	2.09	83.92				
C11	0.51	1.80	85.72				
C12	0.43	1.52	87.24				
C13	0.41	1.46	88.70				
C14	0.37	1.31	90.01				
C15	0.35	1.24	91.25				
C16	0.33	1.19	92.44				
C17	0.29	1.03	93.48				
C18	0.27	0.95	94.43				
C19	0.25	0.89	95.32				
C20	0.24	0.85	96.17				
C21	0.21	0.75	96.92				
C22	0.19	0.68	97.60				
C23	0.17	0.60	98.20				
C24	0.15	0.53	98.73				
C25	0.13	0.45	99.18				

表 4-8(续)

项目序号	初始特征值			提取载荷平方和			旋转载荷平方和
	总计	方差/%	累积/%	总计	方差/%	累积/%	总计
C26	0.10	0.34	99.52				
C27	0.07	0.25	99.77				
C28	0.06	0.23	100.00				
C29	2.57	85.79	85.79	2.57	85.79	85.79	
C30	0.30	9.92	95.71				
C31	0.13	4.29	100.00				

如表 4-9 所示,课程思政教育的实效性调查问卷一共提取出 5 个因子,旋转后的累积方差解释率为 71.42%,特征根均大于 1,没有需要剔除的项目。5 个因子中,除了 C7 所在的因子,其他都至少包含了 2 个项目,所以将 C7 删除,而且每个项目计算出的因子负荷为 0.51~0.85,远远高于 0.4。但 C20、C9、C28 3 个项目并没有显示结果,予以删除。根据每个项目的含义和各测量项目的实际情况,对剩下的 4 个因子分别进行命名。

表 4-9　课程思政教育的实效性最优斜交旋转后因子负荷矩阵

题项	因子负荷				
	F1	F2	F3	F4	F5
C21. 您课程思政传播路径选择多对多的可能性高低	0.85				
C5. 您的课程思政技术技能水平高低	0.66				
C16. 您的课程思政目标的层次性强弱程度	0.65				
C23. 您课程思政采用"典型塑造"形式授课的可能性高低	0.65				
C4. 您的课程思政教育技能水平高低	0.65				

表 4 - 9（续 1）

题项	因子负荷				
	F1	F2	F3	F4	F5
C22. 您课程思政采用理论宣传形式授课的可能性高低	0.62				
C18. 您的课程思政内容时代性的强弱程度	0.58				
C15. 您的课程思政目标的针对性强弱程度	0.56				
C19. 您课程思政传播路径选择单对单的可能性高低	0.54				
C13. 您的课程思政内容符合学生预期的程度高低	0.53				
C20. 您课程思政传播路径选择单对多的可能性高低					
C11. 您学生传播信息能力的强弱		0.82			
C14. 您学生获取信息能力的强弱程度		0.76			
C12. 您学生表达意见可能性的高低		0.71			
C10. 您学生的听从性程度强弱		0.63			
C17. 您的课程思政内容和大学生心理的契合程度高低		0.57			
C9. 您学生的综合素质水平高低					
C27. 您认为现阶段学校软硬件投入的力度高低			0.81		
C25. 您认为现有的政策法规和思政教育的配套程度			0.75		
C24. 您课程思政选择"思想研讨"形式授课的可能性高低			0.72		
C26. 您认为现有思想和道德水平和思政教育的一致性			0.71		

表 4 - 9(续 2)

题项	因子负荷				
	F1	F2	F3	F4	F5
C28.您认为网络监管的有效性和网络资源的丰富程度					
C2.您的业务能力素质水平高低				0.81	
C3.您的教育理念素质水平高低				0.75	
C1.您的思想政治素质水平高低				0.75	
C6.您的信誉水平高低				0.74	
C8.您的信息来源可信效果水平高低				0.55	
C7.您的权威水平高低					0.62
C29.您认为您课程给学生带来知识量增加和知识结构变化的程度高低	0.90				
C30.您认为您课程给学生带来思想、态度和价值观念的变化程度高低	0.96				
C31.您认为您课程给学生言语及行为层面上带来变化程度高低	0.92				

第一个因子(F1)包括 10 个项目,分别是 C21"您课程思政传播路径选择多对多的可能性高低"、C5"您的课程思政技术技能水平高低"、C16"您的课程思政目标的层次性强弱程度"、C23"您课程思政采用'典型塑造'形式授课的可能性高低"、C4"您的课程思政教育技能水平高低"、C22"您课程思政采用理论宣传形式授课的可能性高低"、C18"您的课程思政内容时代性的强弱程度"、C15"您的课程思政目标的针对性强弱程度"、C19"您课程思政传播路径选择单对单的可能性高低"、C13"您的课程思政内容符合学生预期的程度高低"。这 10 个项目均属于课程思政的教育途径,所以将这个因子命名为"教育途径因子"。

第二个因子(F2)包括 5 个项目,分别是 C11"您学生传播信息能力的强弱"、C14"您学生获取信息能力的强弱程度"、C12"您学生表达意见可能性的高低"、C10"您学生的听从性程度强弱"、C17"您的课程思政内容和大学生心理的契合程度高低"。这5个项目均属于学生在课程思政中的情况,所以将这个因子命名为"受教育者因子"。

第三个因子(F3)包括4个项目,分别是C27"您认为现阶段学校软硬件投入的力度高低"、C25"您认为现有的政策法规和思政教育的配套程度"、C24"您课程思政选择'思想研讨'形式授课的可能性高低"、C26"您认为现有思想和道德水平和思政教育的一致性"。这4个项目均属于课程思政的教育环境,所以将这个因子命名为"教育环境因子"。

第四个因子(F4)包括5个项目,分别是C2"您的业务能力素质水平高低"、C3"您的教育理念素质水平高低"、C1"您的思想政治素质水平高低"、C6"您的信誉水平高低"、C8"您的信息来源可信效果水平高低"。这5个项目均属于教师的综合素质情况,所以将这个因子命名为"教育者因子"。

对因变量进行效度分析,结果发现,因变量包括3个项目,分别是C29"您认为您课程给学生带来知识量增加和知识结构变化的程度高低"、C30"您认为您课程给学生带来思想、态度和价值观念的变化程度高低"、C31"您认为您课程给学生言语及行为层面上带来变化程度高低"。这3个项目主要反映的是教师课程思政教育实效性方面的问题,因此将其命名为"教育实效性因子"。

综上,在使用SPSS软件进行信效度检验后,其中量表的CITC均大于0.4,KMO值为0.90,显著性为0.00,拒绝球形假设。在自变量方面,抽取的因子解释了总变量的71.42%,可以说明此次调查量表的内容效度良好;在因变量方面,抽取的因子解释了总变量的85.79%,可以说明此次调查量表的内容效度良好。

三、验证性因子分析

由表4-10可以看出,卡方自由度比x^2/df虽然有3个大于2,但是小于5,落在模型可接受的标准范围内。模型的拟合参数CFI、IFI、TLI、NFI的值均在0.7以上,说明模型与数据拟合效果较好。其中,教育实效性的部分参数值存在缺失,其原因是模型是饱和模型,因为所有待估计的参数(回归系数、方差和协方差)数目会等于方差协方差矩阵中的元素数目,因此饱和模型的自由度为0,卡方值也等于0。可以这样解释,因为饱和模型最终得到的拟合参数就是实际数据的真实反映,因此模型变量矩阵与实际数据变量矩阵不存在任何的预测差异,因此卡方值和自由度都为0,其他依赖于卡方值或自由度的拟合指数也相应地等于0或1。

表 4 – 10　整体拟合系数

调查问卷	变量	RMSEA	x^2	df	x^2/df	CFI	IFI	TLI	NFI
学生满意度	自变量	0.09	495.59	179.00	2.77	0.92	0.92	0.90	0.88
	因变量	0.00	0.53	2	0.26	1.00	1.00	1.01	1.00
教育有效性	自变量	0.08	192.78	120.00	1.61	0.95	0.95	0.93	0.88
	因变量	0.25	35.89	5	7.18	0.86	0.86	0.71	0.84
教育实效性	自变量	0.13	648.59	249.00	2.61	0.79	0.79	0.77	0.70
	因变量	—	0	0	—	1	1	—	1

验证性因子结构路径如图4-1至图4-6所示,可以得出的结论是因子与测量项之间有着良好的对应关系,因为标准化路径系数均达到了显著性水平,模型中因子载荷系数大部分都处于理想值0.7以上。也就是说,验证性因子分析模型与数据的拟合效果良好,问卷收集的数据可以在后续的实证研究中使用。

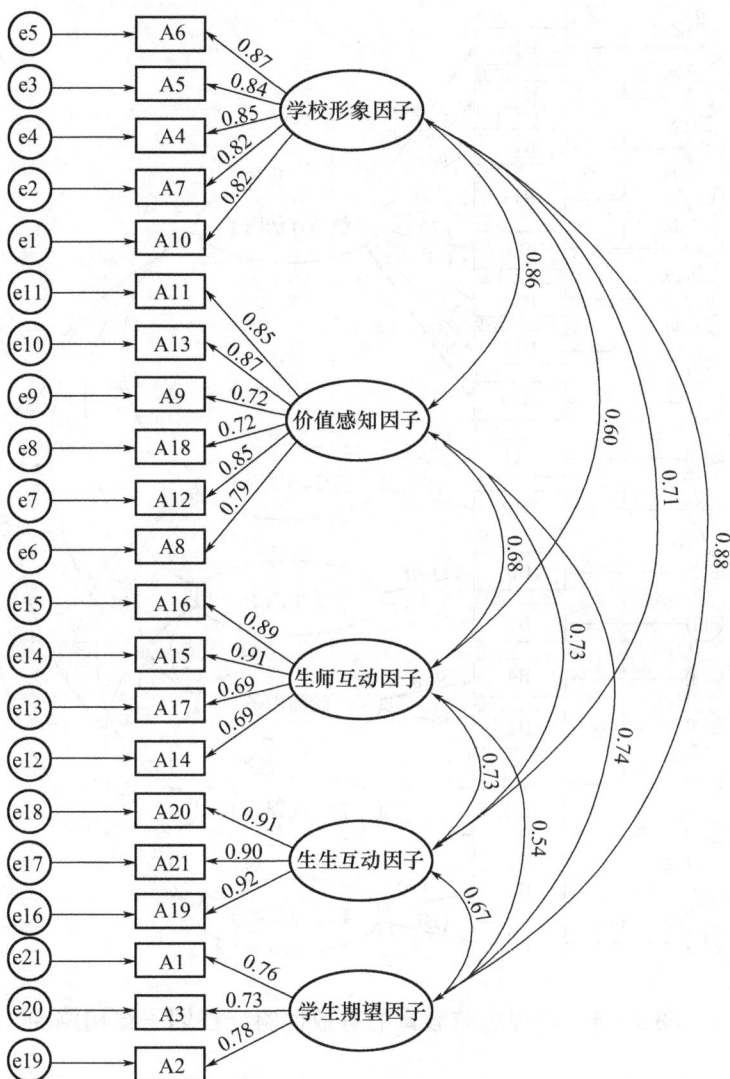

图 4 - 1 课程思政教育的学生满意度验证性因子结构路径

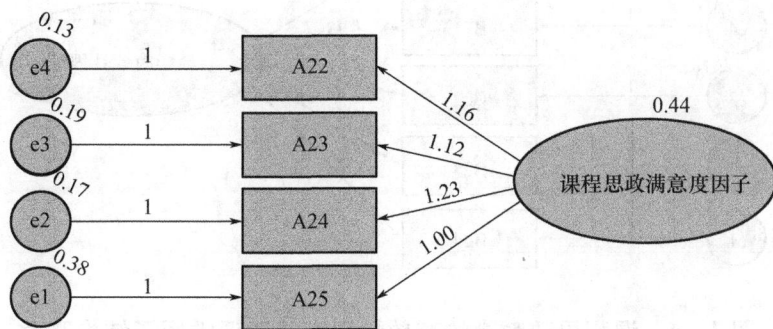

图 4 - 2 课程思政教育的学生满意度因变量验证性因子结构路径

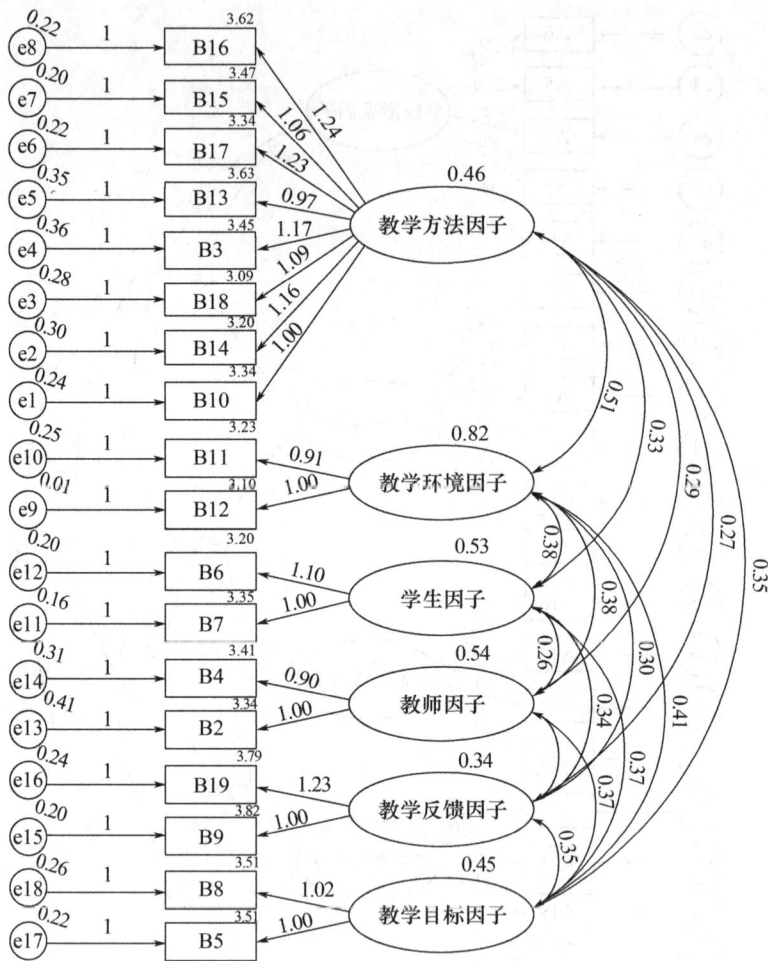

图 4 - 3　课程思政教育的有效性验证性因子结构路径

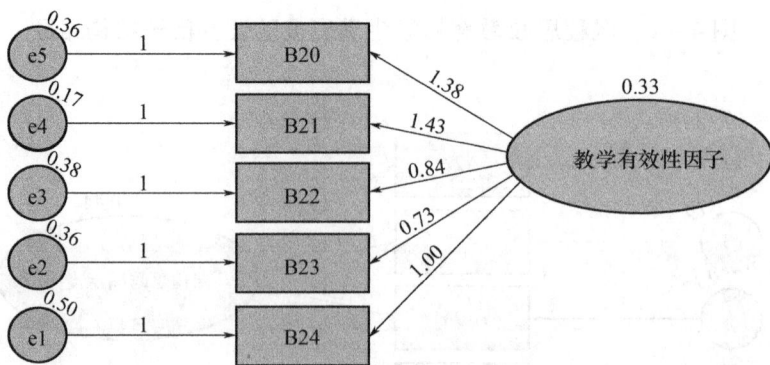

图 4 - 4　课程思政教育的有效性因变量验证性因子结构路径

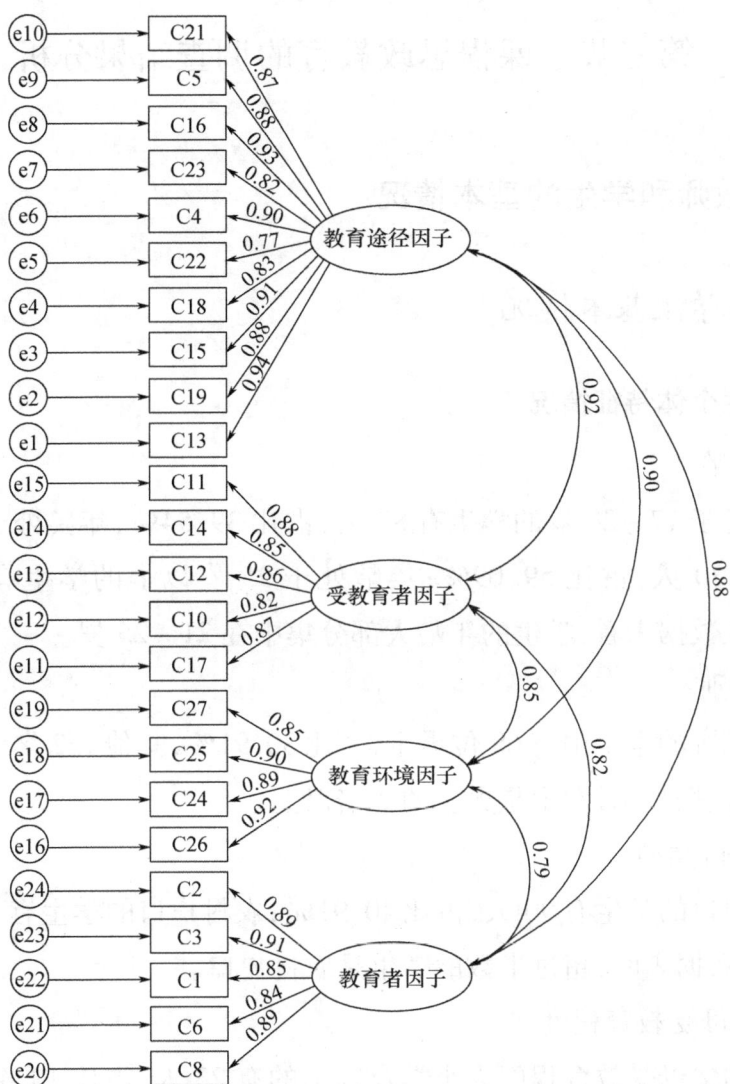

图 4 - 5 课程思政教育的实效性验证性因子结构路径

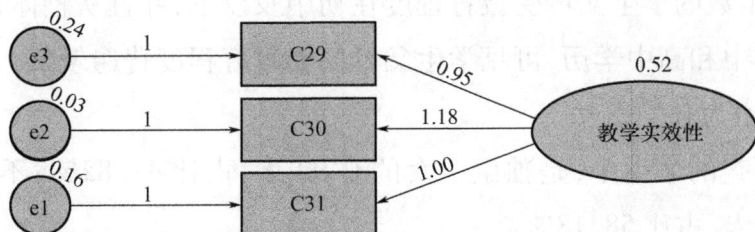

图 4 - 6 课程思政教育的实效性因变量验证性因子结构路径

第三节　课程思政教育的调查结果分析

一、教师和学生的基本情况

（一）学生基本情况

1. 学生个体特征情况

（1）年龄

年龄处于 17～20 岁的学生有 87 人，占比 39.54%；年龄处于 21～25 岁的学生有 130 人，占比 59.09%；年龄处于 25 岁以上的学生有 3 人，占比 1.36%。从数据来看，学生的年龄大部分集中在 21～25 岁。

（2）性别

参加调查的学生中有 68 位男生，占比 30.91%，其他 152 名为女生，占比 69.09%。数据显示，女生是男生的 2 倍以上。

（3）户口类型

城镇户口的学生有 90 人，占比 40.91%；农村户口的学生有 130 人，占比 59.09%。数据表明，超过半数的学生是农村户口。

（4）父母受教育程度

学生的父母受教育程度为小学及以下的有 23 人，占比 10.45%；父母受教育程度为初中的有 110 人，占比 50.00%；父母受教育程度为高中的有 52 人，占比 23.64%；父母受教育程度为大学的有 35 人，占比 15.91%。从数据来看，超过半数的学生父母受教育程度在初中及以下，并且从整体来看，大部分集中在初中和高中学历，可见学生父母的受教育程度普遍较低。

（5）是否为独生子女

参加调查的学生中，是独生子女的有 92 人，占比 41.82%；不是独生子女的有 128 人，占比 58.18%。

（6）政治面貌状况

政治面貌为中共党员的学生有 40 人，占比 18.18%；政治面貌为共青团员的学生有 157 人,占比 71.36%;政治面貌为群众的学生有 23 人,占比 10.46%。从数据来看,大部分学生政治面貌为共青团员,政治面貌为党员与群众的学生占比较少。数据见表 4-11。

表 4-11　学生个体特征情况

项目	选项	样本数/人	占比/%
年龄	17~20 岁	87	39.54
	21~25 岁	130	59.09
	25 岁以上	3	1.36
性别	男	68	30.91
	女	152	69.09
户口类型	城镇户口	90	40.91
	农村户口	130	59.09
父母受教育程度	小学及以下	23	10.45
	初中	110	50.00
	高中	52	23.64
	大学	35	15.91
是否为独生子女	是独生子女	92	41.82
	不是独生子女	128	58.18
政治面貌	中共党员	40	18.18
	共青团员	157	71.36
	群众	23	10.46

2. 年级与学科状况

(1) 年级状况

有 49 位学生所在年级为大一,占比 22.27%;有 40 位学生所在年级为大二,占比 18.19%;有 62 位学生所在年级为大三,占比 28.18%;有 69 位学生所在年级为大四,占比 31.36%。参加调查的学生较平均地分布在每个年级,有利于进行群体差异分析。数据见表 4-12。

表 4 - 12　学生所在年级情况

项目	选项	样本数/人	占比/%
年级	大一	49	22.27
	大二	40	18.19
	大三	62	28.18
	大四	69	31.36

（2）学科状况

所在学科为经济学的学生有 14 人，占比 6.36%；所在学科为管理学的学生有 145 人，占比 65.91%；所在学科为文学的学生有 7 人，占比 3.18%；所在学科为教育学的学生有 6 人，占比 2.73%；所在学科为法学的学生有 13 人，占比 5.91%；所在学科为理学的学生有 13 人，占比 5.91%；所在学科为工学的学生有 14 人，占比为 6.36%；所在学科为农学和医学的学生各有 1 人，占比分别小于 1%；所在学科为艺术的学生有 6 人，占比 2.73%。数据见表 4 - 13。

表 4 - 13　学生所在学科情况

项目	选项	样本数/人	占比/%
学科	经济学	14	6.36
	管理学	145	65.91
	文学	7	3.18
	教育学	6	2.73
	法学	13	5.91
	理学	13	5.91
	工学	14	6.36
	农学	1	<1.00
	医学	1	<1.00
	艺术	6	2.73

3.学生干部经历与高校层次

（1）学生干部经历

有115位学生是学生干部，占比52.27%；有105位学生不是学生干部，占比47.73%。数据见表4－14。

表4－14　学生干部经历

项目	选项	样本数/人	占比/%
学生干部经历	是	115	52.27
	否	105	47.73

（2）高校层次

就读于"双一流"大学的学生有42位，占比19.09%；就读于普通本科院校的学生有175位，占比79.55%；就读于专科院校的学生有3位，占比1.36%。数据显示，大部分学生就读于普通本科院校，占比超过3/4，"双一流"大学和专科院校的学生占比不到1/4。数据见表4－15。

表4－15　高校层次

项目	选项	样本数/人	占比/%
高校层次	"双一流"大学	42	19.09
	本科院校	175	79.55
	专科院校	3	1.36

（二）教师基本情况

1.教师个体特征情况

（1）年龄

年龄处于30岁以下的教师有3人，占比2.95%；年龄处于31～40岁的教师有38人，占比37.25%；年龄处于41～50岁的教师有35人，占比34.31%；年龄处于50岁以上的教师有26人，占比25.49%。数据显示，教师的年龄大部分集中在31～50岁，这是由于高校教师普遍都是硕士或博士毕业,受教育年限较长,刚步入工作岗位大多是 30 岁左右,因此这一年龄段的高校教师占比较多,而 30 岁以下的教师占比较少。数据见表 4 - 16。

表 4 - 16 教师基本情况

项目	选项	样本数/人	占比/%
年龄	30 岁以下	3	2.95
	31 ~ 40 岁	38	37.25
	41 ~ 50 岁	35	34.31
	50 岁以上	26	25.49
性别	男	34	33.33
	女	68	66.67
政治面貌	中共党员	6	5.88
	群众	96	94.12
是否有师范类专业学习背景	是	37	36.27
	否	65	63.73

(2)性别

男性教师的人数为 34 人,占比 33.33%;女性教师人数为 68 人,占比 66.67%。女性教师的人数远远大于男性教师人数。

(3)政治面貌状况

教师中是中共党员的有 6 人,占比 5.88%;政治面貌为群众的教师有 96 人,占比 94.12%。数据显示,政治面貌为党员的教师人数占比较少,不到 1/10。

(4)是否有师范类专业学习背景

参加调查的教师中,有师范类专业学习背景的教师有 37 人,占比 36.27%;没有师范类专业学习背景的教师有 65 人,占比 63.73%。

2. 学历与教龄状况

(1)学历状况

教师中本科学历的有 3 人,占比 2.94%;硕士研究生学历的教师有 35

人,占比34.31%;博士研究生学历的教师有64人,占比62.75%。数据显示,本科学历的教师占比很低,只有2.94%;而绝大部分教师都是硕博研究生学历,共占比97.06%。数据见表4-17。

表4-17 高校教师学历情况

项目	选项	样本数/人	占比/%
学历	本科	3	2.94
	硕士研究生	35	34.31
	博士研究生	64	62.75

(2)教龄状况

教龄在5年以内的高校教师有13人,占比12.75%;教龄在5~10年的高校教师有23人,占比22.55%;教龄在11~15年的高校教师有21人,占比20.59%;教龄在15年以上的高校教师有45人,占比44.11%。数据显示,教龄在15年以上的教师占比最高,教龄在5~10年的教师占比第二,而教龄在5年以内的教师占比最少。数据见表4-18。

表4-18 高校教师教龄情况

项目	选项	样本数/人	占比/%
教龄	5年以内	13	12.75
	5~10年	23	22.55
	11~15年	21	20.59
	15年以上	45	44.11

3.职称与高校层次

(1)职称状况

职称为助教的教师有3人,占比2.94%;职称为讲师的教师有42人,占比41.18%;职称为副教授的教师有34人,占比33.33%;职称为教授的教师有 23 人, 占比 22.55%。数据显示, 占比较高的是职称为讲师和副教授的教师, 占比最少的是职称为助教的教师。数据见表 4 – 19。

表 4 – 19　高校教师职称情况

项目	选项	样本数/人	占比/%
职称	助教	3	2.94
	讲师	42	41.18
	副教授	34	33.33
	教授	23	22.55

(2)高校层次状况

毕业于"双一流"院校的教师有 67 人, 占比 65.69%; 毕业于省属重点院校的教师有 35 人, 占比 34.31%(表 4 – 20)。

表 4 – 20　高校教师毕业的高校层次

项目	选项	样本数/人	占比/%
高校层次	"双一流"院校	67	65.69
	省属重点院校	35	34.31

在"双一流"院校任教的教师有 31 人, 占比 30.39%; 在省属重点院校任教的教师有 68 人, 占比 66.67%; 在普通本科院校任教的教师有 3 人, 占比 2.94%(表 4 – 21)。

表 4 – 21　教师任教的高校层次

项目	选项	样本数/人	占比/%
高校层次	"双一流"院校	31	30.39
	省属重点院校	68	66.67
	普通本科院校	3	2.94

4. 从教学科与任教课程类型

（1）从教学科

从教学科为文史类的教师有 79 人，占比 77.45%；从教学科为理工类的教师有 7 人，占比 6.86%；从教学科为艺术体育类的教师有 2 人，占比 1.96%；从教学科为其他类别的教师有 14 人，占比 13.73%。数据见表 4－22。

表 4－22　教师从教学科情况

项目	选项	样本数/人	占比/%
学科类别	文史类	79	77.45
	理工类	7	6.86
	艺术体育类	2	1.96
	其他	14	13.73

（2）任教课程类型

任教课程为公共基础课的教师有 13 人，占比 12.75%；任教课程为专业课的教师有 82 人，占比 80.39%；任教课程为实践类课程的教师有 2 人，占比 1.96%；任教课程为通识课的教师有 5 人，占比 4.90%。数据见表 4－23。

表 4－23　教师任教课程情况

项目	选项	样本数/人	占比/%
任教课程类型	公共基础课	13	12.75
	专业课	82	80.39
	实践类课程	2	1.96
	通识课	5	4.90

二、教师课程思政素养状况

教师作为课程思政教育的直接参与者，其自身的综合素质水平会直接影响学生思想品德的形成和发展,因此在教师队伍建设这一环节必须要严把素质关。而对于课程思政教师队伍来说,核心的素质是思想政治综合素质,在一定程度上决定了受教育者是否可以有效承担起为社会主义服务的重大责任。这要求教师必须热爱党、热爱国家,有正确的政治立场并且必须立场坚定,有坚定的理想信念及良好的道德修养①。

(一)教师课程思政综合素质

1. 教师的思想政治素质水平

高校教师在实施课程思政过程中,不同教师对于将思政元素融入该专业课程的难易程度反响不同,这很大程度上取决于教师自身的思想政治素质水平。在大部分情况下,教师自身的思想政治素质水平较高,课程思政教育的开展就会比较简单,而对于自身思想政治素质较为薄弱的教师而言,课程思政教育实施过程中就会觉得有些困难。

如表 4-24 所示,在 1~5 的水平内,有 2 位教师打分为 2,占比 2.0%;有 22 位教师打分为 3,占比 21.6%;有 49 位教师打分为 4,占比 48.0%;有 29 位教师打分为 5,占比 28.4%。其中占比最多的是 4 和 5 两项,说明教师自身的思想政治素质水平较高,课堂上可以更好地将思政内容与专业知识相结合,达到较好的育人效果。

表 4-24 教师思想政治素质水平分布

项目	分数	人数	占比/%	平均值
思想政治素质水平	1	0	0	4.03
	2	2	2.0	
	3	22	21.6	
	4	49	48.0	
	5	29	28.4	

---

① 吕晨晖. 宁夏中职学校公共基础课"课程思政"建设研究[D]. 银川:宁夏大学,2021.

2.教师的业务能力素质水平

教师的业务能力体现为课堂上授课过程中可以做到讲解清晰化、条理化、准确化、情感化、生动化,并且整节课的授课思路非常清晰、层次分明、言简意赅、深入浅出,整个过程注重学生的参与。比如在课堂上给学生安排交流环节,充分调动学生的积极性,增加课上及课下的师生交流,充分体现学生的主作用,充分考虑每一个层次的学生学习需求和学习能力,让各个层次的学生都得到提高。教师的教学业务能力会直接影响到课程思政的实施效果。

如表 4-25 所示,在 1~5 的水平内,有 19 位教师打分为 3,占比 18.6%;有 63 位教师打分为 4,占比 61.8%;有 20 位教师打分为 5,占比 19.6%。其中选项 1 和 2 的占比为 0。由此看来,教师的业务能力素质水平普遍较高且不存在业务能力极低的教师,这对于课程思政的实施有极大的促进作用,通过多种教学方法,最终达到我们预期的教学目的,并将思政内容很好地与专业知识相融合,最终让学生受益。

表 4-25　教师业务能力素质水平分布

项目	分数	人数	占比/%	平均值
业务能力素质水平	1	0	0	4.01
	2	0	0	
	3	19	18.6	
	4	63	61.8	
	5	20	19.6	

(二)教师课程思政信源效果

1.教师的信誉水平

高校教师要做到诚信,并擅长运用榜样的力量,去做好育人工作。教师的一言一行都会潜移默化地影响到学生,是学生效仿的典范。教师的人格素质越高、信誉水平越高,其榜样作用也就越强,因此教师的信誉尤为重要。

如表 4-26 所示,在 1~5 的水平内,有 11 位教师打分为 3,占比 10.8% ;有 55 位教师打分为 4,占比 53.9% ;有 36 位教师打分为 5,占比 35.3%。其中选项 1 和 2 的占比为 0,且总样本的均值为 4.25。由此看来,教师的信誉水平普遍非常高,在课程思政实施过程中,学生的信服程度也会很高,对实施效果有极大的促进作用。

表 4-26　教师信誉水平分布

项目	分数	人数	占比/%	平均值
信誉水平	1	0	0	4.25
	2	0	0	
	3	11	10.8	
	4	55	53.9	
	5	36	35.3	

2. 教师的权威水平

教师权威是指教师在学校中对学生进行教育教学时对学生产生的影响力,使学生对教师表现出一定程度的依赖和服从。教师权威主要包括制度性权威和教师的个人权威,这里我们所说的是教师的个人权威,而个人权威又分为知识权威和感召权威,知识权威取决于教师的学历、专长,感召权威源自教师本人的人格魅力。只有当学生心目中的教师形象比较权威的情况下,教师的课堂教学活动才能顺利开展,进而保障课程思政的有效性。

如表 4-27 所示,在 1~5 的水平内,有 3 位教师打分为 2,占比 2.9% ;有 40 位教师打分为 3,占比 39.2% ;有 45 位教师打分为 4,占比 44.1% ;有 14 位教师打分为 5,占比 13.7%。其中选项 1 占比为 0,占比最多的是 3 和 4 两项,且总样本的均值为 3.69,由此看来,教师的权威水平中等偏上,这可能受到教师自身的学术素养、专业技能和人格感召力的影响。想要保障课程思政的有效性和实效性,教师权威水平还需进一步提高。

表 4-27　教师权威水平分布

项目	分数	人数	占比/%	平均值
权威水平	1	0	0	3.69
	2	3	2.9	
	3	40	39.2	
	4	45	44.1	
	5	14	13.7	

3. 教师的信息来源可信效果水平

想要保障教师的信息来源可信,首先要弄清教师知识来源途径是否正规。教师在学生心中的权威形象在很大程度上取决于教师传授的知识是否具有准确性和可靠性。范良火在《教师教学知识发展》一书中,把教师教学知识的来源列为 7 种:作为学生时的经验、职前培训、在职培训、有组织的专业活动、同事的日常交流、阅读专业书刊和自身的教学经验和反思。专业书刊、教科书、教学参考书都是教师知识的重要来源,这几个途径获得的知识较为权威,可信效果高[1]。教材可以体现国家意志,"为谁培养人才""培养什么样的人才""具体怎样培养人才"这一类问题我们都可以从教材中找到答案[2]。习近平总书记提到,要努力构建学生德智体美劳全面发展的教育体系,促进更高水平教材体系的形成[3]。

如表 4-28 所示,在 1~5 的水平内,有 1 位教师打分为 1,占比 1.0%;有 1 位教师打分为 2,占比 1.0%;有 21 位教师打分为 3,占比 20.6%;有 61 位教师打分为 4,占比 59.8%;有 18 位教师打分为 5,占比 17.6%。其中选项 1 和 2 占比最低,占比最高的是 3 和 4 两项,且总样本的均值为 3.92,由此看来,教师的信息来源可信效果水平属于中等偏上,不过选项 5 的教师占比较少,这说明教师还需进一步确保教学内容的可靠性,保障课程思政的有效实施。

---

① 陶令霞.浅析教师知识来源[J].湖北广播电视大学学报,2008,28(4):41-42.

② 陈亮,熊翠萍.我国思想政治理论课教材一体化建设的政策演进与未来展望[J].现代教育管理,2021(5):22-29.

③ 张兴明.以习近平关于高等教育的重要论述为指导推进中国特色世界一流大学建设[J].学校党建与思想教育,2018(20):55-57.

表 4-28　教师信息来源可信效果水平分布

项目	分数	人数	占比/%	平均值
信息来源 可信效果水平	1	1	1.0	3.92
	2	1	1.0	
	3	21	20.6	
	4	61	59.8	
	5	18	17.6	

　　课程思政的实践效果很大程度上取决于教师。休谟在论仁爱时指出："没有什么品质比慈善和人道,友谊和感激,自然感情和公共精神,或凡发端于对他人的温柔同情和对我们人类种族的慷慨关怀的东西,更有资格获得人类的一般的善意和赞许。这些品质无论出现在哪里都似乎在某种程度上潜移默化于每一个注目者中,并在他们自身唤起它们所施加于周围所有人的同样愉悦的和亲切的情感。"[①]在教学过程中,教师可以通过课堂的隐性渗透和自身所具备的人格魅力及权威身份对学生进行正确的价值引导。因此,高校教师是保障课程思政效果的主要力量,是推进课程思政建设的引领者。提高教师自身的思想政治素质、教学业务能力素质,提高教师在学生心目中的信誉、权威水平是课程思政取得良好效果的先决条件[②]。

三、课程思政教育的学生满意度情况

(一)学校形象满意度

　　在此次调查问卷中,学校形象满意度维度下设有 5 个项目,分别是 A6"您认为学校'课程思政'实践教学的水平"、A5"您对学校'课程思政'实践教学的信赖度"、A4"您对学校'课程思政'实践教学的印象"、A7"您认为学校在'课程思政'实践教学方面与学生交流的程度"、A10"您对现有的'课程思政'实践教学质量的满意度"(表 4-29、表 4-30)。

---

① 休谟.道德原则研究[M].曾晓平,译.北京:商务印书馆,2017.
② 杨洁文.中职服装设计专业课程思政现状调查与优化路径研究[D].长沙:湖南师范大学,2021.

表 4 – 29　学校形象满意度状况

项目	均值	标准差	理论均值	t	P
A6	3.82	0.907	3	62.527	0.00
A5	3.81	0.853	3	66.311	0.00
A4	3.84	0.871	3	65.337	0.00
A7	3.73	0.926	3	59.726	0.00
A10	3.81	0.837	3	67.596	0.00
总体均值	3.75				
组间比较	A4 > A6 > A10 = A5 > A7				

表 4 – 30　学校形象满意度频率

测试项目	1		2		3		4		5	
	频率	占比/%	频率	占比/%	频率	占比/%	频率	占比/%	频率	占比/%
A6	4	1.8	10	4.5	59	26.8	95	43.2	52	23.6
A5	4	1.8	8	3.6	56	25.5	109	49.5	43	19.5
A4	4	1.8	8	3.6	56	25.5	104	47.3	48	21.8
A7	6	2.7	12	5.5	60	27.3	100	45.5	42	19.1
A10	4	1.8	8	3.6	53	24.1	115	52.3	40	18.2

　　如表 4 – 29 所示,从学校形象满意度维度 5 个项目均值上来看,得分由高到低依次为:A4"您对学校'课程思政'实践教学的印象"、A6"您认为学校'课程思政'实践教学的水平"、A10"您对现有的'课程思政'实践教学质量的满意度"、A5"您对学校'课程思政'实践教学的信赖度"、A7"您认为学校在'课程思政'实践教学方面与学生交流的程度"。对学校形象满意度 5 个项目均值与各项目的理论均值(3 分)进行单样本 t 检验,数据结果表明,各项目均值与理论均值之间具有显著差异($P = 0.00 < 0.01$),说明高校学生在学校形象满意度 5 个项目均值都显著高于理论均值。

　　从学校形象满意度频率来说,如表 4 – 30 所示,所有项目中,多数选项集中在 3 到 5 上,说明高校学生对学校形象的满意度水平普遍较高,目前各大高校对课程思政建设的重视程度高,具体实施成效好。

(二)价值感知满意度

在此次调查问卷中,价值感知满意度维度下设有 6 个项目,分别是 A11 "您认为'课程思政'实践教学中参与提问或讨论的频率与水平"、A13"您认为'课程思政'实践教学中进行课程汇报的频率与水平"、A9"您认为目前所学课程对思政元素的融入程度"、A18"您课堂上与同学合作完成'课程思政'实践教学相关任务的频率与水平"、A12"您认为'课程思政'实践教学中回答/思考问题的频率与水平"、A8"您认为在'课程思政'实践教学中付出努力与收获的匹配度"(表 4 - 31、表 4 - 32)。

表 4 - 31　价值感知满意度状况

项目	均值	标准差	理论均值	t	P
A11	3.7	0.907	3	60.5	0.00
A13	3.83	0.809	3	70.144	0.00
A9	3.82	0.866	3	65.504	0.00
A18	3.79	0.878	3	63.939	0.00
A12	3.65	0.859	3	63.074	0.00
A8	3.78	0.837	3	66.995	0.00
总体均值	3.76				
组间比较	A13 > A9 > A18 > A8 > A11 > A12				

表 4 - 32　价值感知满意度频率

测试项目	1		2		3		4		5	
	频率	占比/%	频率	占比/%	频率	占比/%	频率	占比/%	频率	占比/%
A11	6	2.7	12	5.5	61	27.7	104	47.3	37	16.8
A13	3	1.4	6	2.7	58	26.4	112	50.9	41	18.6
A9	3	1.4	11	5.0	54	24.5	106	48.2	46	20.9
A18	3	1.4	9	4.1	68	30.9	92	41.8	48	21.8
A12	6	2.7	9	4.1	69	31.4	107	48.6	29	13.2
A8	3	1.4	11	5.0	55	25.0	113	51.4	38	17.3

如表 4 – 31 所示,从价值感知满意度维度 6 个项目均值上来看,得分由高到低依次为:A13"您认为'课程思政'实践教学中进行课程汇报的频率与水平"、A9"您认为目前所学课程对思政元素的融入程度"、A18"您课堂上与同学合作完成'课程思政'实践教学相关任务的频率与水平"、A8"您认为在'课程思政'实践教学中付出努力与收获的匹配度"、A11"您认为'课程思政'实践教学中参与提问或讨论的频率与水平"、A12"您认为'课程思政'实践教学中回答/思考问题的频率与水平"。对价值感知满意度 6 个项目均值与各项目的理论均值(3 分)进行单样本 t 检验,数据结果表明,各项目均值与理论均值之间具有显著差异($P = 0.00 < 0.01$),说明高校学生在价值感知满意度 6 个项目均值都显著高于理论均值。

总的来看,高校学生的价值感知满意度较高,每个项目均值都显著高于理论均值;具体说来,学生对课程思政实践教学中进行课程汇报的频率与水平和目前所学课程对思政元素的融入程度满意度较高,对课程思政实践教学中回答/思考问题的频率与水平满意度相对较低,但仍高于理论均值。

从价值感知满意度频率来说(表 4 – 32),所有项目中,多数选项集中在 3 到 5 上,其中选项 4 的百分比最高,这说明高校课程不仅仅传授知识,也十分关注对学生的价值引领,学生对学校课程思政的价值感知满意度普遍较高。

(三)生师互动满意度

在此次调查问卷中,生师互动满意度维度下设有 4 个项目,分别是 A16"您与辅导员、教师等平等讨论人生观、价值观的频率与水平"、A15"您与辅导员、教师等平等讨论职业计划的频率与水平"、A17"您认为辅导员、教师对以上讨论的回应频率与水平"、A14"您认为课外辅导员、教师等进行'课程思政'实践教学的频率与水平"(表 4 – 33、表 4 – 34)。

表 4 – 33　生师互动满意度状况

项目	均值	标准差	理论均值	t	P
A16	3.32	1.118	3	44.022	0.00

表 4 – 33（续）

项目	均值	标准差	理论均值	t	P
A15	3.41	1.080	3	46.889	0.00
A17	3.75	0.880	3	63.101	0.00
A14	3.78	0.946	3	59.209	0.00
总体均值	3.56				
组间比较	A14 > A17 > A15 > A16				

表 4 – 34　生师互动满意度频率

测试项目	1		2		3		4		5	
	频率	占比/%	频率	占比/%	频率	占比/%	频率	占比/%	频率	占比/%
A16	16	7.3	31	14.1	74	33.6	65	29.5	34	15.5
A15	14	6.4	25	11.4	71	32.3	76	34.5	34	15.5
A17	5	2.3	7	3.2	69	31.4	97	44.1	42	19.1
A14	7	3.2	10	4.5	56	25.5	99	45.0	48	21.8

　　如表 4 – 33 所示，从生师互动满意度维度 4 个项目均值上来看，得分由高到低依次为：A14"您认为课外辅导员、教师等进行'课程思政'实践教学的频率与水平"、A17"您认为辅导员、教师对以上讨论的回应频率与水平"、A15"您与辅导员、教师等平等讨论职业计划的频率与水平"、A16"您与辅导员、教师等平等讨论人生观、价值观的频率与水平"。对生师互动满意度维度 4 个项目均值与各项目的理论均值（3 分）进行单样本 t 检验，数据结果表明，各项目均值与理论均值之间具有显著差异（$P = 0.00 < 0.01$），说明高校学生在生师互动满意度 4 个项目均值都显著高于理论均值。

　　总的来看，高校学生的生师互动满意度较高，每个项目均值都显著高于理论均值；具体说来，学生对日常与课外辅导员、教师等进行课程思政实践教学的频率与水平和辅导员、教师对以上讨论的回应频率与水平满意度较高，与辅导员、教师等平等讨论人生观、价值观的频率与水平满意度相对较低，但仍高于理论均值。

从生师互动满意度频率来说(表4－34),所有项目中,多数选项集中在3和5上,其中选项3的占比最高,说明高校学生对生师互动方面的满意度处于中等水平,可以看出现阶段高校的课程思政在课上生师互动这一维度做得还不够好,不管是课上和课下,都需要为学生创造更多与教师互动的机会。

(四)生生互动满意度

在此次调查问卷中,生生互动满意度维度下设有3个项目,分别是A20"您认为同学间互相检查和评估'课程思政'学习结果正确性的频率与水平"、A21"您课后与同学参与课程思政实践教学的频率与水平"、A19"您与同学交流对'课程思政'某一主题看法的频率与水平"(表4－35、表4－36)。

表4－35　生生互动满意状况

项目	均值	标准差	理论均值	t	P
A19	3.6	1.005	3	53.088	0.00
A20	3.62	1.042	3	51.578	0.00
A21	3.55	1.044	3	50.387	0.00
总体均值	3.59				
组间比较	A20 > A19 > A21				

表4－36　生生互动满意度频率

测试项目	1		2		3		4		5	
	频率	占比/%	频率	占比/%	频率	占比/%	频率	占比/%	频率	占比/%
A29	8	3.6	21	9.5	62	28.2	90	40.9	39	17.7
A30	10	4.5	17	7.7	65	29.5	82	37.3	46	20.9
A31	10	4.5	23	10.5	63	28.6	85	38.6	39	17.7

如表4－35所示,从生生互动满意度维度3个项目均值上来看,得分由高到低依次为:A20"您认为同学间互相检查和评估'课程思政'学习结果正

确性的频率与水平"、A19"您与同学交流对'课程思政'某一主题看法的频率与水平"、A21"您课后与同学参与课程思政实践教学的频率与水平"。对生生互动满意度 3 个项目均值与各项目的理论均值(3 分)进行单样本 t 检验,数据结果表明,各项目均值与理论均值之间具有显著差异($P = 0.00 < 0.01$),说明高校学生在生生互动满意度 3 个项目均值都显著高于理论均值。

总的来看,高校学生的生生互动满意度较高,每个项目均值都显著高于理论均值;具体说来,同学间互相检查和评估课程思政学习结果正确性的频率与水平、与同学交流对课程思政某一主题看法的频率与水平满意度较高,课后与同学参与课程思政实践教学的频率与水平满意度相对较低,但仍高于理论均值。

从生生互动满意度频率来说(表 4 - 36),所有项目中,多数选项集中在 3 和 4 上,其中选项 4 的占比最高,说明高校学生对生生互动方面的满意度处于中上等水平,同学在课堂上参与课程思政实践教学的效果较好。

(五)学生期望满意度

在此次调查问卷中,学生期望满意度维度下设有 3 个项目,分别是 A1"您对学校'课程思政'的实践教学的总体期望程度"、A3"您认为参加学校'课程思政'实践教学能带来多大的实际效用"、A2"您认为学校在多大程度上满足学生'课程思政'学习的需求"(表 4 - 37、表 4 - 38)。

表 4 - 37　学生期望满意度状况

项目	均值	标准差	理论均值	t	P
A1	3.89	0.855	3	67.406	0.00
A3	3.70	0.918	3	59.702	0.00
A2	3.77	0.905	3	61.791	0.00
总体均值	3.79				
组间比较	A1 > A2 > A3				

表 4 – 38 学生期望满意度频率

测试项目	1		2		3		4		5	
	频率	占比/%	频率	占比/%	频率	占比/%	频率	占比/%	频率	占比/%
A1	2	0.9	7	3.2	61	27.7	94	42.7	56	25.5
A3	4	1.8	18	8.2	58	26.4	101	45.9	39	17.7
A2	4	1.8	11	5.0	64	29.1	94	42.7	47	21.4

如表 4 – 37 所示,从学生期望满意度维度 3 个项目均值上来看,得分由高到低依次为:A1"您对学校'课程思政'的实践教学的总体期望程度"、A2"您认为学校在多大程度上满足学生'课程思政'学习的需求"、A3"您认为参加学校'课程思政'实践教学能带来多大的实际效用"。对学生期望满意度维度 3 个项目均值与各项目的理论均值(3 分)进行单样本 t 检验,数据结果表明,各项目均值与理论均值之间具有显著差异($P = 0.00 < 0.01$),说明高校学生在学生期望满意度 3 个项目均值都显著高于理论均值。

总的来看,高校学生的学生期望满意度较高,每个项目均值都显著高于理论均值;具体说来,对学校课程思政的实践教学的总体期望程度、学校在多大程度上满足学生课程思政学习的需求满意度较高,参加学校课程思政实践教学能带来多大的实际效用满意度相对较低,但仍高于理论均值。

从学生期望满意度频率来说(表 4 – 38),所有项目中,多数选项集中在 3,4,5,其中选项 4 的占比最高,说明高校学生对课程期望的满意度处于中上等水平,学校在较高程度上可以满足学生课程思政学习的需求,学生认为参加学校课程思政实践教学能带来较大的实际效用。

综上,学校形象维度的均值为 3.75,价值感知维度的均值为 3.76,生师互动维度的均值为 3.56,生生互动维度的均值为 3.59,学生期望维度的均值为 3.79。5 个维度满意度的均值排序为:学生期望维度 > 学校形象维度 > 价值感知维度 > 生生互动维度 > 生师互动维度。数据显示,在几个维度相比之下,学生对生师互动维度的满意度较低,这是由于目前高校教师在课程教学过程中,主要以传统教学方法为主,但是课程思政的目标是全面提高学生各方面的能力与素质,强调教师对学生进行价值引导、价值塑造,因此基于上述教学目标,只依靠传统的教学手段与方式是不可行的,达不到预期效果,应配合开放探索的方式引导学生主动参与到课堂中来,调动学生参与课堂讨论与问题思考的积极性,这样不仅有利于学生更好地掌握专业知识,同时也能更好地推进课程思政实践的开展。除此之外,学校还应该为课程思政的开展准备相应的配套教育教学资源,否则很难达到预期效果,不能对学生的价值塑造产生积极影响。

四、课程思政教育结果的群体差异

(一)学生课程思政满意度群体差异

1. 不同年级的课程思政教育学生满意度差异

对不同年级的课程思政教育学生满意度差异进行单因素方差分析,如表4-39所示。学校形象维度来说,四个年级的满意度排序为:大一 > 大三 = 大四 > 大二;价值感知维度来说,四个年级的满意度排序为:大一 > 大三 > 大四 > 大二;生师互动维度来说,四个年级的满意度排序为:大一 > 大三 > 大四 > 大二;生生互动维度来说,四个年级的满意度排序为:大一 > 大四 > 大三 > 大二;学生期望维度来说,四个年级的满意度排序为:大一 > 大三 = 大四 > 大二。总体来看,在所有维度上,大一学生对课程思政的满意度都是最高的,大二学生的满意度最低。

表 4 – 39　不同年级的课程思政教育学生满意度差异

项目	年级	均值	标准差	F	P	组间比较
学校形象	大一	4.92	0.95	0.85	0.47	1 > 3 > 4 > 2
	大二	4.63	0.88			
	大三	4.77	1.01			
	大四	4.69	0.97			
价值感知	大一	3.90	0.69	2.10	0.10	1 > 3 > 4 > 2
	大二	3.61	0.63			
	大三	3.86	0.66			
	大四	3.66	0.79			

表 4 - 39（续）

项 目	年级	均值	标准差	F	P	组间比较
生师互动	大一	3.67	0.93	1.55	0.20	1 > 3 > 4 > 2
	大二	3.31	0.82			
	大三	3.61	0.82			
	大四	3.60	0.84			
生生互动	大一	3.75	0.96	1.09	0.35	1 > 4 > 3 > 2
	大二	3.41	0.94			
	大三	3.52	0.98			
	大四	3.64	0.98			
学生期望	大一	3.84	0.80	0.28	0.84	1 > 3 > 4 > 2
	大二	3.69	0.75			
	大三	3.79	0.78			
	大四	3.79	0.72			

2. 课程思政教育学生满意度的性别差异

对学生课程思政满意度的性别差异进行单因素方差分析,如表 4 - 40 所示。在所有维度上女生的课程思政满意度均高于男生,但是总体来看,性别差异不显著。

表 4 - 40　学生课程思政满意度的性别差异

项 目	年级	均值	标准差	F	P	组间比较
学校形象	男	4.56	1.08	5.29	0.02	2 > 1
	女	4.84	0.89			
价值感知	男	3.62	0.80	2.90	0.09	2 > 1
	女	3.83	0.67			
生师互动	男	3.49	0.88	0.02	0.90	2 > 1
	女	3.60	0.85			

表 4 – 40（续）

项目	年级	均值	标准差	F	P	组间比较
生生互动	男	3.40	1.05	0.71	0.40	2 > 1
	女	3.67	0.92			
学生期望	男	3.64	0.84	2.42	0.12	2 > 1
	女	3.85	0.71			

3. 不同学科的课程思政教育学生满意度差异

对学生课程思政满意度的学科差异进行单因素方差分析，如表 4 – 41 所示。在学校形象维度，学生满意度最高的是教育学，学生满意度最低的是法学；在价值感知维度，学生满意度最高的是教育学，学生满意度最低的是医学；在生师互动维度，学生满意度最高的是农学，学生满意度最低的是医学；在生生互动维度，学生满意度最高的是艺术，学生满意度最低的是医学；在学生期望维度，学生满意度最高的是农学，学生满意度最低的是法学。

表 4 – 41　学生课程思政满意度的学科差异

项目	学科	均值	标准差	F	P	组间比较
学校形象	经济学	4.45	1.38	1.97	0.04	Max：教育学 Min：法学
	管理学	4.76	0.84			
	文学	5.21	0.39			
	教育学	5.58	0.54			
	法学	4.10	1.29			
	理学	4.83	1.00			
	工学	4.70	1.31			
	农学	4.50	0.00			
	医学	4.75	0.00			
	艺术	5.46	0.73			

表 4 −41（续 1）

项目	学科	均值	标准差	F	P	组间比较
价值感知	经济学	3.55	1.01	1.27	0.25	Max：教育学 Min：医学
	管理学	3.75	0.66			
	文学	4.05	0.34			
	教育学	4.25	0.47			
	法学	3.58	0.78			
	理学	3.97	0.74			
	工学	3.70	0.99			
	农学	3.50	0.00			
	医学	2.67	0.00			
	艺术	4.11	0.59			
生师互动	经济学	3.82	0.90	2.17	0.03	Max：农学 Min：医学
	管理学	3.52	0.82			
	文学	3.71	0.85			
	教育学	3.96	0.10			
	法学	2.79	1.05			
	理学	3.83	0.84			
	工学	3.82	0.91			
	农学	4.00	0.00			
	医学	2.75	0.00			
	艺术	3.96	0.80			
生生互动	经济学	3.60	1.10	1.84	0.06	Max：艺术 Min：医学
	管理学	3.48	0.94			
	文学	4.00	0.58			
	教育学	4.28	0.44			
	法学	3.26	1.31			
	理学	3.97	0.88			
	工学	3.76	1.02			
	农学	4.00	0.00			
	医学	3.00	0.00			
	艺术	4.50	0.55			

表 4 – 41（续 2）

项目	学科	均值	标准差	*F*	*P*	组间比较
学生期望	经济学	3.60	0.88	1.25	0.27	Max:农学 Min:法学
	管理学	3.82	0.68			
	文学	3.71	0.71			
	教育学	4.33	0.56			
	法学	3.33	1.02			
	理学	3.72	0.68			
	工学	3.71	1.18			
	农学	4.67	0.00			
	医学	4.00	0.00			
	艺术	4.00	0.60			

4. 学生课程思政满意度的高校类型差异

对高校学生课程思政满意度的高校类型差异进行单因素方差分析，如表 4 – 42 所示。从所有维度来看，满意度排序都是专科院校 > 普通本科院校 > "双一流"大学，专科院校的学生对课程思政的满意度都是最高的，"双一流"大学学生的满意度最低。

表 4 – 42　学生课程思政满意度的高校类型差异

项目	高校类型	均值	标准差	*F*	*P*	组间比较
学校形象	"双一流"大学	4.31	1.30	5.97	0.00	3 > 2 > 1
	普通本科院校	4.85	0.83			
	专科院校	5.17	1.01			
价值感知	"双一流"大学	3.53	0.89	3.52	0.03	3 > 2 > 1
	普通本科院校	3.81	0.66			
	专科院校	4.28	0.63			
生师互动	"双一流"大学	3.26	0.96	4.76	0.01	3 > 2 > 1
	普通本科院校	3.62	0.81			
	专科院校	4.42	1.01			

表 4 – 42（续）

项目	高校类型	均值	标准差	F	P	组间比较
生生 互动	"双一流"大学	3.21	1.09	5.87	0.00	3 > 2 > 1
	普通本科院校	3.66	0.92			
	专科院校	4.67	0.58			
学生 期望	"双一流"大学	3.46	0.95	4.90	0.01	3 > 2 > 1
	普通本科院校	3.86	0.69			
	专科院校	3.89	0.51			

5. 学生课程思政满意度的户口类型差异

对高校学生课程思政满意度的户口类型差异进行单因素方差分析,如表 4 – 43 所示。在学校形象维度,农村学生的满意度大于城镇户口学生;在价值感知维度,城镇户口学生的满意度大于农村户口学生;在生师互动维度,城镇户口学生的满意度大于农村户口学生;在生生互动维度,农村户口学生的满意度大于城镇户口学生;在学生期望维度,城镇户口学生的满意度大于农村户口学生。

表 4 – 43　学生课程思政满意度的户口类型差异

项目	户口类型	均值	标准差	F	P	组间比较
学校 形象	城镇户口	4.70	1.07	0.52	0.47	2 > 1
	农村户口	4.79	0.88			
价值 感知	城镇户口	3.80	0.76	0.35	0.56	1 > 2
	农村户口	3.74	0.68			
生师 互动	城镇户口	3.62	0.88	0.58	0.45	1 > 2
	农村户口	3.53	0.85			
生生 互动	城镇户口	3.58	0.94	0.01	0.94	2 > 1
	农村户口	3.59	0.99			
学生 期望	城镇户口	3.79	0.85	0.00	0.98	1 > 2
	农村户口	3.78	0.69			

6.学生课程思政满意度的政治面貌差异

对高校学生课程思政满意度的政治面貌差异进行单因素方差分析,如表
4-44所示。在学校形象维度,满意度排序为:共青团员 > 中共党员 > 群众;
在价值感知维度,满意度排序为:共青团员 > 中共党员 > 群众;在生师互动维
度,满意度排序为:中共党员 > 共青团员 > 群众;在生生互动维度,满意度排
序为:中共党员 > 共青团员 > 群众;在学生期望维度,满意度排序为:共青团
员 > 中共党员 > 群众。总体来看,只有在价值感知维度下,共青团员的满意
度高于中共党员,其他几个维度下均是政治面貌为中共党员的学生对课程思
政的满意度最高,政治面貌为群众的学生对课程思政的满意度最低。

表 4-44 学生课程思政满意度的政治面貌差异

项目	政治面貌	均值	标准差	F	P	组间比较
学校形象	群众	4.50	1.28	0.52	0.47	3 > 2 > 1
	共青团员	4.78	0.94			
	中共党员	4.79	0.83			
价值感知	群众	3.60	1.00	1.35	0.26	2 > 3 > 1
	共青团员	3.81	0.66			
	中共党员	3.66	0.71			
生师互动	群众	3.49	0.88	0.50	0.61	3 > 2 > 1
	共青团员	3.54	0.87			
	中共党员	3.68	0.79			
生生互动	群众	3.35	1.23	0.88	0.42	2 > 3 > 1
	共青团员	3.63	0.92			
	中共党员	3.56	1.00			
学生期望	群众	3.46	0.97	4.09	0.02	3 > 2 > 1
	共青团员	3.77	0.72			
	中共党员	4.02	0.72			

7. 学生课程思政满意度的家庭环境差异

对高校学生课程思政满意度的家庭环境(学生是否为独生子女)差异进行单因素方差分析,如表 4 - 45 所示。在 5 个维度下,除学生期望维度外,非独生子女的学生满意度均高于独生子女学生。

表 4 - 45　学生课程思政满意度的家庭环境(是否是独生子女)差异

项目	是否是独生子女	均值	标准差	F	P	组间比较
学校形象	是独生子女	4.67	1.11	1.32	0.25	2 > 1
	非独生子女	4.82	0.84			
价值感知	是独生子女	3.73	0.81	0.40	0.53	2 > 1
	非独生子女	3.79	0.64			
生师互动	是独生子女	3.54	0.86	0.09	0.77	2 > 1
	非独生子女	3.58	0.86			
生生互动	是独生子女	3.51	1.03	1.10	0.30	2 > 1
	非独生子女	3.65	0.92			
学生期望	是独生子女	3.78	0.82	0.00	0.99	2 = 1
	非独生子女	3.78	0.71			

对高校学生课程思政满意度的家庭环境(学生父母的受教育程度)差异进行单因素方差分析,如表 4 - 46 所示。数据显示,在学校形象维度,满意度按照父母受教育程度排序为:高中 > 初中 > 大学 > 小学及以下;在价值感知维度,满意度按照父母受教育程度排序为:大学 > 高中 > 初中 > 小学及以下;在生师互动维度,满意度按照父母受教育程度排序为:大学 > 初中 > 高中 > 小学及以下;在生生互动维度,满意度按照父母受教育程度排序为:高中 > 大学 > 初中 > 小学及以下;在学生期望维度,满意度按照父母受教育程度排序为:高中 > 大学 > 初中 > 小学及以下。

表4-46　学生课程思政满意度的家庭环境（父母受教育程度）差异

项目	父母受教育程度	均值	标准差	F	P	组间比较
学校形象	小学及以下	4.54	1.08	0.71	0.55	3>2>4>1
	初中	4.75	0.96			
	高中	4.88	0.75			
	大学	4.71	1.15			
价值感知	小学及以下	3.46	0.75	3.61	0.01	4>3>2>1
	初中	3.70	0.75			
	高中	3.84	0.62			
	大学	4.03	0.62			
生师互动	小学及以下	3.15	0.97	2.11	0.10	4>2>3>1
	初中	3.61	0.83			
	高中	3.57	0.76			
	大学	3.68	0.97			
生生互动	小学及以下	2.99	0.95	3.47	0.02	3>4>2>1
	初中	3.64	1.01			
	高中	3.70	0.76			
	大学	3.65	1.03			
学生期望	小学及以下	3.46	1.00	2.19	0.09	3>4>2>1
	初中	3.77	0.69			
	高中	3.94	0.65			
	大学	3.80	0.87			

8. 学生课程思政满意度的学生干部经历差异

对高校学生课程思政满意度的学生干部经历差异进行单因素方差分析，如表4-47所示。在学校形象维度，非学生干部的满意度大于学生干部的满意度；在价值感知维度，非学生干部的满意度大于学生干部的满意度；在生师互动维度，学生干部的满意度大于非学生干部的满意度；在生生互动维度，非学生干部的满意度大于学生干部的满意度；在学生期望维度，学生干部的满意度大于非学生干部的满意度。

表 4 - 47　学生课程思政满意度的学生干部经历差异

项目	是否担任学生干部	均值	标准差	F	P	组间比较
学校形象	是学生干部	4.71	0.97	0.57	0.45	2 > 1
	不是学生干部	4.80	0.95			
价值感知	是学生干部	3.71	0.76	1.28	0.26	2 > 1
	不是学生干部	3.82	0.66			
生师互动	是学生干部	3.62	0.87	1.19	0.28	1 > 2
	不是学生干部	3.50	0.84			
生生互动	是学生干部	3.55	0.97	0.30	0.58	2 > 1
	不是学生干部	3.63	0.97			
学生期望	是学生干部	3.79	0.77	0.05	0.82	1 > 2
	不是学生干部	3.77	0.74			

(二)教师课程思政教育有效性和实效性的群体差异

1. 教师课程思政教育有效性和实效性的性别差异

对高校教师课程思政教育有效性的性别差异进行单因素方差分析,如表 4 - 48 所示。在所有维度上,均是男教师比女教师认为思政教育有效性更高。

对高校教师课程思政教育实效性的性别差异进行单因素方差分析,如表 4 - 48 所示,在所有维度上,均是男教师比女教师认为思政教育有效性更高。

表 4 - 48　高校教师课程思政有效性、实效性的性别差异

性别	有效性				实效性			
	维度	均值	标准差	组间比较	维度	均值	标准差	组间比较
男	教学方法	3.51	0.95	1 > 2	教育途径	3.62	0.75	1 > 2
女		3.33	0.68			3.51	0.58	
男	教学环境	3.31	1.03	1 > 2	受教育者	3.76	0.78	1 > 2
女		3.09	0.83			3.62	0.56	

表 4 - 48(续)

性别	有效性				实效性			
	维度	均值	标准差	组间比较	维度	均值	标准差	组间比较
男	学生	3.34	1.04	1 > 2	教育环境	3.52	0.84	1 > 2
女		3.24	0.71			3.30	0.70	
男	教师	3.40	0.98	1 > 2	教育者	4.15	0.58	1 > 2
女		3.37	0.74			4.02	0.53	
男	教学反馈	3.84	0.79	1 > 2				
女		3.79	0.71					
男	教学目的	3.60	0.85	1 > 2				
女		3.46	0.71					

2. 教师课程思政教育有效性和实效性的年龄差异

对高校教师课程思政教育有效性的年龄差异进行单因素方差分析,如表 4 - 49 所示。在教学方法维度,课程思政教育有效性由高到低排序为:30 岁以下 > 50 岁以上 > 31 ~ 40 岁 = 41 ~ 50 岁;在教学环境维度,课程思政教育有效性由高到低排序为:30 岁以下 > 50 岁以上 > 31 ~ 40 岁 > 41 ~ 50 岁;在学生维度,课程思政教育有效性由高到低排序为:30 岁以下 > 31 ~ 40 岁 > 50 岁以上 > 41 ~ 50 岁;在教师维度,课程思政教育有效性由高到低排序为:41 ~ 50 岁 > 30 岁以下 > 31 ~ 40 岁 > 50 岁以上;在教学反馈维度,课程思政教育有效性由高到低排序为:30 岁以下 > 41 ~ 50 岁 > 31 ~ 40 岁 = 50 岁以上;在教学目的维度,课程思政教育有效性由高到低排序为:31 ~ 40 岁 = 41 ~ 50 岁 > 50 岁以上 > 30 岁以下。

对高校教师课程思政教育实效性的年龄差异进行单因素方差分析,如表 4 - 49 所示。在教育途径维度来说,课程思政教育实效性由高到低排序为:30 岁以下 > 50 岁以上 > 41 ~ 50 岁 > 31 ~ 40 岁;在受教育者维度,课程思政教育实效性由高到低排序为:30 岁以下 > 31 ~ 40 岁 > 50 岁以上 > 41 ~ 50 岁;在教育环境维度,课程思政教育实效性由高到低排序为:30 岁以下 > 31 ~ 40 岁 > 50 岁以上 > 41 ~ 50 岁;在教育者维度,课程思政教育实效性由高到低排序为:50 岁以上 30 岁以下 41 ~ 50 岁 > 31 ~ 40 岁。

表 4 – 49　高校教师课程思政有效性、实效性的年龄差异

年龄	有效性				实效性			
	维度	均值	标准差	组间比较	维度	均值	标准差	组间比较
30 岁以下	教学方法	3.88	0.94	1 > 4 > 2 = 3	教育途径	3.97	0.90	1 > 4 > 3 > 2
31 ~ 40 岁		3.30	0.75			3.51	0.60	
41 ~ 50 岁		3.30	0.61			3.52	0.53	
50 岁以上		3.59	0.98			3.57	0.81	
30 岁以下	教学环境	4.00	1.00	1 > 4 > 2 > 3	受教育者	4.00	1.00	1 > 2 > 4 = 3
31 ~ 40 岁		3.11	0.83			3.66	0.56	
41 ~ 50 岁		3.06	0.77			3.66	0.64	
50 岁以上		3.29	1.12			3.65	0.73	
30 岁以下	学生	3.67	1.15	1 > 2 > 4 > 3	教育环境	3.75	0.66	1 > 2 > 4 > 3
31 ~ 40 岁		3.32	0.65			3.47	0.67	
41 ~ 50 岁		3.21	0.84			3.22	0.76	
50 岁以上		3.25	1.02			3.39	0.86	
30 岁以下	教师	3.50	1.32	3 > 1 > 2 > 4	教育者	4.13	0.76	4 > 1 > 3 > 2
31 ~ 40 岁		3.43	0.80			3.98	0.55	
41 ~ 50 岁		3.54	0.75			4.09	0.56	
50 岁以上		3.06	0.85			4.14	0.53	
30 岁以下	教学反馈	4.00	1.00	1 > 3 > 2 = 4				
31 ~ 40 岁		3.75	0.74					
41 ~ 50 岁		3.90	0.65					
50 岁以上		3.75	0.82					
30 岁以下	教学目的	3.33	1.04	2 = 3 > 4 > 1				
31 ~ 40 岁		3.53	0.73					
41 ~ 50 岁		3.53	0.64					
50 岁以上		3.48	0.94					

3. 教师课程思政教育有效性和实效性的教龄差异

对高校教师课程思政教育有效性的教龄差异进行单因素方差分析,如表 4-50 所示。在教学方法维度,课程思政有效性由高到低排序为:15 年以上 > 11 ~ 15 年 > 5 年以下 > 6 ~ 10 年;在教学环境维度,课程思政教育有效性由高到低排序为:15 年以上 > 5 年以下 > 6 ~ 10 年 > 11 ~ 15 年;在学生维度,课程思政教育有效性由高到低排序为:5 年以下 > 15 年以上 > 6 ~ 10 年 > 11 ~ 15 年;在教师维度,课程思政教育有效性由高到低排序为:6 ~ 10 年 > 5 年以下 > 15 年以上 > 11 ~ 15 年;在教学反馈维度,课程思政教育有效性由高到低排序为:15 年以上 > 6 ~ 10 年 > 11 ~ 15 年 > 5 年以下;在教学目的维度,课程思政教育有效性由高到低排序为:15 年以上 > 6 ~ 10 年 > 11 ~ 15 年 > 5 年以下。

对高校教师课程思政教育实效性的教龄差异进行单因素方差分析,如表 4-50 所示。在教育途径维度,课程思政教育有实效性由高到低排序为:15 年以上 > 5 年以下 > 11 ~ 15 年 = 6 ~ 10 年;在受教育者维度,课程思政教育实效性由高到低排序为:5 年以下 > 15 年以上 > 11 ~ 15 年 > 6 ~ 10 年;在教学环境维度,课程思政教育实效性由高到低排序为:6 ~ 10 年 > 15 年以上 > 5 年以下 > 11 ~ 15 年;在教育者维度,课程思政教育实效性由高到低排序为:15 年以上 > 6 ~ 10 年 > 11 ~ 15 年 > 5 年以下。

表 4-50　高校教师课程思政有效性、实效性的教龄差异

教龄	有效性				实效性			
	维度	均值	标准差	组间比较	维度	均值	标准差	组间比较
5 年以下	教学方法	3.29	0.91	4 > 3 > 1 > 2	教育途径	3.49	0.77	4 > 1 > 3 = 2
6 ~ 10 年		3.26	0.66			3.48	0.48	
11 ~ 15 年		3.32	0.66			3.48	0.56	
15 年以上		3.52	0.85			3.62	0.72	
5 年以下	教学环境	3.23	1.03	4 > 1 > 2 > 3	受教育者	3.85	0.70	1 > 4 > 3 > 2
6 ~ 10 年		3.02	0.83			3.55	0.55	
11 ~ 15 年		2.86	0.82			3.62	0.54	
15 年以上		3.36	0.91			3.70	0.71	

表 4 - 50(续)

教龄	有效性				实效性			
	维度	均值	标准差	组间比较	维度	均值	标准差	组间比较
5 年以下	学生	3.42	0.89	1 > 4 > 2 > 3	教育环境	3.35	0.73	2 > 4 > 1 > 3
6 ~ 10 年		3.20	0.60			3.51	0.62	
11 ~ 15 年		3.05	0.80			3.20	0.64	
15 年以上		3.38	0.92			3.39	0.87	
5 年以下	教师	3.39	1.02	2 > 1 > 4 > 3	教育者	3.91	0.65	4 > 2 > 3 > 1
6 ~ 10 年		3.41	0.75			4.00	0.53	
11 ~ 15 年		3.36	0.74			3.94	0.55	
15 年以上		3.37	0.86			4.20	0.51	
5 年以下	教学反馈	3.62	0.98	4 > 2 > 3 > 1				
6 ~ 10 年		3.83	0.61					
11 ~ 15 年		3.76	0.60					
15 年以上		3.88	0.77					
5 年以下	教学目的	3.19	1.03	4 > 2 > 3 > 1				
6 ~ 10 年		3.57	0.53					
11 ~ 15 年		3.50	0.61					
15 年以上		3.58	0.83					

4. 教师课程思政教育有效性和实效性的职称差异

对高校教师课程思政教育有效性的职称差异进行单因素方差分析,如表 4 - 51 所示。在教学方法维度,课程思政有效性由高到低排序为:助教 > 副教授 > 教授 > 讲师;在教学环境维度,课程思政教育有效性由高到低排序为:助教 > 副教授 > 教授 > 讲师;在学生维度,课程思政教育有效性由高到低排序为:助教 > 讲师 > 副教授 > 教授;在教师维度,课程思政教育有效性由高到低排序为:副教授 > 助教 > 讲师 > 教授;在教学反馈维度,课程思政教育有效性由高到低排序为:副教授 > 讲师 > 助教 > 教授;在教学目的,课程思政教育有效性由高到低排序为:副教授 > 讲师 > 教授 > 助教。

对高校教师课程思政教育实效性的职称差异进行单因素方差分析,如表4-51所示。在教育途径维度,课程思政教育实效性由高到低排序为:助教>副教授>讲师>教授;在受教育者维度,课程思政教育实效性由高到低排序为:助教>副教授>讲师>教授;在教育环境维度,课程思政教育实效性由高到低排序为:助教>副教授>讲师>教授;在教育者维度,课程思政教育实效性由高到低排序为:副教授>助教>讲师>教授。

表4-51 高校教师课程思政有效性、实效性的职称差异

教龄	有效性				实效性			
	维度	均值	标准差	组间比较	维度	均值	标准差	组间比较
助教	教学方法	3.83	1.00	1>3>4>2	教育途径	4.03	0.81	1>3>2>4
讲师		3.27	0.70			3.45	0.59	
副教授		3.54	0.73			3.71	0.59	
教授		3.35	0.95			3.41	0.74	
助教	教学环境	3.67	1.53	1>3>4>2	受教育者	4.20	0.72	1>3>2>4
讲师		3.07	0.83			3.66	0.60	
副教授		3.24	0.91			3.67	0.63	
教授		3.15	0.98			3.62	0.72	
助教	学生	3.50	1.32	1>2>3>4	教育环境	3.50	1.09	1>3>2>4
讲师		3.37	0.74			3.38	0.68	
副教授		3.35	0.73			3.43	0.81	
教授		2.96	1.01			3.27	0.80	
助教	教师	3.50	1.32	3>1>2>4	教育者	4.13	0.76	3>1=4>2
讲师		3.39	0.79			3.93	0.54	
副教授		3.59	0.76			4.18	0.52	
教授		3.02	0.85			4.13	0.57	
助教	教学反馈	3.67	1.53	3>2>1>4				
讲师		3.79	0.71					
副教授		3.97	0.66					
教授		3.63	0.76					

表 4 - 51（续）

教龄	有效性				实效性			
	维度	均值	标准差	组间比较	维度	均值	标准差	组间比较
助教	教学目的	3.17	1.15	3 > 2 > 4 > 1				
讲师		3.49	0.66					
副教授		3.66	0.71					
教授		3.37	0.94					

5. 教师课程思政教育有效性和实效性的高校类型差异

对高校教师课程思政教育有效性的毕业高校类型差异进行单因素方差分析,如表 4 - 52 所示。在所有维度下,"双一流"大学毕业的教师课程思政教育有效性都高于省属重点高校毕业的教师。

对高校教师课程思政教育实效性的毕业高校类型差异进行单因素方差分析,如表 4 - 52 所示。在所有维度下,"双一流"大学毕业的教师课程思政教育实效性都高于省属重点高校毕业的教师。

表 4 - 52　高校教师课程思政有效性、实效性的毕业高校类型差异

毕业高校类型	有效性				实效性			
	维度	均值	标准差	组间比较	维度	均值	标准差	组间比较
"双一流"高校	教学方法	3.41	0.76	1 > 2	教育途径	3.58	0.62	1 > 2
省属重点高校		3.36	0.83			3.48	0.68	
"双一流"高校	教学环境	3.13	0.87	1 > 2	受教育者	3.73	0.61	1 > 2
省属重点高校		3.21	0.97			3.56	0.69	
"双一流"高校	学生	3.37	0.85	1 > 2	教育环境	3.46	0.73	1 > 2
省属重点高校		3.09	0.77			3.20	0.77	
"双一流"高校	教师	3.44	0.75	1 > 2	教育者	4.08	0.56	1 > 2
省属重点高校		3.26	0.95			4.04	0.53	

表 4 - 52（续）

毕业高校类型	有效性				实效性			
	维度	均值	标准差	组间比较	维度	均值	标准差	组间比较
"双一流"高校	教学反馈	3.87	0.69	1 > 2				
省属重点高校		3.70	0.81					
"双一流"高校	教学目的	3.55	0.63	1 > 2				
省属重点高校		3.44	0.97					

对高校教师课程思政教育有效性的任职高校差异进行单因素方差分析，如表 4 - 53 所示。在教学方法维度，课程思政教育有效性由高到低排序为："双一流"高校教师 > 省属重点高校教师 > 普通本科高校教师；在教学环境维度，课程思政教育有效性由高到低排序为：普通本科高校教师 > "双一流"高校教师 > 省属重点高校教师；在学生维度，课程思政教育有效性由高到低排序为："双一流"高校教师 > 省属重点高校教师 > 普通本科高校教师；在教师维度，课程思政教育有效性由高到低排序为："双一流"高校教师 > 省属重点高校教师 > 普通本科高校教师；在教学反馈维度，课程思政教育有效性由高到低排序为："双一流"高校教师 > 省属重点高校教师 > 普通本科高校教师；在教学目的维度，课程思政教育有效性由高到低排序为："双一流"高校教师 > 普通本科高校教师 > 省属重点高校教师。

对高校教师课程思政教育实效性的任职高校差异进行单因素方差分析，如表 4 - 53 所示。在教育途径维度，课程思政教育实效性由高到低排序为："双一流"高校教师 > 省属重点高校教师 > 普通本科高校教师；在受教育者维度，课程思政教育实效性由高到低排序为："双一流"高校教师 > 省属重点高校教师 > 普通本科高校教师；在教育环境维度，课程思政教育实效性由高到低排序为："双一流"高校教师 > 省属重点高校教师 > 普通本科高校教师；在教育者维度，课程思政教育实效性由高到低排序为："双一流"高校教师 > 省属重点高校教师 > 普通本科高校教师。

表 4 - 53 高校教师课程思政有效性、实效性的任职高校类型差异

任职高校类型	有效性				实效性			
	维度	均值	标准差	组间比较	维度	均值	标准差	组间比较
"双一流"高校	教学方法	3.44	0.88	1>2>3	教育途径	3.58	0.67	1>2>3
省属重点高校		3.38	0.75			3.54	0.64	
普通本科院校		3.21	0.47			3.17	0.21	
"双一流"高校	教学环境	3.27	1.02	3>1>2	受教育者	3.87	0.62	1>2>3
省属重点高校		3.10	0.86			3.61	0.63	
普通本科院校		3.50	0.87			3.00	0.00	
"双一流"高校	学生	3.60	0.90	1>2>3	教育环境	3.56	0.63	1>2>3
省属重点高校		3.14	0.78			3.33	0.77	
普通本科院校		3.00	0.00			2.42	1.01	
"双一流"高校	教师	3.40	0.78	1>2>3	教育者	4.16	0.54	1>2>3
省属重点高校		3.38	0.83			4.03	0.55	
普通本科院校		3.17	1.26			3.87	0.50	
"双一流"高校	教学反馈	3.98	0.71	1>2>3				
省属重点高校		3.74	0.74					
普通本科院校		3.67	0.76					
"双一流"高校	教学目的	3.69	0.68	1>3>2				
省属重点高校		3.43	0.79					
普通本科院校		3.50	0.87					

6. 教师课程思政教育有效性和实效性的学历差异

对高校教师课程思政教育有效性的学历差异进行单因素方差分析,如表 4 - 54 所示。在教学方法维度,课程思政教育有效性由高到低排序为:硕士 > 学士 > 博士;在教学环境维度,课程思政教育有效性由高到低排序为:硕士 > 学士 > 博士;在学生维度,课程思政教育有效性由高到低排序为:学士 > 硕士 > 博士;在教师维度,课程思政有效性由高到低排序为:硕士 > 博士 > 学士;在教学反馈维度,课程思政教育有效性由高到低排序为:学士 > 硕士 > 博

士;在教学目的维度,课程思政教育有效性由高到低排序为:硕士 > 博士 >
学士。

　　对高校教师课程思政教育实效性的学历差异进行单因素方差分析,如表
4-54 所示。在教育途径维度,课程思政教育实效性由高到低排序为:硕
士 > 博士 > 学士;在受教育者维度,课程思政教育实效性由高到低排序为:硕
士 > 博士 > 学士;在教育环境维度,课程思政教育实效性由高到低排序为:硕
士 > 博士 > 学士;在教育者维度,课程思政教育实效性由高到低排序为:硕
士 > 学士 = 博士。

表 4-54　高校教师课程思政有效性、实效性的学历差异

学历	有效性				实效性			
	维度	均值	标准差	组间比较	维度	均值	标准差	组间比较
学士	教学方法	3.29	1.51	2 > 1 > 3	教育途径	3.40	1.35	2 > 3 > 1
硕士		3.65	0.72			3.73	0.66	
博士		3.26	0.75			3.45	0.58	
学士	教学环境	3.33	1.53	2 > 1 > 3	受教育者	3.53	1.29	2 > 3 > 1
硕士		3.40	0.99			3.81	0.63	
博士		3.02	0.81			3.60	0.61	
学士	学生	3.67	1.15	1 > 2 > 3	教育环境	3.00	1.25	2 > 3 > 1
硕士		3.40	0.81			3.47	0.87	
博士		3.19	0.82			3.34	0.66	
学士	教师	3.17	2.02	2 > 3 > 1	教育者	4.00	1.00	2 > 3 = 1
硕士		3.57	0.75			4.18	0.49	
博士		3.28	0.79			4.00	0.55	
学士	教学反馈	4.17	0.76	1 > 2 > 3				
硕士		3.93	0.80					
博士		3.73	0.69					
学士	教学目的	3.00	1.80	2 > 3 > 1				
硕士		3.67	0.70					
博士		3.45	0.73					

7. 教师课程思政教育有效性和实效性的政治面貌差异

对高校教师课程思政教育有效性的政治面貌差异进行单因素方差分析，如表 4-55 所示。在教学环境、学生、教师、教学反馈维度，中共党员的课程思政教育有效性高于群众；在教学方法、教学目的维度，群众的课程思政教育有效性高于中共党员。

对高校教师课程思政教育实效性的政治面貌差异进行单因素方差分析，如表 4-55 所示。在所有维度上，均是群众的课程思政教育实效性高于中共党员。

表 4-55　高校教师课程思政有效性、实效性的政治面貌差异

政治面貌	有效性				实效性			
	维度	均值	标准差	组间比较	维度	均值	标准差	组间比较
群众	教学方法	3.42	0.71	1 > 2	教学途径	3.55	0.65	1 > 2
中共党员		3.23	0.41			3.22	0.29	
群众	教学环境	3.12	0.91	2 > 1	受教育者	3.61	0.62	1 > 2
中共党员		3.25	0.61			3.40	0.46	
群众	学生	3.00	0.99	2 > 1	教学环境	3.79	0.80	1 > 2
中共党员		3.25	0.00			3.38	0.77	
群众	教师	3.35	0.91	2 > 1	教育者	4.07	0.59	1 > 2
中共党员		3.42	0.74			3.80	0.47	
群众	教学反馈	3.67	0.85	2 > 1				
中共党员		3.81	0.52					
群众	教学目的	3.44	0.78	1 > 2				
中共党员		3.33	0.68					

8. 教师课程思政教育有效性和实效性的专业差异

对高校教师课程思政教育有效性的专业差异进行单因素方差分析，如表 4-56 所示。在教学方法维度，课程思政教育有效性由高到低排序为：其他类别 > 文史类 > 艺术体育类 > 理工类；在教学环境维度，课程思政教育有效

性由高到低排序为:其他类别 > 文史类 > 理工类 > 艺术体育类;在学生维度,课程思政教育有效性由高到低排序为:其他类别 > 艺术体育类 > 文史类 > 理工类;在教师维度,课程思政教育有效性由高到低排序为:艺术体育类 > 文史类 > 理工类 > 其他类别;在教学反馈维度,课程思政有效性由高到低排序为:艺术体育类 > 其他类别 > 文史类 > 理工类;在教学目的维度,课程思政教育有效性由高到低排序为:艺术体育类 > 其他类别 > 文史类 > 理工类。

对高校教师课程思政教育实效性的专业差异进行单因素方差分析,如表4-56所示。在教育途径维度,课程思政教育实效性由高到低排序为:艺术体育类 > 其他类别 > 文史类 > 理工类;在受教育者维度,课程思政教育实效性由高到低排序为:艺术体育类 > 其他类别 > 文史类 > 理工类;在教育环境维度,课程思政教育实效性由高到低排序为:文史类 > 其他类别 > 理工类 > 艺术体育类;在教育者维度,课程思政教育实效性由高到低排序为:其他类别 > 艺术体育类 > 文史类 > 理工类。

表4-56 高校教师课程思政有效性、实效性的专业差异

专业	有效性				实效性			
	维度	均值	标准差	组间比较	维度	均值	标准差	组间比较
文史类	教学方法	3.38	0.81	4 > 1 > 3 > 2	教育途径	3.56	0.64	3 > 4 > 1 > 2
理工类		3.23	0.76			3.30	0.61	
艺术体育类		3.25	0.53			3.70	0.28	
其他类别		3.54	0.69			3.57	0.71	
文史类	教学环境	3.16	0.91	4 > 1 > 2 > 3	受教育者	3.64	0.67	3 > 4 > 1 > 2
理工类		3.07	0.61			3.37	0.45	
艺术体育类		3.00	0.00			4.00	0.28	
其他类别		3.25	1.07			3.94	0.49	
文史类	学生	3.24	0.83	4 > 3 > 1 > 2	教育环境	3.41	0.72	1 > 4 > 2 > 3
理工类		3.21	0.57			3.11	0.78	
艺术体育类		3.25	0.35			2.88	0.18	
其他类别		3.50	0.98			3.34	0.98	

表 4 - 56(续)

专业	有效性				实效性			
	维度	均值	标准差	组间比较	维度	均值	标准差	组间比较
文史类	教师	3.37	0.80	3>1>2>4	教育者	4.05	0.55	4>3>1>2
理工类		3.36	1.14			3.83	0.55	
艺术体育类		4.00	0.71			4.20	0.00	
其他类别		3.32	0.85			4.23	0.57	
文史类	教学反馈	3.79	0.74	3>4>1>2				
理工类		3.71	0.39					
艺术体育类		4.00	0.00					
其他类别		3.96	0.87					
文史类	教学目的	3.53	0.71	3>4>1>2				
理工类		3.07	1.06					
艺术体育类		3.75	0.35					
其他类别		3.61	0.90					

第四节　课程思政教育的实施成效

一、大学生思想认知

本书在高校课程思政教育学生满意度问卷中设置了3个问题来衡量课程思政给学生带来的思想认知变化情况。A22"对学校'课程思政'实践教学中学习风气和氛围、课堂质量、学术经历、整体收获的满意度"、A23"与预期相比较,对学校'课程思政'实践教学中学习风气和氛围、课堂质量、学术经历、整体收获的满意度"、A24"与理想状况相比,对学校'课程思政'实践教学中学习风气和氛围、课堂质量、学术经历、整体收获的满意度"。

在问卷中,A22"对学校'课程思政'实践教学中学习风气和氛围、课堂质量、学术经历、整体收获的满意度"这一问题的分布,如表4-57所示。"很不满意"的人数为4,占比1.80%;"不满意"的人数为10,占比4.50%;"一般"的人数为57,占比25.90%;"满意"的人数为111,占比50.50%;"很满意"的人数为 38,占比 17.30% 。从数据来看,大部分学生对于教师的课程思政效果评价都是集中在"一般"和"满意",且这一问题的均值为 3.77,这说明学生学校'课程思政'实践教学中学习风气和氛围、课堂质量、学术经历、整体收获的满意度属于中等偏高水平,说明高校的课程思政效果较好,不管是在调动学生学习积极性还是教师的授课质量上,都是比较成功的。

表 4 –57 课程思政教育对大学生的思想认知影响

项目	分数	人数	占比/%	平均值
A22	1	4	1.80	3.77
	2	10	4.50	
	3	57	25.90	
	4	111	50.50	
	5	38	17.30	
A23	1	5	2.30	3.79
	2	7	3.20	
	3	58	26.40	
	4	109	49.50	
	5	41	18.60	
A24	1	5	2.30	3.75
	2	9	4.10	
	3	58	26.40	
	4	112	50.90	
	5	36	16.40	

在问卷中,A23"与预期相比较,对学校'课程思政'实践教学中学习风气和氛围、课堂质量、学术经历、整体收获的满意度"这一问题的分布,如表 4 –57 所示。"很不满意"的人数为 5,占比 2.30%;"不满意"的人数为 7,占比 3.20%;"一般"的人数为 58,占比 26.40%;"满意"的人数为 109,占比 49.50%;"很满意"的人数为 41,占比 18.60% 。从数据来看,大部分学生对于教师的课程思政效果评价都是集中在"一般"和"满意",这说明与预期相

比较,学生对学校课程思政实践教学中学习风气和氛围、课堂质量、学术经历、整体收获的满意度属于中等偏高水平,且这一问题的均值为 3.79,高于对学校课程思政实践教学中学习风气和氛围、课堂质量、学术经历、整体收获的满意度,这表明高校的课程思政实践已经在很大程度上满足了学生的预期,学生的满意度高也可以说明其在课程思政中的收获颇丰,并且对教师的教学内容、教学方式都是认可的。

在问卷中,A24"与理想状况相比,对学校'课程思政'实践教学中学习风气和氛围、课堂质量、学术经历、整体收获的满意度"这一问题的选项比例分布,如表 4 - 57 所示。"很不满意"的人数为 5,占比 2.30% ;"不满意"的人数为 9,占比 4.10% ;"一般"的人数为 58,占比 26.40% ;"满意"的人数为 112,占比 50.90% ;"很满意"的人数为 36,占比 16.40% 。从数据来看,大部分学生对于教师的课程思政效果评价都是集中在"一般"和"满意",且这一问题的均值为 3.75,这说明与理想状况相比,学生对学校课程思政实践教学中学习风气和氛围、课堂质量、学术经历、整体收获的满意度属于中等偏高水平,但是由于不同教师教学水平不同、学校教学环境有限、生源质量参差不齐等一系列客观问题的存在,学校课程思政实践教学效果与理想状态比,还有很大提升空间。

二、大学生行为倾向

(一)课堂参与情况

本书在高校课程思政教育学生满意度问卷中设置了 5 个问题来衡量学生的课程思政参与情况。A11"课程思政实践教学中参与提问或讨论的频率与水平"、A12"'课程思政'实践教学中回答/思考问题的频率与水平"、A13"您认为'课程思政'实践教学中进行课程汇报的频率与水平"、A18"您课堂上与同学合作完成'课程思政'实践教学相关任务的频率与水平"、A19"您与同学交流对'课程思政'某一主题看法的频率与水平"。

问卷中 A11"课程思政实践教学中参与提问或讨论的频率与水平"这一问题的分布,如表 4 -58 所示。在 1 ~5 的水平内,有 6 位学生打分为 1,占比 2.70% ;有 12 位学生打分为 2,占比 5.50% ;有 61 位学生打分为 3,占比

27.70%；有 104 位学生打分为 4，占比 47.30%；有 37 位学生打分为 5，占比 16.80%。其中选项 1 和 2 占比最低，占比最高的是 3 和 4 两项，且总样本的均值为 3.70。由此看来，学生在课程思政实践教学中参与提问或讨论的频率与水平较高，但仍有 8.20% 的学生参与的频率非常少，这说明还有一些学生在课堂上参与的机会较少，导致学生满意度较低，因此仍需要教师在课程设计、教学方法上予以调整，让学生有更多参与课堂讨论的机会，让学生作为课堂上的主体角色，调动课堂氛围，有利于提高课程思政的实践效果。

表 4 - 58　大学生参与课程思政教育的状况

项目	分数	人数	占比/%	平均值
A11	1	6	2.70	3.70
	2	12	5.50	
	3	61	27.70	
	4	104	47.30	
	5	37	16.80	
A12	1	6	2.70	3.65
	2	9	4.10	
	3	69	31.40	
	4	107	48.60	
	5	29	13.20	
A13	1	3	1.40	3.83
	2	6	2.70	
	3	58	26.40	
	4	112	50.90	
	5	41	18.60	
A18	1	8	3.60	3.60
	2	21	9.50	
	3	62	28.20	
	4	90	40.90	
	5	39	17.70	

表 4 –58（续）

项目	分数	人数	占比/%	平均值
A19	1	3	1.40	3.79
	2	9	4.10	
	3	68	30.90	
	4	92	41.80	
	5	48	21.80	

问卷中 A12"'课程思政'实践教学中回答/思考问题的频率与水平"这一问题的分布,如表 4 –58 所示。在 1~5 的水平内,有 6 位学生打分为 1,占比 2.70%;有 9 位学生打分为 2,占比 4.10%;有 69 位学生打分为 3,占比 31.40%;有 107 位学生打分为 4,占比 48.60%;有 29 位学生打分为 5,占比 13.20%。其中选项 1 和 2 占比最低,占比最高的是 3 和 4 两项,且总样本的均值为 3.65。由此看来,学生在课程思政实践教学中回答/思考问题的频率与水平较高,但仍有部分学生认为自己并没有融入课堂,缺少参与感,这部分学生占 6.80%,因此这就需要教师在课堂上多调动学生的积极性,激发学生主动发言的欲望,可以准备一些课后问题让学生课下思考,使学生真正参与到课堂活动中来,这样学生的收获会更多,课程实践也会达到预期效果。

问卷中 A13"您认为'课程思政'实践教学中进行课程汇报的频率与水平"这一问题的分布,如表 4 –58 所示,在 1~5 的水平内,有 3 位学生打分为 1,占比 1.40%;有 6 位学生打分为 2,占比 2.70%;有 58 位学生打分为 3,占比 26.40%;有 112 位学生打分为 4,占比 50.90%;有 41 位学生打分为 5,占比 18.60%。其中选项 1 和 2 占比最低,占比最高的是 3 和 4 两项,且总样本的均值为 3.83。由此看来,学生在课程思政实践教学中进行课程汇报的频率与水平较高。

问卷中 A18"您课堂上与同学合作完成'课程思政'实践教学相关任务的频率与水平"这一问题的分布,如表 4 –58 所示。在 1~5 的水平内,有 8 位学生打分为 1,占比 3.60%;有 21 位学生打分为 2,占比 9.50%;有 62 位学生打分为 3,占比 28.20%;有 90 位学生打分为 4,占比 40.90%;有 39 位学生打分为 5,占比 17.70%。其中选项 1 和 2 占比最低,占比最高的是 3 和 4 两项,且总样本的均值为 3.60。由此看来,学生在课堂上与同学合作完成课程思政实践教学相关任务的频率与水平较高。

问卷中 A19"您与同学交流对'课程思政'某一主题看法的频率与水平"这一问题的分布,如表 4 - 58 所示,在 1~5 的水平内,有 3 位学生打分为 1,占比 1.40%;有 9 位学生打分为 2,占比 4.10%;有 68 位学生打分为 3,占比 30.90%;有 92 位学生打分为 4,占比 41.80%;有 48 位学生打分为 5,占比 21.80%。其中选项 1 和 2 占比最低,占比最高的是 3 和 4 两项,且总样本的均值为 3.79。由此看来,学生与同学交流对课程思政某一主题看法的频率与水平较高。

(二)课下实践情况

本书在高校课程思政教育学生满意度问卷中设置了 4 个问题来衡量学生的课程思政课下实践情况。A15"您与辅导员、教师等平等讨论职业计划的频率与水平"、A16"您与辅导员、教师等平等讨论人生观、价值观的频率与水平"、A20"您认为同学间互相检查和评估'课程思政'学习结果正确性的频率与水平"、A21"您课后与同学参与课程思政实践教学的频率与水平"。

问卷中 A15"您与辅导员、教师等平等讨论职业计划的频率与水平"这一问题的分布,如表 4 - 59 所示。在 1~5 的水平内,有 14 位学生打分为 1,占比 6.40%;有 25 位学生打分为 2,占比 11.40%;有 71 位学生打分为 3,占比 32.30%;有 76 位学生打分为 4,占比 34.50%;有 34 位学生打分为 5,占比 15.50%。其中 1 和 2 两项占比共 17.80%,总样本的均值为 3.41。

问卷中 A16"您与辅导员、教师等平等讨论人生观、价值观的频率与水平"这一问题的分布,如表 4 - 59 所示。在 1~5 的水平内,有 16 位学生打分为 1,占比 7.30%;有 31 位学生打分为 2,占比 14.10%;有 74 位学生打分为 3,占比 33.60%;有 65 位学生打分为 4,占比 29.50%;有 34 位学生打分为 5,占比 15.50%。其中 1 和 2 两项占比共 21.40%,总样本的均值为 3.32。

问卷中 A20"您认为同学间互相检查和评估'课程思政'学习结果正确性的频率与水平"这一问题的分布,如表 4 - 59 所示。在 1~5 的水平内,有 10 位学生打分为 1,占比 4.50%;有 17 位学生打分为 2,占比 7.70%;有 65

位学生打分为 3,占比 29.50%;有 82 位学生打分为 4,占比 37.30%;有 46 位学生打分为 5,占比 20.90%。其中 1 和 2 两项占比共 12.20%,总样本的均值为 3.62。

表 4-59　大学生课程思政教育的实践状况

项目	分数	人数	占比/%	平均值
A15	1	14	6.40	3.41
	2	25	11.40	
	3	71	32.30	
	4	76	34.50	
	5	34	15.50	
A16	1	16	7.30	3.32
	2	31	14.10	
	3	74	33.60	
	4	65	29.50	
	5	34	15.50	
A20	1	10	4.50	3.62
	2	17	7.70	
	3	65	29.50	
	4	82	37.30	
	5	46	20.90	
A21	1	10	4.50	3.55
	2	23	10.50	
	3	63	28.60	
	4	85	38.60	
	5	39	17.70	

　　问卷中 A21"您课后与同学参与课程思政实践教学的频率与水平"这一问题的分布,如表 4-59 所示。在 1~5 的水平内,有 10 位学生打分为 1,占

比 4.50%；有 23 位学生打分为 2，占比 10.50%；有 63 位学生打分为 3，占比 28.60%；有 85 位学生打分为 4，占比 38.60%；有 39 位学生打分为 5，占比 17.70%。其中 1 和 2 两项占比共 15.00%，总样本的均值为 3.55。

课程思政实践目标的达成体现为学生在上完课后可以深刻领会教师在课上讲到的思政教育元素，并做到在实践中时时刻刻自觉践行。但是从目前的学生课下活动频率来看，课程思政的效果仍没有达到预期，这可能是由于当前的课程思政实践过程中，教师将更多精力放在授课内容、授课方式上，更多关注课上思政知识点"讲什么""讲没讲""怎么讲"，一定程度上忽视了学生之间的差异，忽视了对学生价值观引导的结果。这种情况下，教师难以与学生达成情感认同，进而会影响到课程思政教育的有效性和实效性。

三、教师课程思政素养

"课程思政"就是寓价值观于知识传授过程之中，要求其他各类课程挖掘自身的思想政治教育元素，将思想政治教育资源与专业知识结合起来，用专业知识中的思想政治教育元素去感染大学生，引导他们将事实判断转化为价值判断，在大是大非面前保持清醒，坚定政治方向，用正确的价值观去判断、分析和解决问题。在教育理念上，教师不应该只注重向学生传授专业知识，要擅长引导学生对事件形成自己的价值判断[①]。

在高校中，课堂教学是实施课程思政的主要渠道，因此高校学生和用人单位对课程思政满意度评价是课程思政开展情况的重要指标。本书在高校课程思政教育的有效性和实效性调查问卷中设置了两个问题："您认为学生满意度高低""您认为用人单位对您的满意度高低"，以此来衡量教师的课程思政效果，而确保课程思政达到预期效果又是提升教师课程思政素养的最终目的，因此学生和用人单位对课程思政效果满意度评价可以很大程度上衡量教师的思政素养。

在问卷中，"您认为学生满意度高低"这一问题的分布，如表 4-60 所示。"很不满意"的人数为 0，占比 0%；"不满意"的人数为 5，占比 4.90%；

---

① 杨金铎. 中国高等院校"课程思政"建设研究[D]. 长春：吉林大学，2021. DOI：10. 27162/d. cnki. gjlin. 2021.000167.

"一般"的人数为28,占比27.50%;"满意"的人数为51,占比50.00%;"很满意"的人数为18,占比17.60%。从数据来看,大部分学生对于教师的课程思政效果评价都集中在"一般"和"满意",且这一问题的均值为3.80,这说明学生对课程思政满意度属于中等偏高水平,表明教师的思政素质较高,可以保障课程思政的效果。

表4-60 大学生和用人单位对教师的满意度情况

项目	分数	人数	占比/%	平均值
学生满意度	1	0	0	3.80
	2	5	4.90	
	3	28	27.50	
	4	51	50.00	
	5	18	17.60	
用人单位满意度	1	0	0	3.76
	2	4	3.90	
	3	30	29.40	
	4	54	52.90	
	5	14	13.76	

在问卷中,"您认为用人单位对您的满意度高低"这一问题的分布,如表4-60所示。"很不满意"的人数为0,占比0%;"不满意"的人数为4,占比3.90%;"一般"的人数为30,占比29.40%;"满意"的人数为54,占比52.90%;"很满意"的人数为14,占比13.70%。这一问题的均值为3.76。从数据来看,用人单位对于教师的课程思政情况满意度属于中等偏上水平。

课程思政效果好坏取决于教师自身的思想政治素质,因此这两个问题的数据足以说明教师的思政素质水平普遍较高。

由于学生和用人单位的评价具有主观因素,为解决这一问题,在高校课程思政教育的有效性和实效性调查问卷中,本书又专门设计了几个能够体现教师思政素养的指标,通过对学生在课程思政教育后的认知、价值、实践的效果来代表教师思政素养,具体的问卷数据描述性统计如表4-61所示。

表4-61 学生的认知、价值、实践效果情况

项目	分数	人数	占比/%	平均值
认知效果	1	2	2.00	3.53
	2	7	6.90	
	3	38	37.30	
	4	45	44.10	
	5	10	9.80	
价值效果	1	1	1.00	3.62
	2	9	8.80	
	3	32	31.40	
	4	46	45.10	
	5	14	13.70	
实践效果	1	1	1.00	3.54
	2	7	6.90	
	3	42	41.20	
	4	40	39.20	
	5	12	11.80	

在问卷中,我们用"您认为您课程给学生带来知识量增加和知识结构变化的程度高低"这一问题来代表课程思政对学生的认知效果。如表4-61所示,分数为1的教师有2人,占比2.00%;分数为2的教师有7人,占比6.90%;分数为3的教师有38人,占比37.30%;分数为4的教师有45人,占比44.10%;分数为5的教师有10人,占比9.80%。这一问题的均值为3.53。从数据来看,课程给学生带来知识量增加和知识结构变化的程度处于中等偏上水平,但是仍需教师通过提升自己的专业能力、思政素养及适当调整教学方法来进一步提升课程思政实践效果。

在问卷中,我们用"您认为您课程给学生带来思想、态度和价值观念的

变化程度的高低"这一问题来代表课程思政对学生的价值效果。如表4-61所示,分数为1的教师有1人,占比1.00%;分数为2的教师有9人,占比8.80%;分数为3的教师有32人,占比31.40%;分数为4的教师有46人,占比45.10%;分数为5的教师有14人,占比13.70%。这一问题的均值为3.62。从数据来看,课程给学生带来思想、态度和价值观念的变化程度处于中等偏上水平,这就需要在课程设计时,任课教师不断增加自己的传统文化和思政文化知识储备,学校应组织教师进行系统性培养进修,使得教师在授课过程中可以更加游刃有余地将专业知识和思政元素融合在一起并生动地讲授给学生,这样课程思政的效果会更好①。

在问卷中,我们用"您认为您课程给学生言语及行为层面上带来变化的程度高低"这一问题来代表课程思政对学生的实践效果。如表4-61所示,分数为1的教师有1人,占比1.00%;分数为2的教师有7人,占比6.90%;分数为3的教师有42人,占比41.20%;分数为4的教师有40人,占比39.20%;分数为5的教师有12人,占比11.80%。这一问题的均值为3.54。从数据来看,课程给学生言语及行为层面上带来变化的程度处于中等偏上水平,要贯彻落实"三全育人"的教育理念,就要让学生在课堂上学懂学透,并在课下学以致用,课程思政通过课上有限的时间向学生传授思政知识,课下学生应该做到知信行三位一体,并在日常学习生活中做到融会贯通。这样一来,也对教师的思想政治素质提出更高的要求,当在刚开始实施课程思政时会觉得"书到用时方恨少",这时就需要"书山有路勤为径",在经过一段时间努力与实践便会"腹有诗书气自华"。由此可见,学生的践行能力也是一样需要经历这样的三个过程方能有质的飞跃②。

① 陈艳梅,李存国,都三强.立德树人视域下高校课程思政建设理论内涵与实践探索:以《创新创业基础》为例[J].产业与科技论坛,2022,21(5):168-170.
② 汪庆辉.中外合作办学体育教育专业"课程思政"建设的现状与优化路径研究[D].长沙:湖南师范大学,2021.

第五节　本　章　小　结

　　本章通过调查问卷数据分析了高校课程思政教育的实施状况。首先,描述统计教师和学生的基本情况,从教师课程思政综合素质、教师课程思政信源效果两方面分析教师的课程思政素养状况,教师自身的课程思政综合素质较高,教师的课程思政信源效果也属于中等偏上水平,学生的信服程度较高,对实施效果有极大的促进作用。其次,从学校形象、价值感知、生师互动、生生互动、学生期望 5 个方面分析学生对课程思政教育的满意度情况,总体来看,学生对课程思政教育的满意度属于中等偏上水平,同时,比较分析不同教师和学生群体的课程思政教育状况表明,师生课程思政教育具有显著群体差异。最后,从大学生思想认知、大学生行为倾向、教师课程思政素养 3 个方面分析课程思政教育的实施成效。总的来说,课程思政教育对学生的思想认知和行为倾向的影响都是非常显著的,且高校教师的思政素质较高,可以保障课程思政教育的有效实施。

第五章 高校课程思政教育的
影响因素实证分析

高校课程思政教育影响因素分析是提出高校课程思政教育引导策略的重要依据。本章将从理论和实证两个方面，对高校课程思政教育的影响因素展开多维度分析。第一部分是高校课程思政教育影响因素的理论分析，主要从教师因素、学生因素、高校因素、社会因素四个维度深入讨论高校课程思政教育影响因素的来源。第二部分是高校课程思政教育影响因素的实证分析，通过模型构建，采用多元线性回归对问卷数据进行分析，得出各个变量与高校课程思政教育之间的关系。第三部分是根据理论分析和实证分析的结果，分析当前阶段高校课程思政教育存在的主要问题，为课程思政引导策略指明方向。

第一节 高校课程思政教育影响因素的定性分析

教师是课程思政教育的设计者，决定着教学进度、教学方法、学生的学习方法，所以分析影响课程思政教育有效性和实效性的因素需要对教师因素进行分析。因此在教师因素中，本书主要从教学理念、教学方式和教学内容三个方面来考察其对课程思政教育有效性和实效性的影响作用。

一、教师因素

（一）教育理念存在偏差

教师的教育理念与教育实践之间的关系在本质上和哲学上的"认识"与"实践"之间的关系是相似的。教师的教育理念指导着教育实践的发展，反过来,教师的教育实践也会促进教育理念的更新。因此,不科学的课程思政教育理念会严重影响课程思政教育的有效性和实效性。实际上,课程思政是一种课程教育理念。它要求各类课程以立德树人为价值指引,通过挖掘、提炼课程内蕴的家国情怀、社会责任、伦理规范、科学和人文精神等思想政治教育资源,实现知识传授与价值引领的有机统一,进而构建各类课程与思政课程同向同行、多方协同的全员、全程、全方位的育人格局①。近年来,各高校在课程思政建设上取得了一定的阶段性成果,但是在课程思政教育建设的过程中,教师的教育理念出现了"一体化""显性化""标签化""功利化"的倾向②。

第一,"一体化"是指将课程思政与"思想政治理论课"作为一个统一的整体,同时将"思想政治理论课"作为课程思政的一部分。这种做法实际上会产生弱化思想政治课的作用,探索错误、片面地理解了习近平总书记提出的"要用好课堂教学这个主渠道"③,忽略了思政课程的独特地位和作用,从而导致课程思政和思政课程地位的偏差,因此这种教学理念与现实情况存在偏差,不利于课程思政教育的发展。

第二,"显性化"是指思政教师将具体学科中的"思政教育"元素梳理出来,之后由教师在讲课的过程中向学生讲解,这种做法的后果就是各种课程带有很强的"思想政治课"倾向,不利于学生接受,从而影响教师课程思政的有效性和实效性。这种做法忽略了课程思政与"思政政治理论课"的作用机制,课程思政的作用机制应是"隐性化"的,"思想政治课"的作用机制应是"显性化"的,"一隐一显",才能不喧宾夺主,促进学生德育的成长。

第三,"标签化"是将课程思政看作"赶时髦",根据其他高校的成功经验,不结合自身实际情况,一味地机械化模仿,导致课程思政的同质化,缺乏课程思政创新元素,这种做法的结果就是造成人力物力的浪费,教师课程思政的有效性和实效性降低。

---

① 张正光,张晓花,王淑梅."课程思政"的理念辨误、原则要求与实践探究[J].大学教育科学,2020(6):52-57.

② 赵继伟."课程思政":涵义、理念、问题与对策[J].湖北经济学院学报,2019,17(2):114-119.

③ 习近平在全国高校思想政治工作会议上强调:把思想政治工作贯穿教育教学全过程 开创我国高等教育事业发展新局面[N].人民日报,2016-12-09(1).

第四,"功利化"是部分高校过分重视智育,忽略德育的重要性。因此,课程思政教育就处在一个尴尬的位置,即"说起来重要,做起来次要,忙起来不要"。在这种功利化教育思想的影响下,学生不仅得不到合适的思政教育,还得不到必要的法治教育,最终导致学生丧失对课程思政教育的兴趣①。

从以上内容可以看出,教师的课程思政教育理念存在偏差,会给课程思政教育的有效性和实效性带来了负面影响。

(二)教学方式不合理

教学方式也是提升课程思政教育有效性和实效性的关键变量,教学方式与教学内容之间是存在逻辑上的辩证关系的。也就是说,合理的教学方式会促进教学内容的讲授,让学生们易于接受,从而提升了课程思政教育的有效性和实效性。

第一,"灌输型"教学方式限制了课程思政教学内容的发挥。高校经常采用各种报告、宣讲等方式,向学生灌输思政知识,促进学生思想和行为方面转变②。这种方法将学生当成了知识的"容器",学生在这一过程中被动地接受"思政教育"知识。同时,理论本身通常枯燥无味,缺乏吸引力,如果单凭教师在课堂上的讲授,会放大理论乏味的特征,使学生们的学习兴趣和学习热情受到消极影响,学习效果自然会事倍功半③,从而导致课程思政教育的有效性和实效性的降低。

第二,多媒体教学的效能低。课程思政教学最大的特点就是与时俱进,时时有更新,事事有更新。教师的教学方法更应该随着时代的进步而更新,但是在面对技术进步的今天,教师使用多媒体技术存在懈怠现象④。对于新媒体技术使用的程度低,在一定程度上,会导致课程内容不能及时更新,无法为学生更好地把握目前的形势提供便利条件,导致课程思政教学的有效性和

---

① 王超超.高中思想政治课堂教学有效性研究[D].曲阜:曲阜师范大学,2021.

② 唐凌,龙汉武.大学生思想政治教育实效性的主要影响因素模型[J].西华师范大学学报(哲学社会科学版),2005(6):132－134.

③ 庄雷,李娟.大数据背景下高职院校思政课教学存在的问题及对策探索[J].法制与社会,2019(7):190－191,196.

④ 许忆晓.多媒体技术应用于中学思想政治课堂教学的有效性研究[D].岳阳:湖南理工学院,2020.

实效性降低。除此之外,虽然部分教师用 PPT 作为教学工具代替了传统的黑板、粉笔教学,但是在这一过程中,也暴露出无法有效利用多媒体"音、像、图"的优势,进而发挥促进学生思考的效果①。也就是说,教师对新媒体技术的掌握程度不够高,造成被新媒体技术支配的情况,同时还有可能导致分散学生的注意力,丢失了课程思政教学的"主动权",从而造成教学方式的低效能,最终的结果会导致课程思政教育有效性和实效性的降低,达不到新媒体技术教学的预期效果。

第三,"一言堂"的传统授课方式导致学生的获得感降低。"一言堂"的传统授课方式主要体现在两个方面:一是,教师作为课堂的主导者,其作用被过分夸大。这种授课方式维护了教师的权威。同时,对教学活动中师生交流的重要程度关注不够,并且教学效果在很大程度上取决于教师的个人知识储备水平,教学成果的产出无法得到有效保证。二是,学生同样作为课堂的重要主体,其主体地位并未得到充分承认。在"一言堂"的传统授课方式下,教师扮演着知识传授者的角色,学生扮演知识接受者的角色;教学设计以"怎么教"为核心,而不是以学生为核心。因对师生交流的重要程度关注不够导致师生交流较少,进而导致学生缺乏主动性和学习的热情,一味地被动接受知识②。因此,通过这种授课方式获得的知识是不会深入人心的,并且教师的授课方式会影响教师课程思政教学方式,在这种影响下,教师课程思政教育的有效性和是实效性也会受到消极影响。

(三)教学内容设置不合理

教学方式与教学内容的第二层辩证关系是优质的教育内容对教学方式起决定性作用,教学内容对教学方式具有促进性的作用。所以只要教学内容高质量,教学方式才有意义,否则教学方式再好,也不能让低质量的教学内容产生意义。

第一,课程思政教学内容的比例低。据相关研究,高校教师80%是专业

① 庄雷,李娟.大数据背景下高职院校思政课教学存在的问题及对策探索[J].法制与社会,2019(7):190-191,196.
② 曹寒雨.多媒体技术运用于中学思想政治课堂中的实效性分析[D].开封:河南大学,2016.

课教师,80% 的课程是专业课,学生学习时间 80% 用于专业学习①。从以上数据可以看出,专业课和学生学习时间的比例都是 80%,只有 20% 留给课程思政教学和其他活动,课程思政教学实践占课程总体时间的比例很低。在这种情况下,各任课教师只有将课程思政内容和专业课程进行深度结合,才能在课程思政教学时间受限的基础上,实现学科教育与课程思政教育共同发挥应有的效能,实现教育的"育人"本质②。

第二,课程思政教学内容的深度不够。在知识社会学的视野中,从来不会存在纯粹的知识③。具体来说,每一门具体学科都有隐藏的价值观念,教师应该努力挖掘专业教育价值理念与课程思政教学共同的价值追求,并将其有机结合起来。课程思政教学内容的深度不够主要体现在以下两个方面:一是,教师教学思维固化,局限于对具体学科专业知识的钻研,对学生的健康成长和道德品质的培养关注度不够。二是,部分任课教师思政要素融入能力薄弱④。因此,专业课只是获得知识的手段,而不是育人的手段,如果专业课教师只顾专业知识的讲解,不是价值观念引导,就违背了"教育的目的是育人,教育只是手段"的本意,其课程也是缺乏深度的,因为学生不是工具。

第三,课程思政教学内容缺乏热度。课程思政教学最重要的特点就是与时俱进,因此课程思政教学的内容应该紧贴当前时事。但是在目前课程思政教学中出现了滞后性的问题,具体可以体现在,教师在制作某课件以后,就不再随时间推移同步课件内容,导致课程内容远离实际,学生的积极性自然减弱⑤。同时,新时代的学生有着多样化的需求,但高校的课程思政教育目标未能充分考虑学生的个性,这就造成课程思政教育目标缺乏针对性和层次性,导致高校课程思政教育发展缺乏时代性⑥。因此,课程思政教学内容的滞后性就导致了课程思政教学远离实践、远离学生实际、缺乏亲和力、不易于

---

① 万玉凤,梁丹.教育部全面推进高校课程思政建设[N].中国教育报,2020 – 6 – 6(3).
② 杨金铎.中国高等院校"课程思政"建设研究[D].长春:吉林大学,2021.
③ 刘猛.意识形态与中国教育学:走向一种教育学的社会学研究[M].南京:南京师范大学出版社,2008.
④ 杨金铎.中国高等院校"课程思政"建设研究[D].长春:吉林大学,2021.
⑤ 许忆晓.多媒体技术应用于中学思想政治课堂教学的有效性研究[D].岳阳:湖南理工学院,2020.
⑥ 唐凌,龙汉武.大学生思想政治教育实效性的主要影响因素模型[J].西华师范大学学报(哲学社会科学版),2005(6):132 – 134.

接受。最终的结果就是降低学生们的获得感,从而导致教师课程思政教育有效性和实效性降低。

二、学生因素

学生是课程思政教育接受过程中最为重要的组成部分,是接受过程最终的落脚点①。学生的思维方式、个体需要、理解能力深刻影响着学生对课程思政教育的接受程度,直接影响了课程思政教育的学生满意度,间接影响课程思政教育的有效性和实效性。

(一)思维方式短视化

大学生思维方式短视化影响课程思政教育的整个过程。一是,在课程思政教育开始前,由于认知模糊,混淆课程思政和思政课程。二是,在课程思政教育进行中,未能看到课程思政和思政课程之间存在着相互促进的关系。三是,在课程思政教育结束后,思维怠惰,不及时思考、总结课程思政教育的内容。总之,大学生思维方式的短视化会降低课程思政教育的有效性和实效性。

第一,认知模糊。认知模糊是指大学生对课程思政和思政课程的认知模糊,分不清课程思政与"思想政治理论课"之间的区别,将课程思政与"思想政治理论课"作为"一回事"。再加上学生本就对思想政治理论课不感兴趣,造成部分大学生对课程思政教育同样不感兴趣,甚至排斥课程思政教育,因为他们认为专业课只教专业知识,思想政治理论课只传授思想政治理论课知识,课程思政是将专业课讲成了思政课②。这种想法没有看到课程思政教育与思想政治理论课之间的本质区别,即教育理念与理论课程之间的区别③。因此,在这种认知模糊的情况下,部分学生的学习兴趣会降低,从而会造成课程思政教育的有效性和实效性降低。

第二,大学生对课程思政与"思想政治理论课"之间的辩证关系缺乏深刻认识。据相关研究,部分大学生对于课程思政报以排斥的态度,认为课程

① 王鑫.大学生接受思想政治教育影响因素的实证研究[D].哈尔滨:哈尔滨工程大学,2012.
② 杨金铎.中国高等院校"课程思政"建设研究[D].长春:吉林大学,2021.
③ 王明慧.高校课程思政建设的现状及对策研究[D].曲阜:曲阜师范大学,2020.

思政会降低专业课的教学质量,同时认为课程思政"因小失大",应加强思想政治理论课的课堂氛围,而不是将课程思政元素融入专业课。以上两种观点折射出部分大学生思维方式短视化的问题,对课程思政教学理念缺乏深刻理解,导致其误判了课程思政与"思想政治理论课"之间的关系,将二者看作彼竭我盈的关系,而不是相得益彰的关系①。只看到了专业教学的有用性,没有看到课程思政教学育人的属性,这才是真正的"因小失大"。在这种思想的引导下,学生轻视了课程思政的作用,并且将专业课与"思想政治理论课"看作是相互独立的,各有其应有的作用,而忽略了二者之间存在着相互促进的联系,导致学生认为专业课与"思想政治理论课"不能混杂,否则会导致教学效能的降低,最终的结果就是教师课程思政教育有效性和实效性的降低。

第三,思维方式存在惰性。思维方面的懈怠,主要有以下三种后果:一是,缺乏对相关问题思考的主动性;二是,缺乏对周边事物变化敏感性;三是,缺乏总结能力。据相关研究,调查问卷显示,有10.87%的学生在"您认为公共体育课程中有思想政治教育的内容吗?"这一问题上选了"不清楚",有7.66%的学生选了"没考虑过"②。通过这一数据可以看出,将近五分之一的大学生对课程思政教学缺乏思考,在一定程度上,可以反映出学生自身的思维惰性。当然,思维惰性所影响的范围不仅仅局限于公共体育课,而是会贯穿生活的方方面面,甚至是其他学科的课程思政教育。教师课程思政教学是一个双向反馈的过程,在这一过程中,缺少双方任何一个主体的参与都会导致课程教育有效性和实效性的降低。由于思维惰性,学生们在教师进行课程思政的过程中,不愿思考,不会积极主动回答教师提出的问题,导致生师互动中学生主体缺位,从而教师课程思政教学失去了教学对象,课程思政教育的有效性和实效性不显著。

(二)个体需要异化

大学生处在一个主体意识不断增强的年龄阶段,一是,源于教学活动师生关系的变革;二是,大学生对自身价值、需要、能力等本质特征的认识逐渐

① 廖琼.高校课程思政育人实效性研究[D].赣州:江西理工大学,2021.
② 荀丽娟.大理大学公共体育课课程思政研究[D].大理:大理大学,2021.

清晰①。因此，随着主体意识增强，大学生的需要呈现出多元化的特征。大学生的需要主要分为三类：一是学习需要。作为学生，学习是大学生的本职工作，对知识的获取是大学生最为强烈的需要。二是成长需要。大学生需要不断培养自身的综合素质，以期提升自身对社会环境的适应能力，满足毕业后求职应聘的工作要求。三是服从需要。大学生需要尊重规则，只能被动地接受学校既定的安排。然而，部分大学生出现了需求异化的倾向，对课程思政教育的有效性和实效性具有消极的负面影响，具体体现在以下三方面：

第一，学习需要的功利化。在信奉公有物自由的社会，每个人均追求自己的最大利益。部分大学受"物质本位"思想的影响，再加上大学生的价值观体系并未成熟，这就导致大学生养成了功利化的价值观，其学习需要自然受到价值观的影响，带有明显的"功利化色彩"，信仰实用主义，学习的时候只关注对自己未来就业有利的知识，在其他方面的知识投入较少的时间和精力。因此，部分学生认为课程思政教育对他们未来找工作帮助不大。他们认为毕业找工作凭借的是专业能力，而不是思想政治素质，持有这种"功利化学习需要"的学生缺乏对课程思政教育本质的深刻认识，所以在课程思政教学中，受学习需要功利化的影响，对课程思政教育的参与意愿不强，导致课程思政教育的有效性和实效性有所降低。

第二，成长需要的自我本位化②。大学生成长需要的自我本位化导致大学生养成了"一切为自己考虑"的思想观念，只关注和自己有关的事情，再加上受到"学习需要功利化"的影响，这种"自我本位"的思维限制了大学生思考"与自己有关但却认为和自己无关的事情"，也就是说，尽管存在某事和大学生自身密切相关，但是不能为大学生未来找工作或者其他事情提供有效的帮助，这样的事情大学生也不会考虑。因此，这种思想观念导致大学生认为接受思想政治教育不是学生的需要，是党的需要③。大学生从"功利"的角度去看待课程思政教学，而没有从社会、国家的角度去看待课程思政教学。因此，大学生会把课程思政教学所传授的知识当作一般性的知识，并且学习效果也没有其他专业课学习效果那么直接和可视化。所以，教师在课程思政教

---

① 王月.大学生思想政治教育接受心理研究[D].哈尔滨:东北林业大学,2015.

② 刘佳飞.高校思想政治教育接受效果影响因素研究[D].保定:河北大学,2017.

③ 刘建军.接受理论对思想政治教育的启示[J].教学与研究,2000(2):70-74.

学时,学生们会选择性地接受,只听对自己有用的,课程思政的内容会被一部分学生所选择性忽略,教师课程思政教育的有效性和实效性自然而然会受到影响。

第三,服从需要的消极化。高校学生接受思想政治教育时的姿态是被动的,这一点主要体现在高校思想政治理论课是学生们的必修课,学生需要服从学校安排。这种"被动式"接受思想政治教育通过考试的方式会让学生掌握一定程度的思想政治知识,但是通过死记硬背掌握的知识被遗忘的速度也是很快的。当学生们接受课程思政教学时,并且也不需要考试,学生们自主学习思政知识的主动性就降低了,因为学生们在此之前习惯了"被动地"接受知识,并且由"被动地学习"转变为"主动地学习"是非常困难的,因此在这种情况下,课程思政教育的有效性和实效性会大打折扣。

(三)理解能力副作用化

理解能力副作用化是指大学生原有的理解能力会限制对课程思政教育的接受程度,具体体现在如下三方面。

第一,知识理解层次低。一般来说,各门学科都有隐藏的价值取向,这一价值取向可以和课程思政教育的价值取向相互联结。但是,大学生是刚从高中毕业的学生,他们深受应试教育的影响,思想政治理论与其他一般具体学科一样,都是考试科目,都是需要学习的知识性学科,而不是思考性学科。因此,在面对课程思政教学时,不需要通过考试,加上"功利化学习氛围"的熏陶,学生们自然不会去思考课程思政教育的本质。只有当学生主动去思考课程思政的内容,逐步明晰课程思政教育的本质目的,其学习兴趣才能被激发出来[1]。因此,由应试教育造成学生理解能力低,导致学生不能理解课程思政教育的宗旨,自然会影响学生对课程思政教育的接受程度,最终的结果就是课程思政教育的有效性和实效性的降低。

第二,理解方式固化。人往往通过"自己内化了的概念结构、思维模式来把握世界"[2]。内化说明了一切教育都要通过学生自己的认识、实践和自

---

[1]　王潇,樊小英,伏彩彩,等."课程思政"在初中化学教学中的实现途径[J].中学课程资源,2021,17(5):66-68.

[2]　肖前.实践唯物主义研究[M].北京:中国人民大学出版社,1996.

我意识等主体因素的作用,才能取得好的效果①。具体来说,大学生有自己的一套理解模式,并且用属于自己的理解方式去理解他所面对的任何事物。在面对新知识或新观念的时候,即使教师讲得非常符合逻辑,也不会按照教师的逻辑去理解事物,因此当学生对新知识或新观念不感兴趣时,即便教师创新了教学方法,精心打磨了教学内容,学生们也不会从教师的角度出发,去理解、接受新知识和新观念。当学生面对课程思政教育时,并不会按照教师的思路去思考,而是会通过自己的理解方式去理解问题,形成自己的价值判断,因此教师的理解方式和学生的理解方式存在偏差时,教师课程思政教育所想达到的预期效果就会受到极大影响。要想保证教学的效果,教师就要根据学生已有的知识状况调整自己的教学方式②。换句话说,只有在了解学生理解方式的基础上,才能保证课程思政教育的有效性和实效性。

第三,理解能力的偏见化。理解能力偏见化是指学生对某些问题的理解存在偏见。受限于原有的知识结构,文科生在高中时期重点学习了政治、地理、历史等学科,因此文科生对课程思政教学的理解较为深刻,接受度更强。对理科生来说,高中时期重点学习了数学、物理、化学、生物等课程,这些课程的特点就是公式较多,表达方式更为直接,因此他们会对课程思政教育产生偏见,认为课程思政是文绉绉的,很无聊,因而对课程思政教育的接受度较低,课程思政教育的有效性和实效性得不到保障。

三、高校因素

高校是大学生接受课程思政教育的具体场所,对课程思政教育的效益有着极其重要的影响。高校环境是大学生课程思政教育的重要载体,"环境育人"说明校园环境对大学生具有塑造的作用③,良好的高校环境有利于促进课程思政教育的有效性和实效性的提高。

---

① 储培君,等.德育论[M].福州:福建教育出版社,1997.
② 奥苏伯尔 D P,诺瓦克 J D,汉内先 H.教育心理学:认知观点[M].佘星南,宋钧,译.北京:人民教育出版社,1994.
③ 王升臻.大学生思想政治教育效益主要影响因素分析及对策[D].武汉:华中师范大学,2006.

（一）校园风气的负面效应

第一，领导作风。领导作风是指学校各级领导在实施管理过程中的思想作风、工作态度、工作方式和风格等。学校的领导作风会直接影响到整个课程思政教育的实施。如果学校的领导方式是急功近利的，就会导致严重的形式主义，课程思政教育就会流于形式，导致学生无法接受合格的课程思政教育，学生的思想政治水平不但得不到提高，反而在这种领导方式的熏染下会被同化，这就完全违背了课程思政教育以德育人的初衷。高校的领导方式缺乏创新性的趋势，在一定程度上会导致不加思考地模仿其他高校课程思政的教学方法，不考虑本校的实际情况，对其他高校课程思政教学的经验进行生搬硬套，最后的结果就是达不到预期的教学效果，同时也耗费了人力物力，得不偿失。除此之外，还有部分高校，虽然设立了加强思想政治教育工作的领导小组，但却没有具体的实施方案、明确的考核要求以及主动的分析精神和强大的探索动力①。

第二，不良学风。所谓学风即求学、治学的风气，是学生在学习、生活中养成和表现出来的共同的典型的思想和行为倾向，是他们学习动机、兴趣爱好、学习方式和态度及价值观念的综合表现②。高校的学风是影响学生对课程思政教育接受度高低的重要因素，学风建设是高校课程思政的重要载体。造成高校课程思政教育有效性和实效性低的原因之一就是不良学风的影响，大学生是刚刚高中毕业的学生，他们的思想意识还停留在应试教育的阴影中，在学习动机方面，是为了获得更高的分数，争评奖学金。在学习态度方面，受"填鸭式教学"这种教学方式的影响，他们在学习态度方面是被动的，因此他们学习的自觉性不足，这就会导致在高校内部会形成"功利化"的学风。在这种不良学风的影响下，学生对课程思政教育是不感兴趣的，因为课程思政教育于分数、奖学金的获得毫无益处，因此学生们对课程思政教育的接受度低，导致课程思政教育的有效性和实效性受到负面影响。

第三，课堂氛围。合适的课堂氛围有利于促进学生对课程思政教育内容

---

① 郝志庆.高校深入推进课程思政建设研究［D］.石家庄：河北经贸大学，2021.
② 袁寒平.高校思想政治教育有效性探讨［D］.长沙：中南大学，2008.

的理解和吸收。针对课程思政教育内容,教师授课时应选取不同的课堂环境和课堂氛围。课堂氛围主要分为严谨的和活跃的。严谨的课堂氛围有利于提升学生重视的程度。活跃的课堂氛围有利于提升学生的参与程度。不同类型的课堂氛围会带来不同的课程思政教育效果,教师需要选择合适的课堂氛围进行授课,从而提高学生对课程思政的接受意愿[①],进而提升课程思政教育的有效性和实效性。

(二)软硬件投入力度不够

所谓"工欲善其事,必先利其器",高校提升课程思政教育的有效性和实效性,必须要做的是加强软硬件方面的投入力度。

第一,在软件方面,高校应加强师资队伍的建设。据相关研究,教师是课程思政教育的提供者,直接决定着课程思政教育的实施效果。目前高校缺乏课程思政建设的执行力,同时也没有设置相应的课程思政教育考核标准,这就导致高校课程思政教育具有较强的主观随意性,导致课程思政教育质量的下降,难以发挥育人的作用[②]。同时,高校缺乏对教师进行必要的课程思政培训,对课程思政的考核标准也没有贯彻落实,导致教师对课程思政教学没有投入足够的时间和精力,因而课程思政教育的有效性和实效性必然会大打折扣。所以,高校应该加强教师队伍的建设,不仅是评价体系方面的投入,同时也要开办"培训班"对教师课程思政进行标准化培训。

第二,在硬件方面,一是,许多地区高校的设施老旧,体系设备不完善,教室电脑的系统很多还是 Windows XP 系统,功能有限,兼容效果差,同时在校园中实现无线局域网覆盖的区域比较有限,无法满足利用网络进行授课或课下学习的需求[③],降低课程思政教育的有效性和实效性。二是,高校网络平台建设不完善,也会降低高校课程思政教育的有效性和实效性。当代大学生

---

① 丛欣莹,赵娜,王旗,等.基于高校学生视角的"课程思政"接受意愿影响因素及发展建议分析[J].经济师,2020(2):202-203.

② 杨艳琴.郑州西亚斯学院国际经济学课程思政建设探讨[J].现代商贸工业,2022,43(4):173-175.

③ 陈蕊,陈松.新时代网络环境下大学生思想政治教育有效性研究[J].品位·经典,2022(6):118-120,147.

跟互联网联结已久,喜欢画面感较强、信息丰富的教育形式[1],因此利用网络平台进行课程思政教育可以激发大学生的学习热情,同时教师可以借助媒体网络的交互作用,与学生进行交流,强化师生互相反馈,提升课程思政教育的有效性和实效性。三是,网络学习内容应该丰富化。大学生群体的特征之一就是个性化,因此网络学习内容也应该多样化,以供学生选择,不符合学生需求的课程内容,即便是高质量的课程思政教育,也很难为学生所接受,从而导致网络资源的利用率低,达不到预期的教学效果,课程思政教育资源被白白浪费。因此,高校在开发课程思政教学课程的时候,要兼顾课程思政内容的"质"与"量","质"保证课程思政教育的方向正确,"量"满足学生多样化的个人需求。在学生获取相关课程内容之前,教师需要根据学生的实际需要,设计课程思政教育资源的组成,兼顾不同群体的不同需求[2],最终激发学生自主学习的能力,提升课程思政教育的有效性和实效性。

(三)高校评价机制不健全

第一,缺乏学生评价体系。学生评价体系是提升学生成绩,改善教学方法的重要制度保障。当前的专业课教学考核体系主要采用终结性考核的形式对学生进行评价,很少采用发展性考核的形式对学生进行评价。我国传统的教学评价存在着评价内容片面、评价目的过于重视成绩等问题[3]。没有专门的学生课程思政学习效果的评价体系,造成学生评价体系缺位的原因主要有以下三个方面:一是,课程思政教学有效性和实效性需要众多指标来衡量,例如学生的思想政治素质、政治信仰、道德品质、世界观、人生观和价值观等,这些因素大多是主观因素,因此很难确定一个客观的标准对这些主观因素的变化进行衡量,同时如果对其衡量,学生可能会出现"道德风险",将每一项指标的变化值扩大,从而导致不真实的评价结果。二是,如果对每一位学生都进行评价,那么评价成本就会变大,对评价体系的持续性会产生不良影响。三是,课程思政教学是一个繁杂且互相交错的系统,学生的行为受到多方面

---

①　崔映斌,杨容.课程思政背景下的高校体育课思政育人路径研究[J].当代体育科技,2021,11(24):113-116.

②　范诚梅.新媒体背景下高校思想政治教育有效性研究[J].时代报告,2022(1):137-139.

③　郭琦.有效教学相关评价标准的阐述[J].教学与管理,2020(4):6-8.

因素的影响,因此很难确定学生的某个行为是某一门具体学科课程思政教学所带来的①。这就造成了课程思政教育评价体系中侧重知识评价,品行考评则被忽略②,最终的结果就是课程思政教育的有效性和实效性大打折扣。

第二,缺乏教师评价体系。教师评价体系是课程思政教育内容的保证,没有高校在制度层面的保障,课程思政教育建设可能举步维艰,课程思政教育的有效性和实效性也就无从谈起。教育部部长陈宝生同志在新时代全国高等学校本科教育工作会议上的讲话中强调指出:一些学校在评价教师时,唯学历、唯职称、唯论文,过度强调教师海外经历、国外期刊论文发表数量等,这样的"指挥棒"不利于激发教师教书育人的积极性③。正是由于高校教师绩效评价体系侧重教师在科研学术方面的成果,而忽略了课程思政教育这一因素,导致教师对课程思政教育的漠视,从而延缓了课程思政教学的发展。因此,在教师评价体系中,高校应该在教师评价体系中为教师课程思政教育赋予一定的权重,实行科研与课程思政教学并举,同时制定更加细化的课程思政教育评价指标,例如,对所教学科的"思政"元素挖掘程度是否深入,在教学方式上是否达到了润物细无声的效果。只有将教师的评价体系与课程思政教育相互联结,各门课程都各司其职,共同组建大学生课程思政的体系,实现课程思政与"思想政治理论课"相得益彰④。

第三,缺乏课程思政整体评价体系⑤。课程思政建设的核心动力在于合理的制度安排,同时合理的制度安排为高校落实立德树人根本任务提供了切实保障。部分高校在课程思政建设方面难以取得阶段性的进展,一部分原因在于"无制可依"⑥。高校从整体的视角对课程思政建设的情况进行评价也是提高课程思政教育有效性和实效性的有效措施。如果缺乏高校整体评价体系,只依靠教师评价体系和学生评价体系是从微观看待课程思政教育,从

① 李佩文.高校"课程思政"实践研究:以四川省为例[D].成都:四川师范大学,2020.

② 唐凌,龙汉武.大学生思想政治教育实效性的主要影响因素模型[J].西华师范大学学报(哲学社会科学版),2005(6):132-134.

③ 陈宝生.在新时代全国高等学校本科教育工作会议上的讲话[J].中国高等教育,2018(Z3):4-10.

④ 董明慧.高校"课程思政"问题研究[D].大连:大连海事大学,2019.

⑤ 郝志庆.高校深入推进课程思政建设研究[D].石家庄:河北经贸大学,2021.

⑥ 娄淑华,马超.新时代课程思政建设的焦点目标、难点问题及着力方向[J].新疆师范大学学报(哲学社会科学版),2021,42(5):96-104.

中获取的信息不具有普遍性,因而从学校的视角进行评价,以学院为单位,联合教师评价体系和学生评价体系构成多层次的评价体系,能够较为清晰地评价课程思政的整体趋势,指明提升课程思政教育有效性和实效性的着力点。

四、社会因素

人总是在一定的环境中活动的,环境对人的思想和价值观念具有塑造的作用。因此,良好的社会环境对大学生的思想和价值观念塑造具有促进作用,而消极的社会环境会将大学生引入歧途。同时,高校课程思政教育也不能脱离社会环境而独立运行,其发展受到社会环境的影响①。社会环境主要包括网络环境、经济环境、人际环境、文化环境。

(一)网络环境两面性

第一,网络环境的积极作用。一是,网络为学生思想政治教育提供了新渠道。为把握国际动态,了解舆论信息提供了新的机遇。同时,网络可以有效整合学校、家庭和社会等方面的思想政治资源,为学生提供所需要的知识。二是,网络环境下,学生们可以通过对各种信息的鉴别提升自己的判断能力,强化自己的思想政治立场。网络已经成为当今时代大学生重要的信息来源之一,大学生可以从网络中吸取具有价值的信息,补齐知识结构的短板,提升自身的理解能力,优化自身的思维方式②。具体来说,网络环境为学生提供了丰富的教育资源,这一特点契合大学生群体的个性化特征。受这一特征的影响,用同一种教学资源进行课程思政教学难以达到理想的效果,学生们需要"因材施教",网络为这一问题提供了条件,提供了多样化的教育资源供学生们自主选择,以满足学生需求,促进学生自主学习。同时,在学生利用网络学习时,对网络提供的内容不断审视,可以不断提升自身的判断力,坚定自身的政治立场,为课程思政教育提供便利条件。除此之外,网络信息资源可以改变学生们的知识结构,对学生们本来的思维方式形成冲击,进而重塑学生的思维模式,提升理解能力,改善对课程思政的偏见,有利于提升课程思政教

---

① 江易华.高校思想政治教育效益的影响因素研究[D].武汉:华中师范大学,2002.
② 杨延红.农业高校学生思想政治教育效果的影响因素研究[D].北京:中国农业大学,2004.

育的接受度。因此,良好的网络环境有利于提升课程思政教育的有效性和实效性。

第二,网络环境的消极作用。一是,网络环境中充斥着大量良莠不齐的消息。大学生作为网民,每天都会接收到大量的、鱼龙混杂的信息,甚至部分媒体为了博人眼球,散播虚假和暴力的负面信息,影响人们的思想道德素质。在日常生活中网络暴力现象也时有发生,一些"键盘侠"借助网络传播速度快、范围广等优势,不弄清楚事情原委盲目评论,甚至为吸引读者获得点击量对事件本身进行歪曲捏造,故意造谣生事,干扰网络舆论导向[1]。大学生在一定程度上也会受到网络不良信息的感染,甚至部分大学生会被"洗脑",对大学生的思想政治立场和观点造成了毁灭性的影响[2],这就加大了课程思政教育的难度。二是,西方国家运用互联网加强思想输出。西方国家利用其科技和经济方面的优势,在互联网上对我国实行文化输出战略。尤其是价值观渗透,欲求扭曲大学生的核心价值观,从而排斥我国的课程思政教育[3]。西方敌对势力以文化为伪装,大肆推崇娱乐性活动,倡导"娱乐至死"的思想,尤其对大学生的影响最为严重,因为大学生跟网络的关系十分密切,这在一定程度上会导致大学生思想西化,腐蚀大学生的政治素养,同时"娱乐化"的内容倾向催生学生养成表面的、缺乏内涵的、无深度的思维方式[4],给课程思政教育造成了严重困扰,课程思政教育的有效性和实效性也必然遭到消极影响。

(二)经济环境两面性

第一,经济环境的积极影响。一是,经济全球化缩短了世界各地间的地理距离,为世界各地相互交流提供了更多的机会。各国在思想政治教育方面也在进行不断地碰撞和融合。从客观上来说,这为我们去了解、借鉴其他国

① 张舒,陶春会.思想政治教育社会环境影响因素分析及优化[J].大庆师范学院学报,2022,42(2):11-20.
② 陈蕊,陈松.新时代网络环境下大学生思想政治教育有效性研究[J].品位·经典,2022(6):118-120,147.
③ 司楠.当代大学生思想政治教育有效性研究[J].吉林广播电视大学学报,2016(12):57-58,104.
④ 刘佳飞.高校思想政治教育接受效果影响因素研究[D].保定:河北大学,2017.

家思想政治教育方面的经验提供了机会。从教学方法上来看,西方国家注重使用渗透、暗示的教学方法,使学生在潜移默化中接受教育,同时教育的有效性也得到了充分保障。在教学手段上,得益于西方先进的技术手段,构建特定的活动环境,让学生身临其境,从而加深学生们的印象,巩固教育的成果。而我国高校课程思政在教学方法和教学手段上较为落后,很难使教学对象内化思想政治教育知识,影响课程思政教学的有效性和实效性。二是,经济全球化背景下,尤其是网络信息技术的普及,大学生相比以往能接收到更多的文化、知识、信息等,其思想观念也会随之改变。这就迫使高校课程思政内容要具有鲜明的时代性,以符合大学生的群体需求。客观上来说,这对促进我国高校课程思政教育内容转型具有推动作用,进而实现课程思政教育内容创新,让课程思政教育内容更容易为学生所接受,从而提升高校课程思政教育有效性和实效性。

第二,经济环境的消极影响。一是,由市场化体制改革带来的强化经济基础优先的思维[①],积极意义在于带来了经济的迅猛发展;消极意义在于对大学生的世界观、价值观造成了影响,集中表现在部分大学生出现注重自我价值实现,忽略整体价值的思想倾向[②]。也就是说,经济的快速发展在一定程度上使学生陷入极端个人主义误区,对课程思政教育的认识仅仅停留在是一种教学方法,认识不到课程思政的意义对国家、社会、个人的重要意义,因此就会降低课程思政教育的有效性和实效性。二是,社会转型时期市场经济的价值效应给学生价值观念带来了享乐主义、拜金主义价值观、学生价值取向紊乱,尤其是对涉世不深的大学生,价值观建设处在关键时期,一旦在思想上遭到毒害,大学生就会形成堕落的思想,因此大学生会对课程思政教育产生排斥反应,进而降低课程思政教育的有效性和实效性。

(三)人际环境的影响

第一,家庭关系的影响。父母的教育对大学生是否接受课程思政教育起到了基础的作用。一是,父母对大学生的影响具有双面性,父母的道德观念、

---

① 方莉,谭莹.知识和信息碎片化对高校思政课课程体系的影响探析[J].学校党建与思想教育,2019(22):50 - 52.

② 王明慧.高校课程思政建设的现状及对策研究[D].曲阜:曲阜师范大学,2020.

价值取向以及言谈举止,都在无时无刻地影响着子女。如果父母的道德观念、价值取向符合社会需要,通过对子女的言传身教,子女也会形成良好的价值观念和价值取向,在一定程度上,有利于提升大学生课程思政教育的接受度。二是,家庭结构也会影响子女的成长,从而影响子女价值观的树立,对其以后的思想观念造成重大影响。近年来,我国离婚率略有上升,粗离婚率从2010年的2‰增加到2020年的3.1‰[1][2]。家庭关系破裂、父爱或母爱缺失不利于孩子健康成长,会导致子女形成不良的思想观念,对日后接受课程思政教育产生了潜在性的不利影响。三是,家庭经济情况的影响。家庭经济状况好,孩子才能接受更高水平的教育[3],有利于孩子思维方式和理解能力的提高,对课程思政教育的意义认识更为透彻,对课程思政教育更容易接受。家庭经济状况好的消极影响在于父母可能对孩子太过于溺爱,造成孩子形成强烈的个人主义,认识不到课程思政教育的本质,降低课程思政教育的有效性和实效性。

第二,同辈关系的影响。张耀灿将同辈群体环境归为思想政治教育的微观环境,并给出同辈群体的定义:同辈群体即因家庭背景、年龄、爱好、特点等方面比较接近而形成的关系较密切的群体[4]。俗话说"近朱者赤,近墨者黑",大学生的同辈关系也会影响课程思政建设。同辈关系的积极影响方面在于,同辈群体一旦成型,成员间相互帮助、相互关心、相互热爱的关系就确立了,在能力范围内,他们会尽自己所能在生活上、学习上帮助彼此,集体主义得以显现[5]。在这种情况下,大学生们可以在课程思政中相互协作,共同进步,既减少了教师因学生基数大造成的工作负担,又能提升课程思政教育的成效。同时,同辈之间互相进行思想的交流,会带来大学生们思想上的转变,革除不良思想,这符合课程思政教育的目的,提高了课程思政教育的有效

① 2010年社会服务发展统计公报[EB/OL].[2022-05-12].http://www.Mca.gov.cn/article/sj/tjgb/201107/201107151705659.shtml.
② 2020年民政事业发展统计公报[EB/OL].[2022-05-12].http://images3.mca.gov.cn/www2017/file/202109/1631265147970.
③ 李芳云.我国思想政治教育的影响因素研究[J].现代交际,2020(4):201-202.
④ 张耀灿.研究思想政治教育价值的拓新之作:评付安玲的《思想政治教育个体价值论》[J].思想教育研究,2018(12):140-141.
⑤ 郑永廷.思想政治教育学原理研究的拓展与深化[J].思想理论教育,2016(5):10-16.

性和实效性。同辈关系的消极影响在于非理性情绪下教育成效降低,群体中非理性情绪和行为容易产生"共鸣",大学生同辈群体环境中成员的懈怠态度一旦产生,负面信息会干扰其他成员,传染其他个体。在不良同辈群体环境中,大学生接收的正面思想政治教育的影响很可能减弱甚至抵消。同时,从众心理下道德行为失衡,大学生不成熟的身心特点和相对匮乏的处世经验,大学同辈群体隐含一股消极力量,群体成员个性发展极易出现群体性偏差,因此成员受制于群体消极力量的影响也会影响自身,从而不利于思想政治教育中道德规范和道德行为的教学引导①,最终降低了课程思政教育的有效性和实效性。

(四)文化环境的影响

第一,国内文化环境的积极影响。中华优秀传统文化博大精深,源远流长,其中的道德文化对人们有持久深远的影响,如在坚守道德底线、重视社会责任、追求道德理想等方面,各家学派伦理道德中都有或多或少的体现。儒家"仁、义、礼、智、信"、修身齐家治国平天下、克己复礼、仁者爱人、己所不欲勿施于人等,墨家"兼爱""非攻"等,这些思想中都蕴含着丰富的思想道德资源,为当代人们价值观确立,为以文化熏陶人、以文化教育人,提供了宝贵资源②。虽然中华传统文化存在一些糟粕,随着时代发展,应秉持"扬弃"的精神,取其精华去其糟粕,继承优秀的传统文化,可以使其更好地为课程思政教育提供文化基础。因为传统文化与课程思政教育之间存在共同的价值联结点,所以处在传统文化熏陶中的大学生,会加强对课程思政教育的认同感,进而提升课程思政教育的有效性和实效性。

第二,国外文化的消极影响。在经济全球化的背景下,中西方文化相互碰撞,中国文化走出国门的时候,国外的多元文化也在入侵国内的文化环境,再加上信息网络的便捷性,很容易致使大学生形成扭曲的人生观和世界观,尤其对缺乏鉴别能力的大学生影响更为消极,给高校课程思政教育造成了消

---

① 刘柳."同辈群体"环境对高校思想政治教育的影响及对策[J].内蒙古财经大学学报,2021,19(2):37-39.

② 张舒,陶春会.思想政治教育社会环境影响因素分析及优化[J].大庆师范学院学报,2022,42(2):11-20.

极影响。西方国家通过多种途径对我国进行"文化输出",例如,美国好莱坞电影,通过炫酷的电影特效,将个人英雄主义发挥到极致,冲击我国的文化市场,这在无形之中就可能造成大学生个人主义的价值观,影响课程思政教育的效果。日本通过漫画的"宅文化"影响青年大学生,久而久之,会让大学生产生与世无争的消极观念,造成大学生不思进取,对课程思政教育的有效性和实效性产生消极影响。多元文化的入侵也弱化了我国的传统节日,越来越多的年轻人倾向过西方的节日,例如圣诞节。我国的传统节日蕴含着丰富的传统文化,有着良好的价值取向,西方的节日涉及宗教思想,长此以往,不仅大学生的思想观念会受到不良影响,还会使大学生丧失对中国传统文化的文化自信,失去了传统文化支撑的课程思政教育,其有效性和实效性将难以得到保障。所以,多元文化的入侵抑制了课程思政教育的发展,高校应该引导大学生提升鉴别能力,有选择性地吸收有利于课程思政建设的文化信息。

第二节 高校课程思政教育影响因素的定量分析

一、数据来源与变量定义

(一)数据来源

本次调查的对象是高校教师和学生,于2022年4月采用问卷星平台发放问卷,回收学生问卷220份,回收教师问卷102份,经过筛查,最终确定有效学生问卷数量为220,回收率为100%,有效教师问卷数量为102,回收率为100%。教师课程思政教育有效性和实效性调查问卷如附录1所示,课程思政教育的学生满意度问卷如附录2所示。

(二)变量定义

从高校课程思政教育影响因素的定性分析中可以得知,影响高校课程思政教育效果的因素来自多方面。总体来说,可以用课程思政教育学生满意度、课程思政教育的有效性、课程思政教育的实效性三个方面衡量高校课程思政教育效果,据此分别定义课程思政教育学生满意度、课程思政教育有效性、课程思政教育实效性的指标体系。各个解释变量定义如下。

1. 解释变量

（1）课程思政教育学生满意度

课程思政教育学生满意度变量主要包括：学生期望因素、学校形象因素、感知价值因素、生师互动因素、生生互动因素。

学生期望因素主要包括3个变量，分别为：学生总体期望程度、对学生需求满足的程度、课程思政教育边际效用程度。

学校形象因素主要包括4个变量，分别为：教师教学印象的好坏程度、教学可信赖度程度、教学水平高低程度、学校与学生交流程度。

感知价值因素主要包括3个变量，分别为：学生付出努力与收获的匹配度的高低、思政元素融入程度、教学质量满意度水平。

生师互动因素主要包括7个变量，分别为：课堂提问或讨论频率与水平、课堂回答或思考问题频率与水平、课程汇报频率与水平、辅导员课程思政教学频率与水平、学生与教师讨论职业计划频率与水平、学生与教师等讨论价值观频率与水平、教师对以上讨论的回应频率与水平。

生生互动因素主要包括4个变量，分别为：同学之间合作完成课程思政教学任务频率与水平、与同学对某一思政主题看法一致的频率与水平、同学间互评课程思政学习结果的频率与水平、课后与同学参与课程思政实践教学的频率与水平。

（2）课程思政教育有效性

课程思政教育有效性变量主要包括：教师因素、学生因素、教学方法因素、教学环境因素、教学内容因素、教学目的因素、教学反馈因素。

教师因素主要包括5个变量，分别为：教师间教学资源共享程度、网络学习数据应用程度、课程讲授思路清晰程度、信息技术应用能力强弱、学生主体地位强弱。

学生因素主要包括2个变量，分别为：学生自主学习能力强弱、学生协作能力强弱。

教学方法因素主要包括2个变量，分别为：教师组织学习活动频率与水平、教师应用启发式教学频率高低。

教学环境因素主要包括 3 个变量,分别为:课程基本信息完备性强弱、常规性学习资源数量多少、拓展性学习资源数量多少。

教学内容因素主要包括 4 个变量,分别为:课程思政内容与目标契合程度高低、学习内容明确性高低、教学内容应用性强弱、教学内容针对性强弱。

教学目的因素主要包括 2 个变量,分别为:教学目标全面性的高低程度、教学目标可测量性高低。

教学反馈因素主要包括 1 个变量,为生师互动频率高低。

(3)课程思政教育实效性

课程思政教育实效性变量主要包括:教育者因素、受教育者因素、教学内容因素、教育途径因素、教育环境因素。

教育者因素主要包括 8 个变量,分别为:教师思想政治素质高低、教师业务能力素质高低、教师教育理念素质高低、教师教育技能强弱、教师技术技能强弱、教师信誉水平高低、教师权威水平高低、教师可信程度高低。

受教育者因素主要包括 6 个变量,分别为:学生素质水平高低、学生听从性高低、学生传播信息能力强弱、学生意见表达能力强弱、满足学生预期程度高低、学生信息获取能力强弱。

教学内容因素主要包括 4 个变量,分别为:课程思政教育目标针对性强弱、课程思政教育目标层次性强弱、与学生心理契合程度高低、课程思政教育时代性强弱。

教育途径因素主要包括 6 个变量,分别为:采取"单对单""单对多""多对多"传播途径的可能性高低;采取"理论宣传""典型塑造""思想研讨"方式授课的可能性高低。

教育环境因素主要包括 4 个变量,分别为:政策法规配套程度高低、文化和道德与课程思政的一致性程度高低、软硬件的投入力度、网络监管和网络资源的有效性程度高低。

课程思政教育学生满意度、课程思政教育有效性、课程思政教育实效性中包含的变量,赋值标准遵照李克特五点式量表赋值标准,"非常弱、少"赋值为 1,"比较弱、少"赋值为 2,"一般"赋值为 3,"比较强、多"赋值为 4,"非常强、多"赋值为 5。

2. 被解释变量

(1)课程思政教育学生满意度

课程思政教育学生满意度主要包括 4 个变量,分别为:学生对课程思政教学整体的现实满意度水平、学生对课程思政教学整体的预期满意度水平、学生对课程思政教学整体的理想满意度水平、学生参与到课程思政实践教学意愿度水平。

(2)课程思政教育有效性

课程思政教育有效性主要包括 5 个变量,分别为:课程思政内容比例高低,课程思政内容掌握程度高低,学生对教师课程思政教学满意度高低,学校对教师课程思政教学满意度高低,学校的奖励、考核与监督体制完善程度高低。

(3)课程思政教育实效性

课程思政教育实效性主要包括 3 个变量,分别为:课程思政给学生带来知识量增加和知识结构变化的程度,课程思政给学生带来思想、态度和价值观念的变化程度,课程思政给学生言语及行为层面上带来变化程度。

课程思政教育学生满意度、课程思政教育有效性、课程思政教育实效性包含的变量,赋值标准遵照李克特五点式量表赋值标准,"非常低"赋值为 1,"比较低"赋值为 2,"一般"赋值为 3,"比较高"赋值为 4,"非常高"赋值为 5。

3. 控制变量

性别变量,赋值标准为:男性赋值为 1,女性赋值为 0。

教师政治面貌变量,具体分为:群众、中共党员、民主党派人士。赋值标准为:政治面貌为群众赋值为 1,政治面貌为中共党员赋值为 2,政治面貌为民主党派人士赋值为 3。

学生政治面貌变量,具体分为:群众、共青团员、中共党员、民主党派人士、其他。赋值标准为:政治面貌为群众赋值为 1,政治面貌为共青团员赋值为 2,政治面貌为中共党员赋值为 3,政治面貌为民主党派人士赋值为 4,政治面貌为其他赋值为 5。

教龄变量,具体分为:5 年以下、6~10 年、11~15 年、15 年以上。赋值标准为:教龄在 5 年以下赋值为 1,教龄在 6~10 年赋值为 2,教龄在 11~15 年赋值为 3,教龄在 15 年以上赋值为 4。

学位变量,具体分为:学士、硕士研究生、博士研究生。赋值标准为:教师的学位为学士则赋值为 1,教师的学位为硕士研究生则赋值为 2,教师的学位为博士研究生则赋值为 3。

二、模型构建

(一)多元线性回归模型的概念

多元回归分析(multiple regression analysis)是指在相关变量中,将其中一个变量作为被解释变量,其他一个或多个变量作为解释变量,建立这些变量之间线性数学模型的数量关系式,利用可收集到的样本数据进行参数估计与检验,最后得出相应结论的统计分析方法[1]。

(二)多元线性回归模型适用性分析

多元线性回归是用来研究变量之间因果关系的常用统计学方法,其目的是通过解释变量的组合估计和预测被解释变量。多元线性回归分析要求解释变量和被解释变量均为连续数值型变量,在本书的调查问卷中,解释变量和被解释变量都是连续数值型变量,因此符合使用多元线性回归模型的条件。在研究目的方面,本书是为探究课程思政教育学生满意度水平、教师课程思政教育有效性、教师课程思政教育实效性的影响因素,符合多元线性回归模型的目的要求。同时,多元线性回归模型可以通过标准化回归系数展现某一个解释变量对被解释变量的影响程度最大,为本书的对策部分提供了有力参考,使对策部分更具有针对性,因此本书采用多元线性回归对问卷数据进行分析。

(三)多元线性回归模型

特征价格理论的核心思想是将产品自身具有的多重特征进行分解,并且

---

[1] 唐建荣.应用统计学[M].西安:西安电子科技大学出版社,2016.

不同的特征对应不同的价格,最终各个特征的总和为产品的最终价格[①]。本书的研究对象是课程思政教育的学生满意度水平、教师课程思政教育的有效性、教师课程思政教育的实效性,并且将影响课程思政教育的学生满意度水平、教师课程思政教育的有效性、教师课程思政教育的实效性的解释变量进行了维度的划分。因此,虽然特征价格理论研究的对象是产品,但是从研究逻辑上看,与本书的研究逻辑是同质的,特征价格理论的实证模型可以外延到课程思政教育的学生满意度水平、教师课程思政教育的有效性、教师课程思政教育的实效性的问题研究,实证模型为:

$$Y_1 = (W, R, V, C_1, C_2) \tag{5-1}$$

在式(5-1)中,Y_1 代表课程思政教育的学生满意度水平;W 代表学生期望;R 代表学校形象;V 代表感知价值;C_1 代表生师互动;C_2 代表生生互动。

$$Y_2 = (T, S, M, E, C, D, F) \tag{5-2}$$

在式(5-2)中,Y_2 代表教师课程思政教育的有效性水平;T 代表教师因素;S 代表学生因素;M 代表教学方法因素;E 代表教学环境因素;C 代表教学内容因素;D 代表教学目标因素;F 代表教学反馈因素。

$$Y_3 = (T, S, C, W, E) \tag{5-3}$$

在式(5-3)中,Y_3 代表教师课程思政教育的实效性水平;T 代表教育者因素;S 代表受教育者因素;C 代表教育内容因素;W 代表教育途径因素;E 代表教育环境因素。

(四)多元线性回归模型的选取

一个被解释变量与两个或更多个解释变量之间的联系被称为多元相关,在这种情况下做出的预测被称为多元回归[②]。多元线性回归模型的基本表达形式为:

$$Y = \beta_0 + \beta_1 X_1 + \beta_2 X_2 + \beta_3 X_3 + \cdots + \beta_n X_n + \varepsilon \tag{5-4}$$

在式(5-4)中,β_0 是常数项;$\beta_1, \beta_2, \beta_3, \cdots, \beta_n$ 为偏回归系数;$X_1, X_2, X_3, \cdots, X_n$ 为解释变量;随机干扰项 ε 涵盖难于认识与考量、难以量化与衡量

---

① 温海珍,贾生华.基于特征价格的房地产评估新方法[J].外国经济与管理,2004(6):31-35,40.
② 李培哲.灰色多元线性回归模型及其应用[J].统计与决策,2012(24):89-91.

的一些因素。式(5-4)通过 R^2、F、t 三种检验后即可认定参数估计可靠[①]。

(五)多元线性回归模型的检验方法

1. 统计检验

统计检验的目的是保证模型具有统计学意义,能够解释客观实际存在的现象。拟合优度检验、方差检验和变量参数及模型总体的显著性检验是目前较为常用的检验方法[②]。

(1)拟合优度检验

拟合度指的是样本的观察值在样本回归线附近集合的紧密程度。可决系数 R^2,判断回归方程拟合程度大小,是一个常被使用的指标,它也被称作判定系数,以总离差平方的分解作为基础。

总离差平方和 $SST = SSE + SSR$,其中,$SST = \sum_{i=1}^{n} (y_i - \bar{y})^2$,残差平方和 $SSE = \sum_{i=1}^{n} (y_i - \hat{y})^2$,回归平方和 $SSR = \sum_{i=1}^{n} (\hat{y} - \bar{y})^2$,$\hat{y}$ 是样本均值,$\bar{y}$ 是估计值。判定系数 R^2 是回归平方和占总离差平方和的比例:

$$R^2 = \frac{SSR}{SSE} = \frac{\sum_{i=1}^{n} (\hat{y} - \bar{y})^2}{\sum_{i=1}^{n} (y_i - \bar{y})^2} \qquad (5-5)$$

它反映回归直线的拟合程度,表示 X 与 Y 的回归关系可以解释全部偏差中百分之多少的偏差。R^2 的取值范围在 $[0,1]$ 之间,R^2 越趋近 1,说明回归方程拟合的效果越好;R^2 越趋近 0,表明回归方程拟合的效果越差。

(2)回归方程检验

回归方程的显著性检验,也被称为 F 检验,它能够检验整个回归方程中所有解释变量和被解释变量之间的线性关系的显著程度。先提出两个假设,H_0 假设和 H_1 假设。$H_0: \beta_0 = \beta_1 = \cdots = \beta_k = 0$,线性关系不显著。$H_1: \beta_0$,$\beta_1, \cdots, \beta_k$ 至少有一个不等于 0。原假设成立条件下,检验统计量的计算方

① 杜江,李恒,贾文.计量经济学及其应用[M].北京:机械工业出版社,2016.
② 唐建荣.应用统计学[M].西安:西安电子科技大学出版社,2016.

法为:

$$F = \frac{SSR/k}{SSE/(n-k-1)} = \frac{MSR}{MSE} \leftrightarrow F(k, n-k-1) \qquad (5-6)$$

然后可以确定显著性水平,基于分子自由度及分母自由度 $n-2$ 找出临界值 F_α 以此做出判断,如果 $F > F_\alpha$,则拒绝 H_0;如果 $F < F_\alpha$,则不能拒绝 H_0。

（3）回归系数检验

多元回归系数的显著性检验即为 t 检验。检验解释变量 X 对被解释变量 Y 的影响程度的大小,从而确定解释变量能否保留在线性回归方程中。先提出两个假设,H_0 假设和 H_1 假设。$H_0:\beta$ 等于 0,即解释变量 X_1 与被解释变量 Y 没有线性关系。$H_1:\beta$ 不等于 0,即解释变量 X_1 与被解释变量 Y 有线性关系。确定显著性水平 α,并进行决策。若 $|t| < \frac{t_\alpha}{2}$,拒绝 H_0,表明解释变量是影响被解释变量的一个显著因素;若 $|t| < \frac{t_\alpha}{2}$,则不能拒绝 H_0[1]。

2. 经济意义检验

开展经济意义检验,主要是确保得出的参数估计量无论是从数值上还是从符号上,均是满足经济意义上的合理性的,也就是与实际情况是相互吻合的。进行经济意义检测,是重要的步骤,其方法主要是,对模型的参数估计量与之前预先拟定的理论期望值,分别从本身的符号、数值的大小、各个变量之间相互的关系等方面进行分析比较[2]。如果某些模型变量的参数估计值没有通过经济意义检验,即使是模型拥有很高的拟合度,还是会使得模型在实际运用中可能出现较大的偏差。

3. 质量检验

在对模型进行回归分析和经济意义解释合理之后,需要对评估模型进行质量检验。通常通过比率分析来进行评估一致性检验[3]。常见的验证指标

① 谭伟华.基于多元回归和神经网络的江西省物流需求预测研究[D].南昌:江西财经大学,2020.

② 张玉鹏.计量经济学模型预测检验及其应用[J].厦门大学学报(哲学社会科学版),2011,61(5):14-18.

③ 郭媛.参数回归分析法在批量评估中的运用[D].石家庄:河北经贸大学,2018.

如下。

（1）评估比率

根据 IAAO 规定，评估比率符合 0.9～1.1 的估价水平标准为合理。常见的评估比率有比率中位数、比率算术平均数，两者公式如下。

比率中位数：

$$M_e = \begin{cases} \dfrac{R_{n+1}}{2}, & n = 2m + 1 \\[2ex] \dfrac{1}{2}\left\{\dfrac{R_n}{2} + R_{\left(\frac{n}{2}+1\right)}\right\}, & n = 2m \end{cases} \tag{5-7}$$

式（5-7）中，M_e 为比率中位数；R 为该组数列中的值。

比率算数平均数：$r = \dfrac{\sum\limits_{i=1}^{n} R_i}{n}$。$n$ 为收集的数据数量；R 为样本比率。

（2）离散系数（COD）

$$COD = \frac{AAD}{M_e} \times 100 \tag{5-8}$$

式（5-8）中，AAD 为平均绝对离差；M_e 为比率中位数。离散系数的值小于 15%，则代表估计结果一致性好。

（3）相关差（PRD）

$$PRD = \frac{\bar{R}}{(\bar{A}/\bar{S})} \tag{5-9}$$

式（5-9）中，$\bar{R}$ 为比率平均数；$\bar{A}/\bar{S}$ 为加权比率平均数。相关差为 0.98～1.03，则属于估计水平较好[1]。

（六）多元线性回归模型多重共线性及影响

1. 多重共线性的不利影响

（1）致使回归方程的参数估计量的准方差变大，这个数值也侧面说明检验的拟合优度是否合适也对变量之间的关系造成干扰。

---

① 梁远明. 多元回归分析法在二手住宅批量评估中的应用研究［D］. 重庆：重庆理工大学，2020.

（2）回归系数的方差越大说明回归方程的参数估计量稳定性越弱,从回归系数检验结果可以看出显著性的有无,如果具有显著性说明检验是合格的,不具有显著性说明检验是不合格的。

（3）多重共线性会直接影响预测的结果①。

2. 多重共线性的检验指标

（1）相关矩阵检验,具体操作方法为:将相关系数矩阵中的每个相关系数进行比较,如果相关系数的绝对值高于 0. 8 或 0. 9,那么就代表该相关系数所对应的变量存在着多重共线性。目前,这种检验方法被广泛应用在计量经济学的研究上②。

（2）方差膨胀因子（variance inflation factors, VIF）,通过检查指定的解释变量能够被回归方程中其他全部解释变量所解释的程度来检测多重共线性。通过 VIF 值检测是否存在多重共线性的临界值是 10。VIF 值越大共线性越严重。

（3）条件指数（condition index）,又称条件数（condition number）,是用以判断模型是否存在多重共线性的指标之一,结合相关矩阵检验结果进行判断,通常认为大于 10 即存在多重共线性,大于 30 表明存在严重多重共线性③。

三、估计结果分析

由于本书的解释变量数量较多,为了便于数据分析,根据量表的结构设置,通过计算变量的操作方法,将各个解释变量进行合并。在课程思政教育学生满意度问卷中,得到 5 个解释变量,分别为:学生期望、学校形象、感知价值、生师互动、生生互动。在课程思政教育有效性问卷中,得到 6 个解释变量,分别为:教师自身因素、学生自身因素、教学方法因素、教学环境因素、教学内容因素、教学目的因素。在课程思政教育实效性问卷中,得到 5 个解释变量,分别为:教育者因素、受教育者因素、教育内容因素、教育途径因素、教

---

①　郭晓婷. 基于多元回归分析的安徽省粮食产量预测方法研究[D]. 合肥:安徽农业大学,2017.

②　王苗宇. 基于 Logistic 模型的 P2P 网络借贷个人信用评估研究[D]. 宁波:宁波大学,2017.

③　陈雪莲. 基于 Logistic 回归模型的 P2P 借款人信用违约风险评估模型研究[D]. 上海:上海外国语大学,2020.

育环境因素。最后,在变量合并的基础上,进行多元线性回归分析。

(一)课程思政教育学生满意度线性回归分析

1. 现实整体满意度回归分析

将"您对学校课程思政实践教学中学习风气和氛围、课堂质量、学术经历、整体收获的满意度"作为被解释变量,进行回归分析。

如表 5 - 1 所示,R 反映的是变量间的线性相关程度。R 绝对值越大表示变量间的线性相关程度越高。该模型的 R 值为 0.83,说明变量间具有较高的线性相关程度。R^2 反映的是该模型中所有解释变量对被解释变量的联合解释能力。该模型的 R^2 值为0.69,意味着解释变量能够解释现实整体满意度变化情况的69%,超过规定统计学规定指标30%,因此解释变量可以较好地解释课程思政教育学生现实整体满意度水平的大部分变化。

表 5 - 1　模型摘要(一)

模型	R	R^2	调整后 R^2	标准估算的错误
1	0.83	0.69	0.68	0.48

如表 5 - 2 所示,$F = 94.61$,P 值为 0.00(< 0.01),据此可以认定本书的数据具有统计学意义,所以回归方程拟合的效果是比较令人满意的。

表 5 - 2　ANOVA[a] 系数(一)

模型	平方和	自由度	均方	F
回归	109.60	5	21.92	94.61***
残差	49.58	214	0.23	
总计	159.18	219		

注:"*"代表显著性水平 $P < 0.1$,"**"代表显著性水平 $P < 0.05$,"***"代表显著性水平 $P < 0.01$。

如表 5 - 3 所示,可以看出,前 4 个解释变量的条件指数都介于 10 ~ 30

之间,唯独第 5 个解释变量的条件指数超过 30,但是从整体来看,该模型解释变量之间并不存在严重的多重共线性。据此可以得出结论,通过该模型所得到的回归结果依旧较为精确。

表 5 - 3　共线性诊断(一)

维	特征值	条件指标	方差比例					
			(常量)	X1	X2	X3	X4	X5
1	5.92	1.00	0.00	0.00	0.00	0.00	0.00	0.00
2	0.03	13.98	0.55	0.01	0.00	0.00	0.02	0.23
3	0.02	16.80	0.35	0.17	0.10	0.03	0.03	0.19
4	0.01	20.28	0.01	0.39	0.00	0.25	0.10	0.19
5	0.01	26.29	0.07	0.34	0.32	0.01	0.52	0.21
6	0.01	32.21	0.01	0.09	0.58	0.71	0.32	0.18

注:X1—学生期望;X2—学校形象;X3—感知价值;X4—生师互动;X5—生生互动。

如表 5 - 4 所示,第一,"学生期望"的回归系数是 $0.12,0.05 < P < 0.1$,说明学生期望中所包含的解释变量对现实整体满意度不具有显著正向影响,也就是说,"学生期望"所包含的解释变量,如学生总体期望程度高低、对学生需求满足的程度高低、课程思政教育边际效用高低程度,与课程思政教育学生满意度水平之间不存在因果关系。这一数据结果可能从侧面揭示了学生对课程思政教育期望程度低、课程思政教育不能较好满足学生需求、课程思政教育缺乏足够的效用等问题,从而导致上述解释变量在回归结果中不显著。

第二,"学校形象"的回归系数是 $0.32,P < 0.01$,说明"学校形象"中所包含的解释变量对现实整体满意度具有显著正向影响,也就是说,学生们在"学校形象"的得分每增加 1 个单位,学生们课程思政教育现实整体满意度水平就会上升 0.32。

第三,"感知价值"的回归系数是 $0.10,P = 0.22$,也就是说,导致"感知价值"与现实整体满意度之间的因果关系不显著的原因可能在于,现阶段课程思政教育存在着学生学习成果与努力程度之间不匹配,教师缺乏课程思政元素融入能力、教学质量水平低等问题。

表 5 - 4　估计结果(一)

模型	解释变量	未标准化系数		标准化系数	
		回归系数	标准错误	β	t
1	(常量)	0.12	0.19		0.66
	学生期望	0.12*	0.07	0.11	1.84
	学校形象	0.32***	0.09	0.29	3.74
	感知价值	0.10	0.08	0.09	1.24
	生师互动	0.04	0.08	0.03	0.41
	生生互动	0.40***	0.06	0.42	6.49

注:"*"代表显著性水平 $P<0.1$,"**"代表显著性水平 $P<0.05$,"***"代表显著性水平 $P<0.01$。

第四,"生师互动"回归系数是 0.04, $P=0.68$,"生师互动"对现实整体满意度不具有显著影响,在一定程度上,说明在课程思政教育过程中,在课堂提问或讨论、课堂回答或思考、课程汇报、辅导员课程思政教学、学生与教师讨论职业计划、学生与教师等讨论价值观、教师回应等方面存在频率水平低的问题。

第五,"生生互动"的回归系数是 0.40, $P<0.01$,说明"生生互动"中所包含的解释变量对现实整体满意度具有显著正向影响,也就是说,学生们在"生生互动"的得分每增加 1 个单位,学生们课程思政教育现实整体满意度水平就会上升 0.40。

以上结果说明"学校形象"和"生生互动"中包含的解释变量是提升学生课程思政教育现实整体满意度水平的重要因素。

将性别和政治面貌作为控制变量纳入线性回归模型,对基准回归的估计结果进行稳健性检验,结果如表 5 - 5 所示。基准回归中"学生期望""学校形象""感知价值""生师互动""生生互动"的回归系数分别为 0.12,0.32,0.10,0.04,0.40,稳健性检验中"学生期望""学校形象""感知价值""生师互动""生生互动"的回归系数分别为 0.13,0.31,0.10,0.04,0.39。可以看出,"学生期望""学校形象""生生互动"的回归系数虽然发生变化,但是变化幅度较小,不影响估计结果的稳定性,同时以上 5 个解释变量在系数符号、显著性水平上都保持高度一致。据此,本书基准回归结果稳健可靠,本书的现实整体满意度基准回归结论得到了有力支撑。

表 5 - 5　稳健性检验(一)

模型	解释变量	未标准化系数		标准化系数	
		回归系数	标准错误	β	t
1	(常量)	3.14	0.31		10.22
	性别	0.30	0.12	0.16	2.45
	政治面貌	0.06	0.11	0.04	0.54
2	(常量)	0.09	0.24		0.38
	性别	0.07	0.07	0.04	0.90
	政治面貌	-0.03	0.06	-0.02	-0.52
	学生期望	0.13*	0.07	0.12	1.89
	学校形象	0.31***	0.09	0.29	3.65
	感知价值	0.10	0.09	0.09	1.17
	生师互动	0.04	0.08	0.04	0.49
	生生互动	0.39***	0.06	0.41	6.33

注:" * "代表显著性水平 $P < 0.1$," * * "代表显著性水平 $P < 0.05$," * * * "代表显著性水平 $P < 0.01$。

2. 预期整体满意度回归分析

将"与预期相比较,您对学校课程思政实践教学中学习风气和氛围、课堂质量、学术经历、整体收获的满意度"作为被解释变量,进行回归分析。

如表 5 - 6 所示,该模型的 R 值为 0.82,说明变量间具有较高的线性相关程度。该模型的 R^2 值为 0.67,意味着解释变量能够解释预期整体满意度变化情况的 67%,超过规定统计学规定指标 30%,因此解释变量可以较好地解释课程思政教育学生预期整体满意度水平的大部分变化。

表 5 − 6　模型摘要(二)

模型	R	R^2	调整后 R^2	标准估算的错误
1	0.82	0.67	0.66	0.50

如表 5 − 7 所示,$F = 85.13$,P 值为 0.00(< 0.00),据此可以认定本书的数据具有统计学意义,所以回归方程拟合的效果是比较令人满意的。

表 5 − 7　ANOVA[a] 系数(二)

模型	平方和	自由度	均方	F
回归	108.06	5	21.61	85.13***
残差	54.33	214	0.25	
总计	162.38	219		

注:"*"代表显著性水平 $P < 0.1$,"**"代表显著性水平 $P < 0.05$,"***"代表显著性水平 $P < 0.01$。

如表 5 − 8 所示,第一,"学生期望"的回归系数是 0.08,$P = 0.24$,说明学生期望中所包含的解释变量对预期整体满意度不具有显著正向影响,这一数据结果与现实整体满意度回归分析结果相似,也就是说,课程思政教育过程中存在学生对课程思政教育期望程度低、课程思政教育不能较好满足学生需求、课程思政教育缺乏足够的效用等问题,导致"学生期望"在回归结果中不显著。

第二,"学校形象"的回归系数是 0.19,$P < 0.05$,说明"学校形象"中所包含的解释变量对预期整体满意度具有显著正向影响,也就是说,学生们在"学校形象"的得分每增加 1 个单位,学生课程思政教育预期整体满意度水平就会上升 0.19。

第三,"感知价值"的回归系数是 0.18,$P < 0.05$,说明"感知价值"中所包含的解释变量对预期整体满意度具有显著正向影响,也就是说,学生们在"感知价值"的得分每增加 1 个单位,学生课程思政教育预期整体满意度水

平就会上升0.18。

表5-8　估计结果(二)

模型	解释变量	未标准化系数		标准化系数	
		回归系数	标准错误	β	t
1	（常量）	0.14	0.20		0.70
	学生期望	0.08	0.07	0.07	1.19
	学校形象	0.19**	0.09	0.17	2.09
	感知价值	0.18**	0.09	0.15	2.04
	生师互动	0.15*	0.09	0.13	1.66
	生生互动	0.39***	0.06	0.40	6.07

注:"*"代表显著性水平$P<0.1$,"**"代表显著性水平$P<0.05$,"***"代表显著性水平$P<0.01$。

第四,"生师互动"回归系数是0.15,$0.05<P<0.1$,"生师互动"对预期整体满意度不具有显著影响,在一定程度上,说明在课程思政教育过程中,在课堂提问或讨论、课堂回答或思考、课程汇报、辅导员课程思政教学、学生与教师讨论职业计划、学生与教师等讨论价值观、教师回应等方面存在频率水平低的问题。

第五,"生生互动"的回归系数是0.39,$P<0.01$,说明"生生互动"中所包含的解释变量对预期整体满意度具有显著正向影响,也就是说,学生们在"生生互动"的得分每增加1个单位,学生课程思政教育预期整体满意度水平就会上升0.39。

以上结果说明"学校形象""感知价值""生生互动"中包含的解释变量是提升课程思政教育预期整体满意度水平的重要因素。

将性别和政治面貌作为控制变量纳入线性回归模型,对基准回归的估计结果进行稳健性检验,结果如表5-9所示。基准回归中"学生期望""学校形象""感知价值""生师互动""生生互动"的回归系数分别为0.08,0.19,0.18,0.15,0.39,稳健性检验中"学生期望""学校形象""感知价值""生师互动""生生互动"的回归系数分别为0.07,0.18,0.19,0.15,0.39。可以看出,"学生期望""学校形象""感知价值"的回归系数虽然发生了变化,但是变化幅度较小,不影响估计结果的稳定性,同时以上5个解释变量在系数符号、显著性水平上都保持高度一致。据此,本书基准回归结果稳健可靠,本书的预期整体满意度基准回归结论得到了有力支撑。

表 5-9 稳健性检验(二)

模型	解释变量	未标准化系数		标准化系数	
		回归系数	标准错误	β	t
1	(常量)	3.09	0.31		9.96
	性别	0.27	0.13	0.15	2.16
	政治面貌	0.12	0.11	0.07	1.08
2	(常量)	-0.03	0.25		-0.11
	性别	0.05	0.08	0.03	0.68
	政治面貌	0.05	0.07	0.03	0.79
	学生期望	0.07	0.07	0.06	0.98
	学校形象	0.18**	0.09	0.16	2.01
	感知价值	0.19**	0.09	0.17	2.16
	生师互动	0.15	0.09	0.13	1.64
	生生互动	0.39***	0.07	0.40	6.00

注:"*"代表显著性水平 $P<0.1$,"**"代表显著性水平 $P<0.05$,"***"代表显著性水平 $P<0.01$。

3. 理想整体满意度回归分析

将"与理想状况相比,对学校课程思政实践教学中学习风气和氛围、课堂质量、学术经历、整体收获的满意度"作为被解释变量,进行回归分析。

如表 5-10 所示,该模型的 R 值为 0.84,说明变量间具有较高的线性相关程度。该模型的 R^2 值为 0.71,意味着解释变量能够解释课程思政教育学生理想整体满意度变化情况的71%,超过规定统计学规定指标30%,因此可以得出结论,解释变量可以较好地解释课程思政教育学生理想整体满意度的大部分变化。

表 5 – 10　模型摘要(三)

模型	R	R^2	调整后 R^2	标准估算的错误
1	0.84	0.71	0.70	0.47

如表 5 – 11 所示,$F = 103.38$,P 值为 0.00(< 0.01),据此可以认定本书的数据具有统计学意义,所以回归方程拟合的效果是比较令人满意的。

表 5 – 11　ANOVA[a] 系数(三)

模型	平方和	自由度	均方	F
回归	114.04	5	22.81	103.38***
残差	47.21	214	0.22	
总计	161.25	219		

注:"＊"代表显著性水平 $P < 0.1$,"＊＊"代表显著性水平 $P < 0.05$,"＊＊＊"代表显著性水平 $P < 0.01$。

如表 5 – 12 所示,第一,"学生期望"的回归系数是 0.03,$P = 0.62$,说明学生期望中所包含的解释变量对理想整体满意度不具有显著正向影响,这一数据结果与现实整体满意度和预期整体满意度的回归分析结果相似,更加印证了课程思政教育过程中存在学生对课程思政教育期望程度低、课程思政教育不能较好满足学生需求、课程思政教育缺乏足够的效用等问题。

第二,"学校形象"的回归系数是 0.26,$P < 0.01$,说明"学校形象"中所包含的解释变量对预期整体满意度具有显著正向影响,也就是说,学生们在"学校形象"的得分每增加 1 个单位,学生们对课程思政教育理想整体满意度水平就会上升 0.26,这一数据结果与现实整体满意度和预期整体满意度的回归结果较为一致。

第三,"感知价值"的回归系数是 0.09,$P = 0.28$,也就是说,"感知价值"与理想整体满意度之间的因果关系不显著的原因在于,现阶段课程思政教育,存在着学生学习成果与努力程度之间不匹配,教师缺乏课程思政元素融入能力、教学质量水平低等问题,这一数据结论与现实整体满意度回归结果相吻合。

表 5 – 12　估计结果(三)

模型	解释变量	未标准化系数		标准化系数	
		回归系数	标准错误	β	t
1	(常量)	0.16	0.18		0.89
	学生期望	0.03	0.07	0.03	0.49
	学校形象	0.26***	0.08	0.24	3.09
	感知价值	0.09	0.08	0.08	1.10
	生师互动	0.10	0.08	0.09	1.25
	生生互动	0.49***	0.06	0.51	8.17

注:"*"代表显著性水平 $P < 0.1$,"**"代表显著性水平 $P < 0.05$,"***"代表显著性水平 $P < 0.01$。

第四,"生师互动"回归系数是 0.10, $P = 0.21$,"生师互动"对理想整体满意度不具有显著影响,在一定程度上,说明在课程思政教育过程中,在课堂提问或讨论、课堂回答或思考、课程汇报、辅导员课程思政教学、学生与教师讨论职业计划、学生与教师讨论价值观、教师回应等方面存在频率水平低的问题,这一数据结论在预期整体满意度回归结果中已经得以体现。

第五,"生生互动"的回归系数是 0.49, $P < 0.01$,说明"生生互动"中所包含的解释变量对理想整体满意度具有显著正向影响,也就是说,学生们在"生生互动"的得分每增加 1 个单位,学生们对课程思政教育理想满意度就会上升 0.49。

以上结果说明"学校形象"和"生生互动"中包含的解释变量是提升学生们对课程思政教育理想满意度的重要因素。

将性别和政治面貌作为控制变量纳入线性回归模型,对基准回归的估计结果进行稳健性检验,结果如表 5 – 13 所示。基准回归中"学生期望""学校形象""感知价值""生师互动""生生互动"的回归系数分别为 0.03,0.26,0.09,0.10,0.49,稳健性检验中"学生期望""学校形象""感知价值""生师互动""生生互动"的回归系数分别为 0.05,0.26,0.07,0.11,0.49。可以看出,"学生期望""感知价值""生师互动"的回归系数虽然发生变化,但是变化幅度较小,不影响估计结果的稳定性,同时以上 5 个解释变量在系数符号、显著性水平上都保持高度一致。据此,本书基准回归结果稳健可靠,本书的理想整体满意度基准回归结论得到了有力支撑。

表 5 – 13 稳健性检验(三)

模型	解释变量	未标准化系数		标准化系数	
		回归系数	标准错误	β	t
1	(常量)	3.36	0.31		10.79
	性别	0.23	0.13	0.13	1.88
	政治面貌	− 0.00	0.11	0.00	− 0.01
2	(常量)	0.30	0.24		1.28
	性别	− 0.00	0.07	− 0.00	− 0.06
	政治面貌	− 0.07	0.06	− 0.05	− 1.20
	学生期望	0.05	0.07	0.04	0.74
	学校形象	0.26***	0.08	0.24	3.10
	感知价值	0.07	0.08	0.06	0.89
	生师互动	0.11	0.08	0.09	1.30
	生生互动	0.49***	0.06	0.50	8.06

注:"*"代表显著性水平 $P < 0.1$,"**"代表显著性水平 $P < 0.05$,"***"代表显著性水平 $P < 0.01$。

4. 思政参与意愿度回归分析

将"您参与到课程思政实践教学过程中的意愿度"作为被解释变量,进行回归分析。

如表 5 – 14 所示,该模型的 R 值为 0.74,说明变量间具有较高的线性相关程度。该模型的 R^2 值为 0.54,意味着解释变量能够解释课程思政参与意愿度变化情况的 54%,超过规定统计学规定指标 30%,因此可以得出结论,解释变量可以较好地课程思政教育学生参与意愿度的大部分变化。

表5-14 模型摘要(四)

模型	R	R^2	调整后 R^2	标准估算的错误
1	0.74[a]	0.54	0.53	0.62

如表5-15所示,$F=50.41$,P值为0.00(<0.01),据此可以认定本书的数据具有统计学意义,所以回归方程拟合的效果是比较令人满意的。

表5-15 ANOVA[a]系数(四)

模型	平方和	自由度	均方	F
回归	97.00	5	19.40	50.41***
残差	82.36	214	0.39	
总计	179.36	219		

注:"*"代表显著性水平$P<0.1$,"**"代表显著性水平$P<0.05$,"***"代表显著性水平$P<0.01$。

如表5-16所示,第一,"学生期望"的回归系数是0.15,$0.05<P<0.1$,说明学生期望中所包含的解释变量对学生课程思政参与意愿度不具有显著正向影响,这一数据结果与现实整体满意度、预期整体满意度、理想整体满意度的回归分析结果相似,为课程思政教育过程中存在学生对课程思政教育期望程度低、课程思政教育不能较好满足学生需求、课程思政教育缺乏足够的效用等问题提供了有力的佐证。

第二,"学校形象"的回归系数是0.35,$P<0.01$,说明"学校形象"中所包含的解释变量对学生课程思政参与意愿度具有显著正向影响,也就是说,学生们在"学校形象"的得分每增加1个单位,学生对课程思政参与的意愿度就会上升0.35,这一数据结果与现实整体满意度、预期整体满意度、理想整体满意度的回归结果较为一致。

第三,"感知价值"的回归系数是-0.002,$P=0.98$,也就是说,现阶段课程思政教育存在着学生学习成果与努力程度之间不匹配,教师缺乏课程思政元素融入能力、教学质量水平低等问题,导致"感知价值"不能有效提升学生课程思政的参与意愿度,这一数据结果与现实整体满意度和理想整体满意度的回归结果较为相似。

表5-16 估计结果(四)

模型	解释变量	未标准化系数		标准化系数	
		回归系数	标准错误	β	t
1	(常量)	0.29	0.24		1.20
	学生期望	0.15*	0.09	0.12	1.69
	学校形象	0.35***	0.11	0.30	3.18
	感知价值	-0.002	0.11	-0.00	-0.02
	生师互动	0.24**	0.11	0.20	2.22
	生生互动	0.22***	0.08	0.21	2.75

注:"*"代表显著性水平 $P<0.1$,"**"代表显著性水平 $P<0.05$,"***"代表显著性水平 $P<0.01$。

第四,"生师互动"的回归系数是 0.24,$P<0.05$,说明"生师互动"中所包含的解释变量对学生课程思政参与意愿度具有显著正向影响,也就是说,学生们在"生师互动"的得分每增加1个单位,学生对课程思政参与的意愿度就会上升 0.24,这一数据结果与现实整体满意度、预期整体满意度、理想整体满意度的回归结果较为不一致。

第五,"生生互动"的回归系数是 0.22,$P<0.01$,说明"生生互动"中所包含的解释变量对学生课程思政参与意愿度具有显著正向影响,也就是说,学生们在"生生互动"的得分每增加1个单位,学生们对课程思政参与的意愿度就会上升 0.22。

以上结果说明"学校形象""生师互动""生生互动"中包含的解释变量是提升学生课程思政参与意愿度的重要因素。

将性别和政治面貌作为控制变量纳入线性回归模型,对基准回归的估计结果进行稳健性检验,结果如表5-17所示。基准回归中"学生期望""学校形象""感知价值""生师互动""生生互动"的回归系数分别为0.15,0.35,

-0.002,0.24,0.22,稳健性检验中"学生期望""学校形象""感知价值""生师互动""生生互动"的回归系数分别为0.11,0.35,0.03,0.22,0.23。可以看出,"学生期望""生师互动""生生互动"的回归系数虽然发生变化,但是变化幅度较小,不影响估计结果的稳定性,同时"感知价值"的回归系数不仅发生了变化,且系数符号发生了变化,但是对回归结果解释的影响较小。其他4个解释变量在系数符号、显著性水平上都保持高度一致。据此,本书基准回归结果稳健可靠,本书的学生课程思政参与意愿度基准回归结论得到了有力支撑。

表 5 - 17   稳健性检验(四)

模型	解释变量	未标准化系数		标准化系数	
		回归系数	标准错误	β	t
1	(常量)	3.06	0.33		9.38
	性别	0.13	0.13	0.07	0.97
	政治面貌	0.26	0.11	0.15	2.27
2	(常量)	0.11	0.31		0.35
	性别	-0.09	0.09	-0.04	-0.92
	政治面貌	0.17	0.08	0.10	2.05
	学生期望	0.11	0.09	0.10	1.21
	学校形象	0.35***	0.11	0.31	3.23
	感知价值	0.03	0.11	0.02	0.27
	生师互动	0.22**	0.11	0.18	2.05
	生生互动	0.23***	0.08	0.23	2.94

注:"*"代表显著性水平 $P < 0.1$,"**"代表显著性水平 $P < 0.05$,"***"代表显著性水平 $P < 0.01$。

5. 课程思政教育学生满意度回归分析

通过因子分析,从现实整体满意度、预期整体满意度、理想整体满意度、课程思政参与意愿度中提取一个公因子,命名为课程思政教育学生满意度。

将"课程思政教育学生满意度"作为被解释变量,进行回归分析。

如表 5 – 18 所示,该模型的 R 值为 0.89,说明变量间具有较高的线性相关程度。该模型的 R^2 值为 0.80,意味着解释变量能够解释课程思政教育学生满意度变化情况的 80%,超过规定统计学规定指标 30%,因此可以得出结论,解释变量可以较好地解释课程思政教育学生满意度水平的大部分变化。

表 5 – 18　模型摘要(五)

模型	R	R^2	调整后 R^2	标准估算的错误
1	0.89	0.80	0.79	0.46

如表 5 – 19 所示,$F = 167.77$,P 值为 0.00(<0.01),据此可以认定本书的数据具有统计学意义,所以回归方程拟合的效果是比较令人满意的。

表 5 – 19　ANOVA[a] 系数(五)

模型	平方和	自由度	均方	F
回归	174.49	5	34.90	167.77 ***
残差	44.51	214	0.21	
总计	219.00	219		

注:"*"代表显著性水平 $P<0.1$,"**"代表显著性水平 $P<0.05$,"***"代表显著性水平 $P<0.01$。

如表 5 – 20 所示,第一,"学生期望"的回归系数是 0.12,$0.05<P<0.1$,说明学生期望中所包含的解释变量对课程思政教育学生满意度不具有显著正向影响,这一数据结果与现实整体满意度、预期整体满意度、理想整体满意度、课程思政参与意愿度的回归分析结果相似,再一次验证了课程思政教育过程中存在学生对课程思政教育期望程度低、课程思政教育不能较好满足学生需求、课程思政教育缺乏足够的效用等问题这一结论的正确性。

第二,"学校形象"的回归系数是 0.35,$P<0.01$,说明"学校形象"中所包含的解释变量对课程思政教育学生满意度具有显著正向影响,也就是说,学生们在"学校形象"的得分每增加 1 个单位,学生对课程思政教育的满意

度就会上升 0.35，这一数据结果与现实整体满意度、预期整体满意度、理想整体满意度、课程思政参与意愿度的回归结果较为一致。

表 5 - 20 估计结果(五)

模型	解释变量	未标准化系数		标准化系数	
		回归系数	标准错误	β	t
1	(常量)	-4.61	0.18		-25.94
	学生期望	0.12*	0.06	0.09	1.89
	学校形象	0.35***	0.08	0.28	4.36
	感知价值	0.12	0.08	0.09	1.54
	生师互动	0.16**	0.08	0.12	2.02
	生生互动	0.49***	0.06	0.43	8.36

注:" * "代表显著性水平 $P < 0.1$，" * * "代表显著性水平 $P < 0.05$，" * * * "代表显著性水平 $P < 0.01$。

第三，"感知价值"的回归系数是 0.12，$P = 0.12$，也就是说，现阶段课程思政教育存在着学生学习成果与努力程度之间不匹配，教师缺乏课程思政元素融入能力、教学质量水平低等问题，导致"感知价值"与课程思政教育学生满意度之间的因果关系不显著，这一数据结果与现实整体满意度、理想整体满意度、课程思政参与意愿度的回归结果较为相似。

第四，"生师互动"的回归系数是 0.16，$P < 0.05$，说明"生师互动"中所包含的解释变量对课程思政教育学生满意度具有显著正向影响，也就是说，学生们在"生师互动"的得分每增加 1 个单位，学生对课程思政教育的满意度就会上升 0.16，这一数据结果与现实整体满意度、预期整体满意度、理想整体满意度的回归结果较为不一致，与课程思政参与意愿度的回归结果较为相似。

第五，"生生互动"的回归系数是 0.49，$P < 0.01$，说明"生生互动"中所包含的解释变量对课程思政教育学生满意度具有显著正向影响，也就是说，学生们在"生生互动"的得分每增加 1 个单位，学生对课程思政教育的满意度就会上升 0.49。

以上结果说明"学校形象""生师互动""生生互动"中包含的解释变量是提升学生对课程思政教育满意度的重要因素。

将性别和政治面貌作为控制变量纳入线性回归模型,对基准回归的估计结果进行稳健性检验,结果如表 5 - 21 所示。基准回归中"学生期望""学校形象""感知价值""生师互动""生生互动"的回归系数分别为 0.12,0.35,0.12,0.16,0.49,稳健性检验中"学生期望""学校形象""感知价值""生师互动""生生互动"的回归系数分别为 0.11,0.35,0.13,0.16,0.49。可以看出,"学生期望"和"感知价值"的回归系数虽然发生变化,但是变化幅度较小,不影响估计结果的稳定性,同时 5 个解释变量在系数符号、显著性水平上都保持高度一致。据此,本书基准回归结果稳健可靠,本书的课程思政教育学生满意度基准回归结论得到了有力支撑。

表 5 - 21　稳健性检验(五)

模型	解释变量	未标准化系数		标准化系数	
		回归系数	标准错误	β	t
1	(常量)	-0.78	0.36		-2.17
	性别	0.30	0.15	0.14	2.10
	政治面貌	0.13	0.13	0.07	1.03
2	(常量)	-4.68	0.23		-20.42
	性别	0.01	0.07	0.01	0.19
	政治面貌	0.03	0.06	0.02	0.46
	学生期望	0.11	0.07	0.09	1.74
	学校形象	0.35***	0.08	0.28	4.30
	感知价值	0.13	0.08	0.10	1.60
	生师互动	0.16**	0.08	0.12	1.99
	生生互动	0.49***	0.06	0.43	8.29

注:"*"代表显著性水平 $P < 0.1$,"**"代表显著性水平 $P < 0.05$,"***"代表显著性水平 $P < 0.01$。

如表 5 - 22 所示,通过线性回归,本书可以得出结论,从总体上来看,"学生期望""感知价值""生师互动"解释变量对现实整体满意度、预期整体满意度、理想整体满意度、思政参与意愿度、课程思政教育学生满意度不具有显著正向影响,反映出现阶段的课程思政教育在"学生期望""感知价值""生师互动"方面存在诸多问题。"学校形象"和"生生互动"解释变量对现实整体满意度、预期整体满意度、理想整体满意度、思政参与意愿度、课程思政教育学生满意度具有显著正向影响。

表 5 - 22   课程思政教育学生满意度线性回归结果摘要

解释变量	M1	M2	M3	M4	M5
学生期望					
学校形象	√	√	√	√	√
感知价值		√			
生师互动				√	√
生生互动	√	√	√	√	√

注:M1—现实整体满意度回归分析;M2—预期整体满意度回归分析;M3—理想整体满意度回归分析;M4—思政参与意愿度回归分析;M5—课程思政教育学生满意度回归分析。

"√"代表该解释变量在回归结果中,解释变量与被解释变量之间的因果关系较为显著;空白则代表该解释变量在回归结果中,对被解释变量的影响程度不显著。

(二)教师课程思政教育有效性线性回归分析

1. 课程思政内容比例回归分析

将"您课程思政内容比例高低"作为被解释变量,进行回归分析。

如表 5 -23 所示,该模型的 R 值为 0.76,说明变量间具有较高的线性相关程度。该模型的 R^2 值为 0.58,意味着解释变量能够解释课程思政内容比例变化情况的 58%,超过规定统计学规定指标 30%,因此可以得出结论,解释变量可以较好地解释课程思政内容比例情况的大部分变化。

表 5 - 23　模型摘要(六)

模型	R	R^2	调整后 R^2	标准估算的错误
1	0.76	0.58	0.55	0.67

如表 5 - 24 所示，$F = 18.60$，P 值为 0.00（ < 0.01），据此可以认定本书的数据具有统计学意义，所以回归方程拟合的效果是比较令人满意的。

表 5 - 24　ANOVA[a] 系数(六)

模型	平方和	自由度	均方	F
回归	58.67	7	8.38	18.60***
残差	42.35	94	0.45	
总计	101.02	101		

注:"*"代表显著性水平 $P < 0.1$，"**"代表显著性水平 $P < 0.05$，"***"代表显著性水平 $P < 0.01$。

如表 5 - 25 所示，可以看出，前六个解释变量的条件指数都介于 10 ~ 30 之间，唯独第七个解释变量的条件指数超过 30，但是从整体来看，该模型解释变量之间并不存在严重的多重共线性。据此可以得出结论，通过该模型所得到的回归结果依旧较为精确。

表 5 - 25　共线性诊断(二)

维	特征值	条件指标	方差比例							
			常量	X1	X2	X3	X4	X5	X6	X7
1	7.85	1.00	0.00	0.00	0.00	0.00	0.00	0.00	0.00	0.00
2	0.05	12.38	0.10	0.00	0.02	0.02	0.04	0.03	0.09	0.07
3	0.03	15.71	0.42	0.01	0.36	0.00	0.00	0.01	0.00	0.06
4	0.02	18.86	0.31	0.10	0.35	0.04	0.04	0.00	0.05	0.16
5	0.02	22.55	0.02	0.34	0.15	0.03	0.02	0.03	0.08	0.57
6	0.01	25.75	0.09	0.22	0.00	0.00	0.85	0.14	0.04	0.00

表5-25(续)

维	特征值	条件指标	方差比例							
			常量	X1	X2	X3	X4	X5	X6	X7
7	0.01	26.82	0.06	0.26	0.02	0.87	0.02	0.02	0.01	0.14
8	0.01	31.82	0.01	0.06	0.10	0.03	0.03	0.77	0.74	0.00

注:X1—教师因素;X2—学生因素;X3—教学方法因素;X4—教学环境因素;X5—教学内容因素;X6—教学目的因素;X7—教学反馈因素。

如表5-26所示,第一,"教师因素"的回归系数是0.09,$P=0.57$,说明"教师因素"中所包含的解释变量对课程思政内容比例不具有显著正向影响。也就是说,"教师因素"所包含的解释变量,如教师间教学资源共享程度、学习数据应用程度、讲授思路清晰程度、信息技术应用能力强弱、学生主体地位强弱与课程思政内容比例之间的因果关系不显著,这一数据结果在一定程度上揭示了现阶段的课程思政教育中可能存在教师间较少共享教学资源、学习数据应用程度较低、思政教育讲授思路不清晰、教师应用信息技术能力弱、学生主体地位得不到有效体现等问题。

表5-26 估计结果(六)

模型	解释变量	未标准化系数		标准化系数	
		回归系数	标准错误	β	t
1	(常量)	-0.24	0.37		-0.63
	教师因素	0.09	0.15	0.06	0.58
	学生因素	0.18	0.11	0.15	1.54
	教学方法因素	-0.08	0.14	-0.05	-0.54
	教学环境因素	0.11	0.16	0.09	0.69
	教学内容因素	0.34*	0.17	0.27	1.95
	教学目的因素	0.38**	0.16	0.33	2.34

注:"*"代表显著性水平$P<0.1$,"**"代表显著性水平$P<0.05$,"***"代表显著性水平$P<0.01$。

第二,"学生因素"的回归系数是 0.18,$P=0.13$,也就是说,"学生因素"对"课程思政内容比例"不具有显著正向影响,原因在于,学生缺乏自主学习和相互协作的能力,导致回归结果中"学生因素"与"课程思政内容比例"之间的因果关系不显著。

第三,"教学方法因素"的回归系数是 -0.08,$P=0.59$,"教学方法因素"对课程思政内容比例不具有显著正向影响,在一定程度上,说明在课程思政教育过程中,教学方法存在着教师组织学习活动频率低、教师对启发式教学应用程度低的问题,导致"教学方法因素"与"课程思政内容比例"之间的因果关系不显著。

第四,"教学环境因素"的回归系数是 0.11,$P=0.49$,也就是说,现阶段的课程思政教育可能存在着课程基本信息完备性较差、常规性学习资源数量较少、拓展性学习资源的数量较少等问题,导致在回归结果中未能有效体现出其与课程思政内容比例之间的因果关系。

第五,"教学内容因素"回归系数是 0.34,$0.05<P<0.1$,"生师互动"对课程思政内容比例不具有显著影响,在一定程度上,说明在课程思政教育内容上存在着课程思政内容与目标契合性较差、学习内容不够明确、教学内容应用性较差、教学内容缺乏针对性等问题。

第六,"教学目的因素"的回归系数是 0.38,$P<0.05$,说明"教学目的因素"中所包含的解释变量对课程思政内容比例具有显著正向影响,也就是说,教师们在"教学目的因素"的得分每增加 1 个单位,教师课程思政内容比例就会上升 0.38。

以上结果说明"教学目的因素"中包含的解释变量是提升教师课程思政内容比例的重要因素。

将政治面貌和学位作为控制变量纳入线性回归模型,对基准回归的估计结果进行稳健性检验,结果如表 5-27 所示。基准回归中"教师因素""学生因素""教学方法因素""教学环境因素""教学内容因素""教学目的因素"的回归系数分别为 0.09,0.18,-0.08,0.11,0.34,0.38,稳健性检验中"教师因素""学生因素""教学方法因素""教学环境因素""教学内容因素""教学目的因素"的回归系数分别为 0.09,0.18,-0.08,0.12,0.33,0.39。可以看出,"教学环境因素""教学内容因素""教学目的因素"的回归系数虽然发生变化,但是变化幅度较小,不影响估计结果的稳定性,同时6个解释变量在系数符号、显著性水平上都保持高度一致。据此,本书基准回归结果稳健可靠,本书的课程思政内容比例基准回归结论得到了有力支撑。

表 5 - 27　稳健性检验(六)

模型	解释变量	未标准化系数		标准化系数	
		回归系数	标准错误	β	t
1	(常量)	3.65	0.62		5.87
	政治面貌	-0.07	0.20	-0.03	-0.33
	学位	-0.17	0.18	-0.09	-0.91
2	(常量)	-0.53	0.61		-0.86
	政治面貌	-0.04	0.14	-0.02	-0.28
	学位	0.12	0.13	0.07	0.96
	教师因素	0.09	0.15	0.07	0.60
	学生因素	0.18	0.12	0.15	1.55
	教学方法因素	-0.08	0.14	-0.06	-0.57
	教学环境因素	0.12	0.16	0.10	0.76
	教学内容因素	0.33*	0.18	0.26	1.78
	教学目的因素	0.39**	0.17	0.34	2.36

注:"*"代表显著性水平 $P<0.1$,"**"代表显著性水平 $P<0.05$,"***"代表显著性水平 $P<0.01$。

2. 思政内容掌握程度回归分析

将"您对思政内容掌握程度"作为被解释变量,进行回归分析。

如表 5 - 28 所示,该模型的 R 值为 0.82,说明变量间具有较高的线性相关程度。该模型的 R^2 值为 0.67,意味着解释变量能够解释课程思政内容掌握程度变化情况的 67%,超过规定统计学规定指标 30%,因此可以得出结论,解释变量可以较好地解释教师课程思政内容掌握程度情况的大部分变化。

表 5 – 28　模型摘要(七)

模型	R	R^2	调整后 R^2	标准估算的错误
1	0.82	0.67	0.65	0.55

如表 5 – 29 所示, $F = 32.17$, P 值为 0.00(<0.01),据此可以认定本书的数据具有统计学意义,所以回归方程拟合的效果是比较令人满意的。

表 5 – 29　ANOVA[a] 系数(七)

模型	平方和	自由度	均方	F
回归	58.32	6	9.72	32.17***
残差	28.70	95	0.302	
总计	87.02	101		

注:" * "代表显著性水平 $P<0.1$,"* *"代表显著性水平 $P<0.05$,"* * *"代表显著性水平 $P<0.01$。

如表 5 – 30 所示,第一,"教师因素"的回归系数是 0.17, $P = 0.18$,说明"教师因素"中所包含的解释变量对课程思政内容掌握程度不具有显著正向影响。也就是说,"教师因素"所包含的解释变量,如教师间教学资源共享程度、学习数据应用程度、讲授思路清晰程度、信息技术应用能力强弱、学生主体地位强弱与课程思政内容掌握程度之间的因果关系不显著,这一数据结果与课程思政内容比例回归结果相似,课程思政教育中存在教师间较少共享教学资源、学习数据应用程度较低、思政教育讲授思路不清晰、教师应用信息技术能力弱、学生主体地位得不到有效体现等问题再一次得到验证。

第二,"学生因素"的回归系数是 0.10, $P = 0.29$,也就是说,"学生因素"对"课程思政内容掌握程"不具有显著正向影响,原因在于,学生缺乏自主学习和相互协作的能力,导致回归结果中"学生因素"与"课程思政内容掌握程"之间的因果关系不显著。

表 5 - 30　估计结果（七）

模型	解释变量	未标准化系数		标准化系数	
		回归系数	标准错误	β	t
1	（常量）	-0.20	0.31		-0.66
	教师因素	0.17	0.12	0.13	1.36
	学生因素	0.10	0.09	0.09	1.07
	教学方法因素	0.05	0.12	0.04	0.43
	教学环境因素	-0.07	0.13	-0.07	-0.56
	教学内容因素	0.67***	0.14	0.58	4.73
	教学目的因素	0.14	0.13	0.13	1.05

注："*"代表显著性水平 $P<0.1$，"**"代表显著性水平 $P<0.05$，"***"代表显著性水平 $P<0.01$。

第三，"教学方法因素"的回归系数是 -0.05，$P=0.67$，"教学方法因素"对课程思政内容掌握程度不具有显著正向影响，在一定程度上，说明在课程思政教育过程中，教学方法存在着教师组织学习活动频率低、教师对启发式教学应用程度低的问题，导致"教学方法因素"与"课程思政内容掌握程度"之间的因果关系不显著。

第四，"教学环境因素"的回归系数是 -0.07，$P=0.58$，也就是说，现阶段的课程思政教育可能存在着课程基本信息完备性较差、常规性学习资源数量较少、拓展性学习资源的数量较少等问题，导致在回归结果中未能有效体现出其与课程思政内容掌握程度之间的因果关系。

第五，"教学内容因素"的回归系数是 0.67，$P<0.01$，说明"教学内容因素"中所包含的解释变量对课程思政内容掌握程度具有显著正向影响，也就是说，教师们在"教学内容因素"的得分每增加 1 个单位，教师课程思政内容掌握程度就会上升 0.67。

第六，"教学目的因素"回归系数是 0.14，$P=0.30$，"教学目的因素"对课程思政内容掌握程度不具有显著影响，在一定程度上，说明在课程教学目的上，存在着教学目标不够全面和教学目标可测量性较差的问题，导致"教学目的因素"未能在回归结果中体现出其与教师课程思政内容掌握程度之间的因果关系。

以上结果说明"教学内容因素"中包含的解释变量是提升教师课程思政内容掌握程度的重要因素。

将政治面貌和学位作为控制变量纳入线性回归模型,对基准回归的估计结果进行稳健性检验,结果如表5－31所示。基准回归中"教师因素""学生因素""教学方法因素""教学环境因素""教学内容因素""教学目的因素"的回归系数分别为0.17,0.10,0.05,－0.07,0.67,0.14,稳健性检验中"教师因素""学生因素""教学方法因素""教学环境因素""教学内容因素""教学目的因素"的回归系数分别为0.17,0.10,0.05,－0.06,0.66,0.15。可以看出,"教学环境因素""教学内容因素""教学目的因素"的回归系数虽然发生变化,但是变化幅度较小,不影响估计结果的稳定性,同时6个解释变量在系数符号、显著性水平上都保持高度一致。据此,本书基准回归结果稳健可靠,本书的课程思政内容掌握程度基准回归结论得到了有力支撑。

表5－31　稳健性检验(七)

模型	解释变量	未标准化系数		标准化系数	
		回归系数	标准错误	β	t
1	(常量)	4.05	0.58		7.03
	政治面貌	－0.13	0.19	－0.07	－0.70
	学位	－0.15	0.17	－0.09	－0.87
2	(常量)	－0.50	0.50		－1.00
	政治面貌	－0.04	0.12	－0.02	－0.32
	学位	0.12	0.10	0.07	1.18
	教师因素	0.17	0.13	0.14	1.37
	学生因素	0.10	0.09	0.09	1.10
	教学方法因素	0.05	0.12	0.04	0.39
	教学环境因素	－0.06	0.13	－0.05	－0.46
	教学内容因素	0.66***	0.15	0.57	4.41
	教学目的因素	0.15	0.14	0.14	1.11

注:"*"代表显著性水平$P < 0.1$,"**"代表显著性水平$P < 0.05$,"***"代表显著性水平$P < 0.01$。

3. 学生的思政满意度回归分析

将"您认为学生满意度高低"作为被解释变量,进行回归分析。

如表 5 - 32 所示,该模型的 R 值为 0.68,说明变量间具有较高的线性相关程度。该模型的 R^2 值为 0.47,意味着解释变量能够解释课程思政教育学生满意度变化情况的 47%,超过规定统计学规定指标 30%,因此可以得出结论,解释变量可以较好地解释教师课程思政教育学生满意度情况的大部分变化。

表 5 - 32　模型摘要(八)

模型	R	R^2	调整后 R^2	标准估算的错误
1	0.68	0.47	0.43	0.59

如表 5 - 33 所示,$F = 13.77$,P 值为 0.00(< 0.01),据此可以认定本书的数据具有统计学意义,所以回归方程拟合的效果是比较令人满意的。

表 5 - 33　ANOVA[a] 系数(八)

模型	平方和	自由度	均方	F
回归	28.87	6	4.81	13.77***
残差	33.21	95	0.35	
总计	62.08	101		

注:"*"代表显著性水平 $P < 0.1$,"* *"代表显著性水平 $P < 0.05$,"* * *"代表显著性水平 $P < 0.01$。

如表 5 - 34 所示,第一,"教师因素"的回归系数是 -0.05,$P = 0.74$,说明"教师因素"中所包含的解释变量对课程思政学生满意度不具有显著正向影响。也就是说,课程思政教育中存在教师间较少共享教学资源、学习数据应用程度较低、思政教育讲授思路不清晰、教师应用信息技术能力弱、学生主体地位得不到有效体现等问题,导致"教师因素"与"课程思政学生满意度"之间的因果关系不显著。

表5－34　估计结果(八)

模型	解释变量	未标准化系数		标准化系数	
		回归系数	标准错误	β	t
1	(常量)	0.95	0.33		2.89
	教师因素	-0.05	0.13	-0.04	-0.34
	学生因素	0.08	0.10	0.09	0.81
	教学方法因素	0.52***	0.12	0.48	4.23
	教学环境因素	-0.12	0.14	-0.12	-0.84
	教学内容因素	0.27*	0.15	0.28	1.76
	教学目的因素	0.08	0.14	0.09	0.58

注:"*"代表显著性水平$P<0.1$,"**"代表显著性水平$P<0.05$,"***"代表显著性水平$P<0.01$。

第二,"学生因素"的回归系数是0.08,$P=0.42$,也就是说,"学生因素"对"课程思政教育学生满意度"不具有显著正向影响,原因在于学生缺乏自主学习和相互协作的能力,导致回归结果中,"学生因素"与"课程思政教育学生满意度"之间的因果关系不显著。以上第一、第二条结论均与课程思政内容比例、课程思政内容掌握程度回归结果所得结论较为一致。

第三,"教学方法因素"的回归系数是0.52,$P<0.01$,说明"教学方法因素"中所包含的解释变量对课程思政学生满意度具有显著正向影响,也就是说,教师们在"教学方法因素"的得分每增加1个单位,课程思政学生满意度就会上升0.52,这一回归结果与课程思政内容比例、课程思政内容掌握程度回归结果所得结论不一致。

第四,"教学环境因素"的回归系数是-0.12,$P=0.40$,也就是说,现阶段的课程思政教育可能存在着课程基本信息完备性较差、常规性学习资源数量较少、拓展性学习资源的数量较少等问题,导致在回归结果中未能有效体现出其与课程思政学生满意度之间的因果关系,这一回归结果与课程思政内容比例、课程思政内容掌握程度的回归结果较为一致。

第五,"教学内容因素"的回归系数是0.27,$0.05<P<0.1$,"教学内容因素"对课程思政学生满意度不具有显著正向影响,在一定出程度上,说明

在课程思政教学内容上存在着课程思政内容与目标契合性较差、学习内容不够明确、教学内容应用性较差、教学内容缺乏针对性等问题。

第六,"教学目的因素"回归系数是 0.08,$P = 0.56$,"教学目的因素"对课程思政学生满意度不具有显著影响,在一定程度上,说明在课程教学目的上,存在着教学目标不够全面和教学目标可测量性较差的问题,导致"教学目的因素"与"课程思政学生满意度"之间的因果关系不显著。

以上结果说明"教学方法因素"中包含的解释变量是提升教师课程思政学生满意度的重要因素。

将政治面貌和学位作为控制变量纳入线性回归模型,对基准回归的估计结果进行稳健性检验,结果如表 5 - 35 所示。基准回归中"教师因素""学生因素""教学方法因素""教学环境因素""教学内容因素""教学目的因素"的回归系数分别为 - 0.05,0.08,0.52, - 0.12,0.27,0.08,稳健性检验中"教师因素""学生因素""教学方法因素""教学环境因素""教学内容因素""教学目的因素"的回归系数分别为 - 0.07,0.08,0.53, - 0.12,0.31,0.06。可以看出,"教师因素""教学方法因素""教学内容因素""教学目的因素"的回归系数虽然发生变化,但是变化幅度较小,不影响估计结果的稳定性,同时 6 个解释变量在系数符号、显著性水平上都保持高度一致。据此,本书基准回归结果稳健可靠,本书的课程思政学生满意度基准回归结论得到了有力支撑。

表 5 - 35　稳健性检验(八)

模型	解释变量	未标准化系数		标准化系数	
		回归系数	标准错误	β	t
1	(常量)	4.18	0.49		8.60
	政治面貌	0.03	0.16	0.02	0.16
	学位	- 0.16	0.14	- 0.12	- 1.15
2	(常量)	0.78	0.54		1.45
	政治面貌	0.10	0.13	0.07	0.83
	学位	- 0.01	0.11	- 0.01	- 0.08
	教师因素	- 0.07	0.14	- 0.07	- 0.52

表 5 - 35(续)

模型	解释变量	未标准化系数		标准化系数	
		回归系数	标准错误	β	t
2	学生因素	0.08	0.10	0.09	0.83
	教学方法因素	0.53***	0.12	0.49	4.24
	教学环境因素	-0.12	0.14	-0.13	-0.85
	教学内容因素	0.31*	0.16	0.32	1.92
	教学目的因素	0.06	0.15	0.07	0.41

注:"*"代表显著性水平 $P < 0.1$,"**"代表显著性水平 $P < 0.05$,"***"代表显著性水平 $P < 0.01$。

4.学校的思政满意度回归分析

将"学校对您课程思政教学满意度高低"作为被解释变量,进行回归分析。

如表 5 - 36 所示,该模型的 R 值为 0.70,说明变量间具有较高的线性相关程度。该模型的 R^2 值为 0.48,意味着解释变量能够解释课程思政教育学校满意度变化情况的 48%,超过规定统计学规定指标 30%,因此可以得出结论,解释变量可以较好地解释课程思政教育学校满意度情况的大部分变化。

表 5 - 36　模型摘要(九)

模型	R	R^2	调整后 R^2	标准估算的错误
1	0.70	0.48	0.45	0.54

如表 5 - 37 所示,$F = 14.82$,P 值为 0.00(< 0.01),据此可以认定本书的数据具有统计学意义,所以回归方程拟合的效果是比较令人满意的。

表 5 - 37　ANOVAª 系数(九)

模型	平方和	自由度	均方	F
回归	26.28	6	4.38	14.82***

表 5 –37（续）

残差	28.08	95	0.30	
总计	54.35	101		

注："*"代表显著性水平 $P < 0.1$，"* *"代表显著性水平 $P < 0.05$，"* * *"代表显著性水平 $P < 0.01$。

如表 5 –38 所示，第一，"教师因素"的回归系数是 0.11，$P = 0.35$，说明"教师因素"中所包含的解释变量对课程思政学校满意度不具有显著正向影响。也就是说，课程思政教育中存在教师间较少共享教学资源、学习数据应用程度较低、思政教育讲授思路不清晰、教师应用信息技术能力弱、学生主体地位得不到有效体现等问题，导致"教师因素"与"课程思政学校满意度"之间的因果关系不显著。

表 5 –38　估计结果（九）

模型	解释变量	未标准化系数		标准化系数	
		回归系数	标准错误	β	t
1	（常量）	1.07	0.30		3.52
	教师因素	0.11	0.12	0.11	0.94
	学生因素	0.10	0.09	0.11	1.05
	教学方法因素	0.47***	0.11	0.46	4.11
	教学环境因素	0.06	0.13	0.07	0.46
	教学内容因素	−0.07	0.14	−0.08	−0.49
	教学目的因素	0.10	0.13	0.12	0.78

注："*"代表显著性水平 $P < 0.1$，"* *"代表显著性水平 $P < 0.05$，"* * *"代表显著性水平 $P < 0.01$。

第二，"学生因素"的回归系数是 0.10，$P = 0.30$，"学生因素"对"课程思政教育学校满意度"不具有显著正向影响，原因在于学生缺乏自主学习和相互协作的能力，导致回归结果中"学生因素"与"课程思政教育学校满意度"之间的因果关系不显著。

第三,"教学方法因素"的回归系数是 0.47,$P < 0.01$,说明"教学方法因素"中所包含的解释变量对课程思政学校满意度具有显著正向影响,也就是说,教师们在"教学方法因素"的得分每增加 1 个单位,课程思政学校满意度就会上升 0.47。

第四,"教学环境因素"的回归系数是 0.06,$P = 0.65$,也就是说,现阶段的课程思政教育可能存在着课程基本信息完备性较差、常规性学习资源数量较少、拓展性学习资源的数量较少等问题,导致在回归结果中未能有效体现出其与课程思政学校满意度之间的因果关系。

第五,"教学内容因素"的回归系数是 -0.01,$P = 0.63$,"教学内容因素"对课程思政学校满意度不具有显著正向影响,在一定出程度上,说明在课程思政教学内容上存在着课程思政内容与目标契合性较差、学习内容不够明确、教学内容应用性较差、教学内容缺乏针对性等问题。

第六,"教学目的因素"回归系数是 0.07,$P = 0.44$,"教学目的因素"对课程思政学校满意度不具有显著正向影响,在一定程度上,说明在课程教学目的上存在着教学目标不够全面和教学目标可测量性较差的问题,导致"教学目的因素"与"课程思政学校满意度"之间的因果关系不显著。以上结论与课程思政学生满意度回归结果所得结论具有较高的一致性。

以上结果说明"教学方法因素"中包含的解释变量是提升教师课程思政学校满意度的重要因素。

将政治面貌和学位作为控制变量纳入线性回归模型,对基准回归的估计结果进行稳健性检验,结果如表 5-39 所示。基准回归中"教师因素""学生因素""教学方法因素""教学环境因素""教学内容因素""教学目的因素"的回归系数分别为 0.11,0.10,0.47,0.06,-0.07,0.10,稳健性检验中"教师因素""学生因素""教学方法因素""教学环境因素""教学内容因素""教学目的因素"的回归系数分别为 0.08,0.10,0.47,0.06,-0.01,0.07。可以看出,"教师因素""教学内容因素""教学目的因素"的回归系数虽然发生变化,但是变化幅度较小,不影响估计结果的稳定性,同时 6 个解释变量在系数符号、显著性水平上都保持高度一致。据此,本书基准回归结果稳健可靠,本书的课程思政学校满意度基准回归结论得到了有力支撑。

表 5 - 39　稳健性检验（九）

模型	解释变量	未标准化系数		标准化系数	
		回归系数	标准错误	β	t
1	（常量）	3.85	0.45		8.50
	政治面貌	0.16	0.15	0.11	1.09
	学位	-0.15	0.13	-0.11	-1.09
2	（常量）	0.79	0.49		1.60
	政治面貌	0.15	0.12	0.10	1.31
	学位	-0.00	0.10	-0.00	-0.01
	教师因素	0.08	0.13	0.08	0.60
	学生因素	0.10	0.09	0.12	1.10
	教学方法因素	0.47***	0.11	0.47	4.17
	教学环境因素	0.06	0.13	0.06	0.44
	教学内容因素	-0.01	0.15	-0.01	-0.05
	教学目的因素	0.07	0.14	0.08	0.51

注："＊"代表显著性水平 $P < 0.1$，"＊＊"代表显著性水平 $P < 0.05$，"＊＊＊"代表显著性水平 $P < 0.01$。

5. 学校体制完善程度回归分析

将"您认为学校的奖励、考核与监督体制的完善水平高低"作为被解释变量，进行回归分析。

如表 5 - 40 所示，该模型的 R 值为 0.64，说明变量间具有较高的线性相关程度。该模型的 R^2 值为 0.40，意味着解释变量能够解释学校体制完善程度变化情况的 40%，超过规定统计学规定指标 30%，因此可以得出结论，解释变量可以较好地解释学校体制完善程度情况的大部分变化。

表 5 - 40　模型摘要（十）

模型	R	R^2	调整后 R^2	标准估算的错误
1	0.64	0.40	0.37	0.73

如表 5 - 41 所示，$F = 10.74$，P 值为 0.00（<0.01），据此可以认定本书的数据具有统计学意义，所以回归方程拟合的效果是比较令人满意的。

表 5 - 41　ANOVAᵃ 系数（十）

模型	平方和	自由度	均方	F
回归	34.22	6	5.70	10.74***
残差	50.46	95	0.53	
总计	84.68	101		

注："*"代表显著性水平 $P < 0.1$，"**"代表显著性水平 $P < 0.05$，"***"代表显著性水平 $P < 0.01$。

如表 5 - 42 所示，第一，"教师因素"的回归系数是 -0.14，$P = 0.38$，说明"教师因素"中所包含的解释变量对学校体制完善程度不具有显著正向影响。也就是说，课程思政教育中存在教师间较少共享教学资源、学习数据应用程度较低、思政教育讲授思路不清晰、教师应用信息技术能力弱、学生主体地位得不到有效体现等问题，导致"教师因素"与"学校体制完善程度"之间的因果关系不显著。

表 5 - 42　估计结果（十）

模型	解释变量	未标准化系数		标准化系数	
		回归系数	标准错误	β	t
1	（常量）	0.63	0.41		1.56
	教师因素	-0.14	0.16	-0.11	-0.88
	学生因素	0.38***	0.12	0.35	3.09
	教学方法因素	-0.00	0.15	-0.00	-0.01
	教学环境因素	-0.06	0.17	-0.05	-0.33
	教学内容因素	0.52***	0.19	0.45	2.74
	教学目的因素	0.06	0.18	0.06	0.36

注："*"代表显著性水平 $P < 0.1$，"**"代表显著性水平 $P < 0.05$，"***"代表显著性水平 $P < 0.01$。

第二,"学生因素"的回归系数是 0.38,$P < 0.01$,说明"学生因素"中所包含的解释变量对学校体制完善程度具有显著正向影响,也就是说,教师们在"学生因素"的得分每增加 1 个单位,学校体制完善程度就会上升 0.38,这一结论与上述课程思政内容比例、课程思政内容掌握程度、课程思政学生满意度、课程思政学校满意度回归结果不一致。

第三,"教学方法因素"的回归系数是 -0.00,$P = 1$,说明"教学方法因素"中所包含的解释变量对学校体制完善程度不具有显著正向影响,在一定出程度上,说明在课程思政教育过程中,教学方法存在着教师组织学习活动频率低、教师对启发式教学应用程度低的问题,导致"教学方法因素"与"学校体制完善程度"之间的因果关系不显著。

第四,"教学环境因素"的回归系数是 -0.06,$P = 0.74$,也就是说,现阶段的课程思政教育可能存在着课程基本信息完备性较差、常规性学习资源数量较少、拓展性学习资源的数量较少等问题,导致在回归结果中未能有效体现出其与学校体制完善程度之间的因果关系。

第五,"教学内容因素"的回归系数是 0.52,$P < 0.01$,说明"教学内容因素"对学校体制完善程度具有显著正向影响,也就是说,教师们在"教学内容因素"的得分每增加 1 个单位,学校体制完善程度就会上升 0.52。

第六,"教学目的因素"回归系数是 0.06,$P = 0.72$,"教学目的因素"对学校体制完善程度不具有显著正向影响,在一定程度上,说明在课程教学目的上,存在着教学目标不够全面和教学目标可测量性较差的问题,导致"教学目的因素"与"学校体制完善程度"之间的因果关系不显著。

以上结果说明"学生因素"和"教学内容因素"中包含的解释变量是提升学校体制完善程度的重要因素。

将政治面貌和学位作为控制变量纳入线性回归模型,对基准回归的估计结果进行稳健性检验,结果如表 5-43 所示。基准回归中"教师因素""学生因素""教学方法因素""教学环境因素""教学内容因素""教学目的因素"的回归系数分别为 -0.14,0.38,-0.00,-0.06,0.52,0.06,稳健性检验中"教师因素""学生因素""教学方法因素""教学环境因素""教学内容因素""教学目的因素"的回归系数分别为 -0.18,0.39,0.01,-0.06,0.57,0.03。可以看出,"教师因素""学生因素""教学方法因素""教学内容因素""教学目的因素"的回归系数发生变化,其中,"教学方法因素"的系数符号发生了变化,但不影响估计结果的稳定性,同时其他 5 个解释变量在系数符号、显著性水平上都保持高度一致。据此,本书基准回归结果稳健可靠,本书的学校体制完善程度基准回归结论得到了有力支撑。

表 5 - 43　稳健性检验(十)

模型	解释变量	未标准化系数		标准化系数	
		回归系数	标准错误	β	t
1	(常量)	3.77	0.57		6.64
	政治面貌	-0.00	0.18	0.00	-0.00
	学位	-0.22	0.17	-0.13	-1.29
2	(常量)	0.42	0.66		0.63
	政治面貌	0.13	0.16	0.07	0.84
	学位	-0.01	0.14	-0.01	-0.07
	教师因素	-0.18	0.17	-0.14	-1.04
	学生因素	0.39***	0.13	0.35	3.10
	教学方法因素	0.01	0.15	0.01	0.04
	教学环境因素	-0.06	0.17	-0.05	-0.35
	教学内容因素	0.57***	0.20	0.50	2.84
	教学目的因素	0.03	0.03	0.03	0.18

注:"*"代表显著性水平 $P<0.1$,"**"代表显著性水平 $P<0.05$,"***"代表显著性水平 $P<0.01$。

6. 教师课程思政有效性回归分析

通过因子分析,从课程思政内容比例、课程思政内容掌握程度、课程思政学生满意度、课程思政学校满意度、学校体制完善程度中提取一个公因子,命名为课程思政教育的有效性。将"课程思政教育的有效性"作为被解释变量,进行回归分析。

如表 5 - 44 所示,该模型的 R 值为 0.88,说明变量间具有较高的线性相关程度。该模型的 R^2 值为 0.77,意味着解释变量能够解释课程思政教育有效性变化情况的77%,超过规定统计学规定指标30%,因此可以得出结论,解释变量可以较好地解释教师课程思政教育有效性的大部分变化。

表5-44　模型摘要(十一)

模型	R	R^2	调整后 R^2	标准估算的错误
1	0.88	0.77	0.75	0.50

如表5-45所示,$F=52.45$,P值为0.00(<0.01),据此可以认定本书的数据具有统计学意义,所以回归方程拟合的效果是比较令人满意的。

表5-45　ANOVA[a]系数(十一)

模型	平方和	自由度	均方	F
回归	77.58	6	12.93	52.45***
残差	23.42	95	0.25	
总计	101.00	101		

注:"*"代表显著性水平 $P<0.1$,"**"代表显著性水平 $P<0.05$,"***"代表显著性水平 $P<0.01$。

如表5-46所示,第一,"教师因素"的回归系数是0.06,$P>0.05$,说明"教师因素"中所包含的解释变量对课程思政教育的有效性不具有显著正向影响。也就是说,课程思政教育中存在教师间较少共享教学资源、学习数据应用程度较低、思政教育讲授思路不清晰、教师应用信息技术能力弱、学生主体地位得不到有效体现等问题,导致"教师因素"与"课程思政教育的有效性"之间的因果关系不显著。

第二,"学生因素"的回归系数是0.24,$P<0.01$,说明"学生因素"中所包含的解释变量对课程思政教育的有效性具有显著正向影响,也就是说,教师们在"学生因素"的得分每增加1个单位,课程思政教育的有效性就会上升0.24,这一结论与学校体制完善程度回归结果较为一致。

第三,"教学方法因素"的回归系数是0.32,$P<0.01$,说明"教学方法因素"中所包含的解释变量对课程思政教育的有效性具有显著正向影响,也就

是说,教师们在"教学方法因素"的得分每增加 1 个单位,课程思政教育的有效性就会上升 0.32。

表 5 - 46　估计结果(十一)

模型	解释变量	未标准化系数		标准化系数	
		回归系数	标准错误	β	t
1	（常量）	-4.47	0.28		-16.17
	教师因素	0.06	0.11	0.04	0.54
	学生因素	0.24***	0.09	0.20	2.78
	教学方法因素	0.32***	0.10	0.23	3.08
	教学环境因素	-0.03	0.12	-0.02	-0.23
	教学内容因素	0.49***	0.13	0.40	3.84
	教学目的因素	0.22*	0.12	0.19	1.82

注:"*"代表显著性水平 $P < 0.1$,"**"代表显著性水平 $P < 0.05$,"***"代表显著性水平 $P < 0.01$。

第四,"教学环境因素"的回归系数是 -0.03,$P > 0.01$,也就是说,现阶段的课程思政教育可能存在着课程基本信息完备性较差、常规性学习资源数量较少、拓展性学习资源的数量较少等问题,导致在回归结果中未能有效体现出其与课程思政教育有效性之间的因果关系。

第五,"教学内容因素"的回归系数是 0.49,$P < 0.01$,说明"教学内容因素"对课程思政教育有效性具有显著正向影响,也就是说,教师们在"教学内容因素"的得分每增加 1 个单位,课程思政教育的有效性就会上升 0.49。

第六,"教学目的因素"回归系数是 0.22,$0.05 < P < 0.1$,"教学目的因素"对课程思政教育的有效性不具有显著正向影响,在一定程度上,说明在课程教学目的上,存在着教学目标不够全面和教学目标可测量性较差的问题,导致"教学目的因素"与"课程思政教育有效性"之间的因果关系不显著。

以上结果说明"学生因素""教学方法因素""教学内容因素"中包含的解释变量是提升课程思政教育有效性的重要因素。

将政治面貌和学位作为控制变量纳入线性回归模型,对基准回归的估计结果进行稳健性检验,结果如表 5 – 47 所示。基准回归中"教师因素""学生因素""教学方法因素""教学环境因素""教学内容因素""教学目的因素"的回归系数分别为 0.06,0.24,0.32, – 0.03,0.49,0.22,稳健性检验中"教师因素""学生因素""教学方法因素""教学环境因素""教学内容因素""教学目的因素"的回归系数分别为 0.03,0.24,0.32, – 0.02,0.53,0.20。可以看出,"教师因素""教学环境因素""教学内容因素""教学目的因素"的回归系数发生变化,但是变化的幅度较小,不影响回归结果的稳定性,同时 6 个解释变量在系数符号、显著性水平上都保持高度一致。据此,本书基准回归结果稳健可靠,本书的课程思政教育有效性基准回归结论得到了有力支撑。

表 5 – 47　稳健性检验(十一)

模型	解释变量	未标准化系数		标准化系数	
		回归系数	标准错误	β	t
1	(常量)	0.63	0.62		1.02
	政治面貌	0.00	0.20	0.00	0.02
	学位	– 0.25	0.18	– 0.14	– 1.36
2	(常量)	– 4.84	0.45		– 10.74
	政治面貌	0.10	0.11	0.05	0.91
	学位	0.06	0.09	0.03	0.67
	教师因素	0.03	0.11	0.02	0.29
	学生因素	0.24***	0.09	0.20	2.82
	教学方法因素	0.32***	0.10	0.23	3.10
	教学环境因素	– 0.02	0.12	– 0.02	– 0.19
	教学内容因素	0.53***	0.14	0.43	3.93
	教学目的因素	0.20	0.12	0.17	1.62

注:"*"代表显著性水平 $P < 0.1$,"**"代表显著性水平 $P < 0.05$,"***"代表显著性水平 $P < 0.01$。

如表 5 – 48 所示,通过线性回归,本书可以得出结论,从总体上来看,"教师因素""学生因素""教学环境因素""教学目的因素"解释变量对课程思政内容比例、课程思政内容掌握程度、课程思政学生满意度、课程思政学校满意度、学校体制完善程度、课程思政教育有效性不具有显著正向影响,反映出现阶段的课程思政教育在"教师因素""学生因素""教学环境因素""教学目的因素"方面存在诸多问题。"教学方法因素"和"教学内容因素"解释变量对课程思政内容比例、课程思政学生满意度、课程思政学校满意度、学校体制完善程度、课程思政教育有效性具有显著正向影响。

表5－48　教师课程思政教育有效性线性回归结果摘要

解释变量	M1	M2	M3	M4	M5	M6
教师因素						
学生因素					√	√
教学方法因素			√	√		√
教学环境因素						
教学内容因素		√			√	√
教学目的因素	√					

注:M1—课程思政内容比例回归分析;M2—课程思政内容掌握程度回归分析;M3—课程思政学生满意度回归分析;M4—课程思政学校满意度回归分析;M5—学校体制完善程度回归分析;M6—课程思政教育有效性回归分析。

"√"代表该解释变量在回归结果中,解释变量与被解释变量之间的因果关系较为显著;空白则代表该解释变量在回归结果中,对被解释变量的影响程度不显著。

(三)教师课程思政教育实效性线性回归分析

1. 知识容量和结构回归分析

将"您认为您课程给学生带来知识量增加和知识结构变化的程度高低"作为被解释变量,进行回归分析。

如表5－49所示,该模型的 R 值为0.79,说明变量间具有较高的线性相关程度。该模型的 R^2 值为0.62,意味着解释变量能够解释学生知识容量和结构变化情况的62%,超过规定统计学规定指标30%,因此可以得出结论,解释变量可以较好地解释学生知识容量和结构变化情况的大部分变化。

表 5 - 49　模型摘要（十二）

模型	R	R^2	调整后 R^2	标准估算的错误
1	0.79	0.62	0.61	0.53

如表 5 - 50 所示, $F = 31.90$, P 值为 0.00（ < 0.01）, 据此可以认定本书的数据具有统计学意义, 所以回归方程拟合的效果是比较令人满意的。

表 5 - 50　ANOVA^a 系数（十二）

模型	平方和	自由度	均方	F
回归	44.58	5	8.92	31.90 * * *
残差	26.83	96	0.28	
总计	71.41	101		

注:" * "代表显著性水平 $P < 0.1$," * * "代表显著性水平 $P < 0.05$," * * * "代表显著性水平 $P < 0.01$ 。

如表 5 - 51 所示, 可以看出, 5 个解释变量的条件指数都介于 10 ~ 30, 该模型解释变量之间并不存在严重的多重共线性。据此可以得出结论, 通过该模型所得到的回归结果依旧较为精确。

表 5 - 51　共线性诊断（三）

维	特征值	条件指标	方差比例					
			（常量）	X1	X2	X3	X4	X5
1	5.93	1.00	0.00	0.00	0.00	0.00	0.00	0.00
2	0.03	14.31	0.32	0.03	0.00	0.02	0.08	0.13
3	0.02	19.03	0.08	0.00	0.07	0.21	0.00	0.64
4	0.01	22.09	0.00	0.06	0.23	0.04	0.57	0.17
5	0.01	28.87	0.45	0.36	0.34	0.52	0.00	0.00
6	0.01	29.39	0.15	0.54	0.36	0.21	0.35	0.07

注:X1—教育者因素;X2—受教育者因素;X3—教育内容因素;X4—教育途径因素;X5—教育环境因素。

如表 5 - 52 所示,第一,"教育者因素"的回归系数是 0.02,$P = 0.88$,说明"教育者因素"中所包含的解释变量对学生知识容量和结构的变化程度不具有显著正向影响。也就是说,在教育者方面,存在教师思想政治素质低、教师业务能力素质低、教师教育理念素质低、教师教育技能弱、教师技术技能弱、教师信誉水平低、教师权威水平低、教师可信程度低等问题,导致"教育者因素"与学生知识容量和结构变化程度之间的因果关系不显著。

表 5 - 52　估计结果(十二)

模型	解释变量	未标准化系数		标准化系数	
		回归系数	标准错误	β	t
1	(常量)	- 0.06	0.39		- 0.14
	教育者因素	0.02	0.14	0.01	0.16
	受教育者因素	0.13	0.14	0.10	0.95
	教学内容因素	0.18	0.13	0.16	1.36
	教学途径因素	0.51***	0.13	0.44	3.96
	教学环境因素	0.20*	0.11	0.17	1.83

注:"*"代表显著性水平 $P < 0.1$,"**"代表显著性水平 $P < 0.05$,"***"代表显著性水平 $P < 0.01$。

第二,"受教育者因素"的回归系数是 0.13,$P = 0.35$,说明"受教育者因素"中所包含的解释变量对学生知识容量和结构的变化程度不具有显著正向影响。在一定程度上,说明在受教育者方面,存在学生素质水平低、学生听从性低、学生传播信息能力弱、学生意见表达能力弱、满足学生预期程度低、学生信息获取能力弱等问题,导致在回归结果中未能有效体现出其与学生知识容量和结构变化程度之间的因果关系。

第三,"教学内容因素"的回归系数是 0.18,$P = 0.18$,也就是说,现阶段的课程思政教育内容可能存在着课程思政教育目标针对性弱、课程思政教育目标层次性弱、课程思政教育内容与学生心理契合程度低、课程思政教育时代性弱等问题,导致在回归结果中未能有效体现出其与学生知识容量和结构变化程度之间的因果关系。

第四,"教学途径因素"的回归系数是 0.51,$P < 0.01$,说明"教学途径因素"中所包含的解释变量对学生知识容量和结构具有显著正向影响,也就是说,教师们在"教学途径因素"的得分每增加 1 个单位,学生知识容量和结构的变化程度就会上升 0.51。

第五,"教学环境因素"回归系数是 0.20,$0.05 < P < 0.1$,"教学环境因素"对学生知识容量和结构的变化程度不具有显著正向影响,在一定程度上,说明在教学环境方面存在政策法规不配套、文化和道德与课程思政的一致性低、软硬件的投入力度小、网络监管和网络资源的有效性低等问题,导致"教学环境因素"与学生知识容量和结构变化程度之间的因果关系不显著。

以上结果说明"教学途径因素"中包含的解释变量是提升学生知识容量和结构变化程度的重要因素。

将教龄和学位作为控制变量纳入线性回归模型,对基准回归的估计结果进行稳健性检验,结果如表 5 –53 所示。基准回归中"教育者因素""受教育者因素""教学内容因素""教学途径因素""教学环境因素"的回归系数分别为 0.02,0.13,0.18,0.51,0.20,稳健性检验中"教育者因素""受教育者因素""教学内容因素""教学途径因素""教学环境因素"的回归系数分别为 -0.00,0.14,0.16,0.52,0.20。可以看出,"教育者因素""受教育者因素""教学内容因素""教学途径因素"的回归系数发生变化,但是变化幅度较小,其中,"教育者因素"的系数符号发生了变化,但不影响估计结果的稳定性,同时其他 4 个解释变量在系数符号、显著性水平上都保持高度一致。据此,本书基准回归结果稳健可靠,本书的知识容量和结构变化程度基准回归结论得到了有力支撑。

表 5 –53　稳健性检验(十二)

模型	解释变量	未标准化系数		标准化系数	
		回归系数	标准错误	β	t
1	(常量)	3.90	0.50		7.78
	教龄	0.02	0.08	0.03	0.27
	学位	−0.17	0.16	−0.11	−1.08

表 5 – 53(续)

模型	解释变量	未标准化系数		标准化系数	
		回归系数	标准错误	β	t
2	(常量)	0.02	0.52		0.04
	教龄	0.03	0.05	0.03	0.50
	学位	– 0.04	0.10	– 0.03	– 0.40
	教育者因素	– 0.00	0.14	0.00	– 0.01
	受教育者因素	0.14	0.14	0.11	1.00
	教学内容因素	0.16	0.14	0.14	1.20
	教学途径因素	0.52***	0.13	0.45	3.95
	教学环境因素	0.20*	0.11	0.18	1.86

注:"*"代表显著性水平 $P < 0.1$,"**"代表显著性水平 $P < 0.05$,"***"代表显著性水平 $P < 0.01$。

2. 思想和价值观念回归分析

将"您认为您课程给学生带来思想、态度和价值观念的变化程度的高低"作为被解释变量,进行回归分析。

如表 5 – 54 所示,该模型的 R 值为 0.79,说明变量间具有较高的线性相关程度。该模型的 R^2 值为 0.63,意味着解释变量能够解释学生思想和价值观念变化情况的 63%,超过规定统计学规定指标 30%,因此可以得出结论,解释变量可以较好地解释学生思想和价值观念变化情况的大部分变化。

表 5 – 54 模型摘要(十三)

模型	R	R^2	调整后 R^2	标准估算的错误
1	0.79	0.63	0.61	0.54

如表 5 – 55 所示,$F = 32.25$,P 值为 0.00(< 0.01),据此可以认定本书的数据具有统计学意义,所以回归方程拟合的效果是比较令人满意的。

表 5 –55　ANOVAᵃ 系数(十三)

模型	平方和	自由度	均方	F
回归	47.69	5	9.54	32.25 ***
残差	28.39	96	0.30	
总计	76.09	101		

注:"*"代表显著性水平 $P<0.1$,"**"代表显著性水平 $P<0.05$,"***"代表显著性水平 $P<0.01$。

如表 5 –56 所示,第一,"教育者因素"的回归系数是 -0.01,$P=0.93$,说明"教育者因素"中所包含的解释变量对学生思想和价值观念的变化程度不具有显著正向影响。也就是说,在教育者方面,存在教师思想政治素质低、教师业务能力素质低、教师教育理念素质低、教师教育技能弱、教师技术技能弱、教师信誉水平低、教师权威水平低、教师可信程度低等问题,导致"教育者因素"与学生思想和价值观念变化程度之间的因果关系不显著。

表 5 –56　估计结果(十三)

模型	解释变量	未标准化系数		标准化系数	
		回归系数	标准错误	β	t
1	(常量)	-0.16	0.41		-0.39
	教育者因素	-0.01	0.14	-0.01	-0.09
	受教育者因素	0.24 *	0.14	0.18	1.71
	教学内容因素	0.14	0.14	0.12	1.01
	教学途径因素	0.38 ***	0.13	0.32	2.88
	教学环境因素	0.34 ***	0.11	0.29	3.12

注:"*"代表显著性水平 $P<0.1$,"**"代表显著性水平 $P<0.05$,"***"代表显著性水平 $P<0.01$。

第二,"受教育者因素"的回归系数是 0.24,$0.05<P<0.1$,说明"受教育者因素"中所包含的解释变量对学生思想和价值观念的变化程度不具有显著正向影响。在一定程度上,说明在受教育者方面,存在学生素质水平低、

学生听从性低、学生传播信息能力弱、学生意见表达能力弱、满足学生预期程度低、学生信息获取能力弱等问题,导致在回归结果中未能有效体现出其与学生思想和价值观念变化程度之间的因果关系。

第三,"教学内容因素"的回归系数是 0.14,$P = 0.31$,也就是说,现阶段的课程思政教育内容可能存在着课程思政教育目标针对性弱、课程思政教育目标层次性弱、课程思政教育内容与学生心理契合程度低、课程思政教育时代性弱等问题,导致在回归结果中未能有效体现出其与学生思想和价值观念变化程度之间的因果关系。

第四,"教学途径因素"的回归系数是 0.38,$P < 0.01$,说明"教学途径因素"中所包含的解释变量对学生思想和价值观念具有显著正向影响,也就是说,教师们在"教学途径因素"的得分每增加 1 个单位,学生思想和价值观念的变化程度就会上升 0.38。这一结果与知识容量和结构变化程度回归分析结果较为一致。

第五,"教学环境因素"回归系数是 0.34,$P < 0.01$,"教学环境因素"对学生思想和价值观念的变化程度具有显著正向影响,也就是说,教师们在"教学环境因素"的得分每增加 1 个单位,学生思想和价值观念的变化程度就会上升 0.34。

以上结果说明"教学途径因素"和"教学环境因素"中包含的解释变量是提升学生思想和价值观念变化程度的重要因素。

将教龄和学位作为控制变量纳入线性回归模型,对基准回归的估计结果进行稳健性检验,结果如表 5-57 所示。基准回归中"教育者因素""受教育者因素""教学内容因素""教学途径因素""教学环境因素"的回归系数分别为 -0.01,0.24,0.14,0.38,0.34,稳健性检验中"教育者因素""受教育者因素""教学内容因素""教学途径因素""教学环境因素"的回归系数分别为 -0.00,0.23,0.14,0.37,0.35。可以看出,"教育者因素""受教育者因素""教学途径因素""教学环境因素"的回归系数发生变化,但是变化幅度较小,不影响估计结果的稳定性,同时 5 个解释变量在系数符号、显著性水平上都保持高度一致。据此,本书基准回归结果稳健可靠,本书的思想和价值观念变化程度基准回归结论得到了有力支撑。

表5-57　稳健性检验（十三）

模型	解释变量	未标准化系数		标准化系数	
		回归系数	标准错误	β	t
1	（常量）	4.11	0.52		7.94
	教龄	-0.03	0.08	-0.03	-0.32
	学位	-0.16	0.16	-0.10	-1.01
2	（常量）	-0.00	0.53		-0.00
	教龄	-0.02	0.05	-0.03	-0.37
	学位	-0.04	0.10	-0.02	-0.38
	教育者因素	-0.00	0.15	-0.00	-0.02
	受教育者因素	0.23	0.15	0.17	1.61
	教学内容因素	0.14	0.14	0.12	1.02
	教学途径因素	0.37***	0.14	0.31	2.74
	教学环境因素	0.35***	0.11	0.30	3.11

注："*"代表显著性水平 $P<0.1$，"**"代表显著性水平 $P<0.05$，"***"代表显著性水平 $P<0.01$。

3. 学生言语和行为回归分析

将"您认为您课程给学生言语及行为层面上带来变化的程度高低"作为被解释变量，进行回归分析。

如表5-58所示，该模型的 R 值为0.76，说明变量间具有较高的线性相关程度。该模型的 R^2 值为0.58，意味着解释变量能够解释学生言语和行为变化情况的58%，超过规定统计学规定指标30%，因此可以得出结论，解释变量可以较好地解释学生言语和行为变化情况的大部分变化。

表5-58　模型摘要（十四）

模型	R	R^2	调整后 R^2	标准估算的错误
1	0.76	0.58	0.55	0.55

如表 5-59 所示，$F=26.00$，P 值为 0.00（<0.01），据此可以认定本书的数据具有统计学意义，所以回归方程拟合的效果是比较令人满意的。

表 5-59　ANOVAª 系数（十四）

模型	平方和	自由度	均方	F
回归	39.89	5	7.98	26.00***
残差	29.45	96	0.31	
总计	69.34	101		

注："*"代表显著性水平 $P<0.1$，"**"代表显著性水平 $P<0.05$，"***"代表显著性水平 $P<0.01$。

如表 5-60 所示，第一，"教育者因素"的回归系数是 0.15，$P=0.29$，说明"教育者因素"中所包含的解释变量对学生言语和行为的变化程度不具有显著正向影响。也就是说，在教育者方面，存在教师思想政治素质低、教师业务能力素质低、教师教育理念素质低、教师教育技能弱、教师技术技能弱、教师信誉水平低、教师权威水平低、教师可信程度低等问题，导致"教育者因素"与学生言语和行为的变化程度之间的因果关系不显著。

表 5-60　估计结果（十四）

模型	解释变量	未标准化系数		标准化系数	
		回归系数	标准错误	β	t
1	（常量）	-0.20	0.41		-0.48
	教育者因素	0.15	0.14	0.10	1.06
	受教育者因素	0.21	0.14	0.16	1.45
	教学内容因素	0.16	0.14	0.15	1.19
	教学途径因素	0.35***	0.13	0.30	2.57
	教学环境因素	0.19	0.11	0.17	1.65

注："*"代表显著性水平 $P<0.1$，"**"代表显著性水平 $P<0.05$，"***"代表显著性水平 $P<0.01$。

第二，"受教育者因素"的回归系数是 0.21，$P=0.15$，说明"受教育者因素"中所包含的解释变量对学生言语和行为的变化程度不具有显著正向影响。在一定程度上，说明在受教育者方面存在学生素质水平低、学生听从性低、学生传播信息能力弱、学生意见表达能力弱、满足学生预期程度低、学生信息获取能力弱等问题，导致在回归结果中未能有效体现出其与学生言语和行为变化程度之间的因果关系。

第三，"教学内容因素"的回归系数是 0.16，$P = 0.24$，也就是说，现阶段的课程思政教育内容，可能存在着课程思政教育目标针对性弱、课程思政教育目标层次性弱、课程思政教育内容与学生心理契合程度低、课程思政教育时代性弱等问题，导致在回归结果中未能有效体现出其与学生言语和行为变化程度之间的因果关系。

第四，"教学途径因素"的回归系数是 0.35，$P < 0.01$，说明"教学途径因素"中所包含的解释变量对学生言语和行为的具有显著正向影响，也就是说，教师们在"教学途径因素"的得分每增加 1 个单位，学生言语和行为的变化程度就会上升 0.35。这一结果与知识容量和结构变化程度和思想和价值观念变化程度回归分析结果较为一致。

第五，"教学环境因素"回归系数是 0.19，$P = 0.10$，"教学环境因素"对学生言语和行为的变化程度不具有显著正向影响。在一定程度上，说明在教学环境方面存在政策法规不配套、文化和道德与课程思政的一致性低、软硬件的投入力度小、网络监管和网络资源的有效性低等问题，导致"教学环境因素"与学生言语和行为变化程度之间的因果关系不显著。

以上结果说明"教学途径因素"中包含的解释变量是提升学生言语和行为变化程度的重要因素。

将教龄和学位作为控制变量纳入线性回归模型，对基准回归的估计结果进行稳健性检验，结果如表 5 –61 所示。基准回归中"教育者因素""受教育者因素""教学内容因素""教学途径因素""教学环境因素"的回归系数分别为 0.15，0.21，0.16，0.35，0.19，稳健性检验中"教育者因素""受教育者因素""教学内容因素""教学途径因素""教学环境因素"的回归系数分别为 0.16，0.20，0.16，0.34，0.19。可以看出，"教育者因素""受教育者因素""教学途径因素"的回归系数发生变化，但是变化幅度较小，不影响估计结果的稳定性，同时 5 个解释变量在系数符号、显著性水平上都保持高度一致。据此，本书基准回归结果稳健可靠，本书的学生言语和行为变化程度基准回归结论得到了有力支撑。

表 5 - 61　稳健性检验（十四）

模型	解释变量	未标准化系数		标准化系数	
		回归系数	标准错误	β	t
1	（常量）	4.06	0.49		8.24
	教龄	-0.01	0.08	-0.01	-0.08
	学位	-0.20	0.15	-0.13	-1.28
2	（常量）	0.04	0.54		0.08
	教龄	-0.02	0.06	-0.02	-0.34
	学位	-0.07	0.10	-0.04	-0.64
	教育者因素	0.16	0.15	0.11	1.07
	受教育者因素	0.20	0.15	0.15	1.35
	教学内容因素	0.16	0.14	0.15	1.16
	教学途径因素	0.34***	0.14	0.30	2.45
	教学环境因素	0.19*	0.11	0.17	1.68

注:"*"代表显著性水平 $P < 0.1$,"**"代表显著性水平 $P < 0.05$,"***"代表显著性水平 $P < 0.01$。

4. 思政教育实效性回归分析

通过因子分析,从知识容量和结构变化程度、思想和价值观念变化程度、学生言语和行为变化程度中提取一个公因子,命名为课程思政教育的实效性。将"课程思政教育的实效性"作为被解释变量,进行回归分析。

如表 5 - 62 所示,该模型的 R 值为 0.84,说明变量间具有较高的线性相关程度。该模型的 R^2 值为 0.71,意味着解释变量能够解释课程思政教育实效性变化情况的 71%,超过规定统计学规定指标 30%,因此可以得出结论,解释变量可以较好地解释教师课程思政教育实效性情况的大部分变化。

表 5 - 62　模型摘要（十五）

模型	R	R^2	调整后 R^2	标准估算的错误
1	0.84	0.71	0.69	0.56

如表5-63所示,$F=45.78$,P值为0.00(<0.01),据此可以认定本书的数据具有统计学意义,所以回归方程拟合的效果是比较令人满意的。

表5-63 ANOVA^{a}系数(十五)

模型	平方和	自由度	均方	F
回归	71.16	5	14.23	45.78***
残差	29.84	96	0.31	
总计	101.00	101		

注:"*"代表显著性水平$P<0.1$,"**"代表显著性水平$P<0.05$,"***"代表显著性水平$P<0.01$。

如表5-64所示,第一,"教育者因素"的回归系数是0.07,$P=0.63$,说明"教育者因素"中所包含的解释变量对课程思政教育的实效性不具有显著正向影响。也就是说,在教育者方面,存在教师思想政治素质低、教师业务能力素质低、教师教育理念素质低、教师教育技能弱、教师技术技能弱、教师信誉水平低、教师权威水平低、教师可信程度低等问题,导致"教育者因素"与课程思政教育的实效性之间的因果关系不显著。

表5-64 估计结果(十五)

模型	解释变量	未标准化系数		标准化系数	
		回归系数	标准错误	β	t
1	(常量)	-4.72	0.42		-11.37
	教育者因素	0.07	0.14	0.04	0.48
	受教育者因素	0.25*	0.15	0.16	1.74
	教学内容因素	0.20	0.14	0.15	1.47
	教学途径因素	0.52***	0.14	0.38	3.86
	教学环境因素	0.31***	0.11	0.23	2.73

注:"*"代表显著性水平$P<0.1$,"**"代表显著性水平$P<0.05$,"***"代表显著性水平$P<0.01$。

第二,"受教育者因素"的回归系数是 0.25,0.05 < P < 0.1,说明"受教育者因素"中所包含的解释变量对课程思政教育的实效性不具有显著正向影响。在一定程度上,说明在受教育者方面,存在学生素质水平低、学生听从性低、学生传播信息能力弱、学生意见表达能力弱、满足学生预期程度低、学生信息获取能力弱等问题,导致在回归结果中未能有效体现出其与课程思政教育的实效性之间的因果关系。

第三,"教学内容因素"的回归系数是 0.20,P = 0.14,也就是说,现阶段的课程思政教育内容可能存在着课程思政教育目标针对性弱、课程思政教育目标层次性弱、课程思政教育内容与学生心理契合程度低、课程思政教育时代性弱等问题,导致在回归结果中未能有效体现出其与课程思政教育的实效性之间的因果关系。

第四,"教学途径因素"的回归系数是 0.52,P < 0.01,说明"教学途径因素"中所包含的解释变量对课程思政教育的实效性具有显著正向影响,也就是说,教师们在"教学途径因素"的得分每增加 1 个单位,课程思政教育的实效性就会上升 0.52。

第五,"教学环境因素"的回归系数是 0.31,P < 0.01,说明"教学环境因素"中所包含的解释变量对课程思政教育的实效性具有显著正向影响,也就是说,教师们在"教学环境因素"的得分每增加 1 个单位,课程思政教育的实效性就会上升 0.31。

以上结果说明"教学途径因素"和"教学环境因素"中包含的解释变量是提升课程思政教育实效性的重要因素。

将教龄和学位作为控制变量纳入线性回归模型,对基准回归的估计结果进行稳健性检验,结果如表 5 - 65 所示。基准回归中"教育者因素""受教育者因素""教学内容因素""教学途径因素""教学环境因素"的回归系数分别为 0.07,0.25,0.20,0.52,0.31,稳健性检验中"教育者因素""受教育者因素""教学内容因素""教学途径因素""教学环境因素"的回归系数分别为 0.07,0.24,0.20,0.52,0.31。可以看出,"受教育者因素"的回归系数发生变化,但是变化幅度较小,不影响估计结果的稳定性,同时 5 个解释变量在系数符号、显著性水平上都保持高度一致。据此,本书基准回归结果稳健可靠,本书的课程思政教育有效性的基准回归结论得到了有力支撑。

表5-65 稳健性检验(十五)

模型	解释变量	未标准化系数		标准化系数	
		回归系数	标准错误	β	t
1	(常量)	0.59	0.60		1.00
	教龄	-0.01	0.09	-0.01	-0.05
	学位	-0.22	0.18	-0.12	-1.21
2	(常量)	-4.52	0.55		-8.27
	教龄	-0.01	0.06	-0.01	-0.11
	学位	-0.06	0.11	-0.03	-0.59
	教育者因素	0.07	0.15	0.04	0.45
	受教育者因素	0.24	0.15	0.15	1.65
	教学内容因素	0.20	0.14	0.15	1.40
	教学途径因素	0.52***	0.14	0.38	3.75
	教学环境因素	0.31***	0.11	0.23	2.75

注:"*"代表显著性水平$P<0.1$,"**"代表显著性水平$P<0.05$,"***"代表显著性水平$P<0.01$。

如表5-66所示,通过线性回归,本书可以得出结论,从总体上来看,"教育者因素""受教育者因素""教学内容因素"对学生知识容量和结构变化程度、学生思想和价值观念变化程度、学生言语和行为变化程度、课程思政教育实效性不具有显著正向影响,反映出现阶段的课程思政教育在"教育者因素""受教育者因素""教学内容因素"方面存在诸多问题。"教学途径因素"和"教学环境因素"解释变量对学生知识容量和结构变化程度、学生思想和价值观念变化程度、学生言语和行为变化程度、课程思政教育实效性具有显著正向影响。

表5-66 教师课程思政教育实效性线性回归结果摘要

解释变量	M1	M2	M3	M4
教育者因素				

表 5 – 66（续）

解释变量	M1	M2	M3	M4
受教育者因素				
教学内容因素				
教学途径因素	√	√	√	√
教学环境因素		√		√

注：M1—学生知识容量和结构变化程度回归分析；M2—学生思想和价值观念变化程度回归分析；M3—学生言语和行为变化程度回归分析；M4—课程思政教育实效性回归分析。

"√"代表该解释变量在回归结果中，解释变量与被解释变量之间的因果关系较为显著；空白则代表该解释变量在回归结果中，对被解释变量的影响程度不显著。

第三节　课程思政教育存在的主要问题

一、教学方法有待改进

不解决方法问题,任务也只是瞎说一顿①。教育方法是教育者为了实现一定的教学目标,在教学过程中向受教育者传递教育内容时采取的一定方法和手段。教学方法是否高效与课程思政教育的有效性存在密切联系。根据有效性的定义,教学过程中教师如果采取丰富新颖的教学方式完成教学任务,即可视为有效②。当前课程思政的教学方法主要存在以下 3 个方面的问题。

（一）思政因素融入困难

在教育实践中,授课教师关于个人本位与社会本位的理解、自然价值与社会价值偏向、秩序与自由的偏向、阶级性与公共性的判断等,会直接参与到教育目标的确定、教育内容选择、教育方法的运用、教育过程的评价与实施,

---

① 高珊,黄河,高国举,等."大思政"格局下研究生"课程思政"的探索与实践[J].研究生教育研究,2021(5):70 – 75.

② 何雅静.接受理论视角下中职生思想政治教育有效性研究[D].无锡:江南大学,2017.

并以一种无形的精神气息弥漫在课堂教学氛围之中,最终影响课程思政的实施质量和学生的精神成长①。课程思政教学理念的提出,对教师的能力提出了更高的要求,教师需要具备一定的马克思主义理论基础,能够较好地利用马克思主义哲学方法认识问题和解决问题,运用教学技巧,将专业知识和思想政治教育知识巧妙地融合到一起,达到专业能力和思想政治素养的双重提升。但是在实际教学实践中,专业教师缺乏马克思主义相关学科的理论基础知识,因此对专业课程中的"思政因素"的挖掘不够深入,容易出现专业课教学和思想政治教育"两张皮"的问题,也就是在专业课中生搬硬套加入思政元素,让学生有种突兀和一时难以适应的感觉,由此可能造成学生一定程度的逆反心理②,这会导致课程思政内容空洞、流于形式,未能引导研究生树立正确的世界观、人生观、价值观、道德观、职业观、政治观和法治观,与国家设置课程思政的初心相违背③。在课程思政教育学生满意度回归中,回归结果表明,"感知价值"所包括的解释变量"目前所学课程对思政元素的融入程度"对现实整体满意度、理想整体满意度、课程思政参与意愿度、课程思政学生满意度并未表现出显著性。这一回归结果从侧面说明,现阶段课程思政教育过程中,存在着课程思政元素融入程度低的问题,导致"感知价值"在回归结果中不显著。

(二)课程思政教学讲授方式单一化

课程思政教学讲授方式单一化并不是指教师在进行课程思政教学时只采用一种授课方式,不可否认,现在很多高校教师都会利用新媒体设备,例如投影仪,进行课程思政教学,从而吸引学生的注意力,但是在课程思政讲授的方式上,依然以"填鸭式"教学或"灌输式"教学方式为主,缺乏"师生交流"和"生生交流",课堂失去了活力,课程思政教育的有效性和实效性自然会大打折扣。虽然"填鸭式"教学或"灌输式"教学方式在宣传思想政治教育内

---

① 薛桂琴.高校课程思政背景下践行价值观教育目标研究[J].江苏高教,2020(12):132-135.

② 李勇威.价值、问题与路径:新时代高校研究生课程思政建设论析[J].北京科技大学学报(社会科学版),2022,38(1):87-93.

③ 高珊,黄河,高国举,等."大思政"格局下研究生"课程思政"的探索与实践[J].研究生教育研究,2021(5):70-75.

容、提高学生的道德素养方面有一定的积极作用,但是这种教学方式将学生看成"知识的容器",学生们在这种教学过程中被动地接受思想政治教育知识,在短期内可以提升学生们的思想政治素养,但是从长期来看,通过"灌输式"的课程思政授课方式并不能让思想政治教育知识有效地内化。原因在于,学生们通过"灌输式"授课方式得到的知识,是不经思考得到的知识,没有成功激发学生们主动思考的能力,学生们自然不会对"得来全不费工夫"的知识进行分解与重构,从而不能将思想政治教育知识内化,不能较好地理解课程思政教育内容的本质和内涵。课程思政教学的单向输出限制了"师生交流"和"生生交流"的机会,失去了互相交流、讨论的机会,学生们自然不会积极主动思考,在一定程度上,降低了学生们真正理解课程思政教育内容真正内涵的可能性,最终的结果就是降低课程思政教育的有效性和实效性。在教师课程思政教育有效性回归分析中,回归结果表明,"教学方法因素"中包括的解释变量"组织学习活动频率高低"和"启发式教学应用程度"对课程思政教育学生满意度、课程思政教育学校满意度、课程思政教育有效性具有显著正向影响,也就是说组织学习活动的频率和启发式教学的应用程度越高,课程思政教育学生满意度、课程思政教育学校满意度、课程思政教育有效性越高。组织学习活动和启发式教学是与"灌输式"教学方法相对的教学方法,因此本书的实证结果为课程思政教育讲授方式单一导致课程思政教育有效性降低提供了充分的论据。

(三)理论与实践脱节严重

部分高校在课程思政建设中,课程思政教育理念存在偏差,将课程思政教育更多地作为一种理论教学,而忽略了实践对课程思政教育成果的巩固作用。同时,一部分高校因与社会的交流、合作程度不足,导致学生缺乏将课程思政理论运用于实践的机会①。根据认识论的观点,人类认识发展遵循着认识与实践反复互相作用的规律,具体来说,实践和认识存在着辩证关系,课程思政教学与现实实践也存在辩证关系。目前的课程思政教学与现实实践之间是割裂的状态,这就导致课程思政理论缺少与专业实践的深度有效融合,

---

① 苏婕.高校"课程思政"育人模式的实现路径研究[J].办公室业务,2022(4):107-108.

理论缺少现实的论证力和说服力,成为无源之水、无本之木,这样的课程思政教学自然不具有鲜活、持久的生命力。有的把思政理论简单剪辑到专业实践上,呈现"油水分离",牵强附会;有的在专业实践中简单拔高、装点门面,导致为了做课程思政而做课程思政的现实尴尬①。在课程思政教育学生满意度回归中,回归结果表明,"学生期望"中包括的解释变量"参加学校课程思政实践教学能带来多大的实际效用"对现实整体满意度、预期整体满意度、理想整体满意度、课程思政参与意愿度和课程思政教育学生满意度并未表现出显著性,也就是说,课程思政教学不能给学生带来足够的效用,并且这一问题得到了多次回归结果的印证。课程思政理论与实践脱节导致课程思政教学缺乏足够的效用,那么课程思政教学不会得到学生的承认,课程思政教育的有效性和实效性自然无法得到保证。

二、教学内容针对性有待提升

教学内容的针对性也是影响课程思政教育有效性和实效性的重要因素。教学内容针对性与课程思政教育有效性和实效性之间的关系可以理解为"箭"与"靶子"的关系,只有"箭"射中"靶子","箭"才具有意义,否则"脱靶"的"箭"是没有存在意义的。目前的课程思政教育内容缺乏针对性,主要表现在以下3个方面。

(一)教学内容同质化

教学内容的同质化是导致课程思政教学内容缺乏针对性的重要原因,现阶段的课程思政教育内容没有较为明显地体现出课程差异,同一思政要素在不同的学科中被反复讲授,这虽然体现了课程思政内容在不同学科中的交叉,但是同一思政要素反复讲授会带来学生学习兴趣下降的后果,甚至出现排斥、抵抗心理,最终使课程思政教育的实效性受到损失②。虽然学校对课程思政的重视使教师具备了一定的课程思政意识,但是教师对课程思政的内

---

① 沈瑞林,张彦会,李昕钰.我国高校课程思政话语体系建设的困境与对策:基于费尔克劳夫话语三维模式的考察[J].江苏高教,2022(3):73-79.

② 黄亚飞,席燕辉,唐欣.理工类专业课课程思政建设的问题及对策分析[J].高教学刊,2022,8(6):172-175.

涵、价值、重要性等方面认识不够深入,导致思政元素与课程特色、思维方法和核心价值理念的结合度不够,不能够通过课程思政形成学科的特色,这就导致了教学内容的同质化[①]。课程思政教学内容的同质化是课程思政内容创新性低的表现,课程思政内容缺少创新性自然会降低课程思政教学内容的生命力。对于学生来说,缺乏创新性的课程思政内容是缺乏吸引力的,随之而来的是学生们学习兴趣的下降,最终会导致课程思政教育有效性和实效性的减弱。在教师课程思政教育有效性回归分析中,回归结果表明,"教学内容因素"中包含的解释变量"课程思政教育内容针对性强弱"对课程思政内容掌握程度、学校体制完善程度、教师课程思政教育有效性具有显著正向影响,换言之,课程思政教学内容针对性越强,课程思政内容掌握程度、学校体制完善程度、教师课程思政教育有效性越高,课程教学内容的同质性降低了课程思政教学内容的针对性,因此会导致课程思政教育的有效性降低。

(二)教学内容与专业知识脱节

在课程思政教学任务压力下移到教师的情况下,课程思政教育过程中出现了"为了课程思政而课程思政"的现象,造成了"课程"与"思政元素"相互独立,不能深度结合,即"两张皮"式的课程思政教学,这种模式的课程思政教学有着显性化和形式化的双重特征。教师只是简单将思政知识传授给学生,未能与专业知识进行深度融合,未能将思政元素内化到专业课程体系中,这是课程思政教育的显性化特征。形式化的特征表现为,教师为了完成课程思政教学任务,在讲授两三次专业知识后,穿插一次课程思政知识[②]。没有将课程思政教学理念与专业课知识进行融合,造成课程思政内容缺乏对专业知识的针对性,同时课程思政教学的内容比例小,课程思政教学无法全方位融入专业课教学内容,这也会造成课程思政教学缺乏对专业知识的针对性。课程思政内容与专业课知识之间的脱节会造成课程思政教学内容的应用性较弱,对学生来说,课程思政教学内容的应用性弱会降低学生们学习的积极性,课程思政教育的有效性和实效性自然会受到消极影响。在教师课程思政

---

①　陈健,杨丽华,徐红玲.高职院校课程思政供给侧打造路径研究[J].西部学刊,2022(4):116-119.

②　郑美丹.高校课程思政的育人价值及其实践路径研究[D].石家庄:河北科技大学,2020.

教育有效性回归分析中,回归结果表明,"教学内容因素"中包含的解释变量"课程思政教学内容应用性强弱"对课程思政内容掌握程度、学校体制完善程度、教师课程思政教育有效性具有显著正向影响,也就是说,课程思政教育内容应用性越强,课程思政教育有效性越高。教学内容与专业知识的脱节是课程思政内容针对性弱的表现,教学内容无法为专业素养的培育发挥作用,因此课程思政教育实效性减弱。

(三)教学内容与学生的个性化需要脱节

课程思政教学内容针对性不强的第三个表现是与学生个性化的需求相脱节,从而影响课程思政教育的有效性和实效性。尤其是处在当前信息化、网络化的新时代,学生获取信息途径多元且复杂。相较于理论性强、逻辑性强、系统化的信息,学生更偏爱于娱乐性强的、新奇的、碎片化的信息。高校教师需针对具体学情,进一步优化课程思政内容的选择与编排①。但是,在当前的教育实践中,专业课教师因为时间精力、观点认识等原因,对学生思想状态和心理认知甚少,缺乏对学生成长特点和规律的了解②,因此对学生需求的了解更是所知甚少。在这种情况下,虽然教师能够提供传统意义上高质量的课程思政内容,无论是从理论广度还是理论深度来看,课程内容都是十分优质的,但是同学生们个性化的需求匹配性较弱,这就会不可避免地造成学生们对课程思政教学的接受度较低,课程思政教育的内容并不能充分发挥它的作用,课程思政教育的有效性和实效性自然会削弱。在教师课程思政教育实效性回归分析中,回归结果表明,"教学内容因素"包括的解释变量"课程思政教育内容与学生心理契合程度"对学生知识容量和结构变化程度、学生思想和价值观念变化程度、学生言语和行为变化程度、课程思政教育实效性并未表现出显著性,也就是说,现阶段的课程思政教育过程中存在着教育内容与学生需求的脱节的问题,导致其在回归结果中不显著,最终降低了课程思政教育的实效性。

---

① 陈健,杨丽华,徐红玲.高职院校课程思政供给侧打造路径研究[J].西部学刊,2022(4):116-119.

② 钱龙.课程思政建设中专业课教师主体责任落实路径研究[J].红河学院学报,2022,20(2):85-89.

三、学生学习动机有待加强

学生学习动机弱是课程思政教育难以发挥作用的重要影响因素,作为课程思政内容的接受者,课程思政教育的有效性和实效性的高低取决于对学生影响程度的大小,换言之,学生因课程思政教育改变自身知识、认知、行为的程度是课程思政教育的有效性和实效性的直接体现。学生学习动机弱主要体现在以下 3 个方面。

(一)平等观念的缺失

受我国几千年来传统教育观念的影响,教育者容易站在一个传道解惑者的角度为学生提供为人处世的建议与道理,却难以满足学生真正的内心需求。帮助大学生树立符合社会主义核心价值观的人生观、世界观、价值观是课程思政教育的目的①。但在实际的教学过程却存在着教育理念与课堂实践之间的矛盾。一方面是由于人类天生所带有的对安全感的渴望和自我保护机制的构建,厌恶被压迫和处于被动地位的束缚;另一方面是由于大学生在大学轻松、自由、开放的教学环境中,对自由变得更为热衷,在学习与日常生活中更加期望能够得到他人的平等对待与尊重,对于命令话式与僵硬化的教学形式比较抵触②。在目前的课堂教学中,教师依然处于课堂的主导地位,学生处于被动的从属地位。教师传授知识,学生负责被动地容纳知识③。因而,学生与教师之间并不平等,受到对被动地位厌恶和对平等渴望的影响,学生对这种教学模式下课程思政教学的接受度会变低,随之而来的是课程思政教育的有效性和实效性受损。在当今的时代,学生们的得益于互联网技术的迅猛发展,获得信息的能力得到了增强,在这样的环境下,学生们已经具备了独立思考的能力,因此师生之间的关系也需要进行适时调整,教师应将学生作为平等交流的主体,改变过去的课堂模式,在平等对待与尊重的环境下,才能激发学生们的学习动机,提升课程思政教育的有效性和实效性。在课程

① 庄彧."立德树人"视域下的大学文化研究[D].西安:西安科技大学,2019.
② 杨静哲.当前思政教育面临的问题及创新途径探讨[J].现代商贸工业,2022,43(9):155 – 156.
③ 邱殿成.论高校教师的学生观[D].济南:山东师范大学,2008.

思政教育学生满意度回归中,回归结果表明,"生师互动"对现实整体满意度、预期整体满意度、理想整体满意度并未表现出显著性。这一回归结果说明在课堂提问或讨论、课堂回答或思考、课程汇报、辅导员课程思政教学、学生与教师讨论职业计划、学生与教师讨论价值观、教师回应等方面存在频率水平低的问题,从侧面说明了课堂平等观念缺失的问题。

(二)学生课堂主体地位的缺失

习近平总书记在全国高校思想政治工作会议上强调,"思想政治工作要围绕学生、关照学生、服务学生",课程思政要坚持"以学生为中心"的育人理念,充分重视学生的主体地位,把大学生作为课程思政建设重要的参与力量。大学生是课程思政建设的客体,是思政育人的重要对象,由于受到传统教育观念的影响,目前在课程思政教学中,教师的"教"与"授"依旧是课程思政教学的主要部分,对学生的"学"与"思"的关注程度不足。教师仍然是课堂教学的主导者,处于主动地位,承担知识输出的职责,学生依然扮演着知识接受者的被动地位①。具体来说,课程思政教学应该以学生为主体,发挥学生主观能动性,让学生自主建构知识、锻炼能力及形成正确价值观②。这就说明了学生主体性在课程思政教学中的重要作用。"人的主体性是人在与客体的相互作用中发展起来的一种自觉能动性",体现为人的自主性、能动性、创造性和实践性等。大学生在理性思维、社会认知和情感体会等方面有较强的自主性,其主体建构也更为明显,趋向于在交流互动中获得认知、认同③。因此,基于该理论,教师只有在课程思政教学中将学生视作平等的主体,对学生的主体地位予以充分承认,课程内容、教学方式的选择以学生为主,才能激发学生的主体性,学生主体地位的回归会激发学生的自我学习动机,课程思政教育的有效性和实效性自然而然会得到提升。在教师课程思政教育有效性回归分析中,回归结果表明,"教师因素"中包含的解释变量"课堂上学生主体地位强弱"对课程思政内容比例、课程思政内容掌握程度、课程思政学生

① 邓杨.新时代高校课程思政建设的价值内涵与优化路径[J].河西学院学报,2022,38(1):84-87.
② 于清华,田琳.高职院校课程思政建设问题研究[J].辽宁高职学报,2022,24(3):62-66.
③ 李忠芹.遵循大学生心理发展规律 提高思想政治教育实效[J].思想教育研究,2007(3):52-54.

满意度、课程思政学校满意度、学校体制完善程度、课程思政教育有效性并未表现出显著性,这说明课程思政教育中存在学生主体地位得不到有效体现的问题,最终降低课程思政教育的有效性。

（三）学生对课程思政的理解不够透彻

学生对课程思政的理解不够透彻也是造成课程思政教育有效性和实效性低的重要影响因素。学生对课程思政教学的理解程度受到以下两方面因素的影响:一是,大学生对课程思政教育的理解不是一蹴而就的,是一个长期潜移默化的过程,即便良好的思想价值观念塑造和道德修养培育在大学生成长过程中扮演着极其重要的角色,再加上当前时代"快节奏"的影响,大学生并不能快速从课程思政教育中取得学习成果,这就导致大学生对课程思政的需求下降,从而导致大学生对课程思政学习的积极性不足[①]。换言之,受到认知理解长期性的影响,大学生在学校接受课程思政教学的时间是有限的,在短时间内对课程思政的理解是不够全面的,因此也就无法对课程思政产生强烈的认同感,也就影响了学生们对课程思政的接受程度,课程思政教育有效性和实效性自然会降低。二是,当前高校大学生大部分都是"00"后,当代大学生更加追求自我个性的张扬和尊重。同时,当代大学生大多都经过父母的精心教育,受到父母的影响更加全面。在这种环境下,父母的规划更加多一点,大学生的自我追求相对少一点,对于自我追求和理想实现的意识没有那么强烈。当代部分大学生的国家集体意识不够强,对于个人发展的理想认识也不够清楚[②]。这就导致大学生自我学习的内驱动力不足,对课程思政深层次的内涵的挖掘不够深入,无法理解课程思政的本质,课程思政教育的有效性和实效性更是无从谈起。在教师课程思政教育实效性回归分析中,回归结果表明,"受教育者因素"中包含的解释变量"您学生的综合素质水平高低"对学生知识容量和结构变化程度、学生思想和价值观念变化程度、学生言语和行为变化程度、课程思政教育实效性并未表现出显著性,虽然问卷中

---

①　邢祥焕.全课程育人背景下高校课程思政建设的理论研究[J].江西电力职业技术学院学报,2021,34(10):93-94.

②　郦建阳."三全育人"视域下高校课程思政建设研究:以浙江高校为例[J].时代报告,2022(2):152-154.

并未设置与"学生对课程思政教学的理解不够透彻"相关的问题,但是通过学生的综合素质可以进行解释,学生的理解能力是学生综合素质的一个表现,并且从回归结果中得出了课程思政教育中存在着学生综合素质低的问题,这会导致课程思政教育实效性降低,可以为"学生对课程思政教学理解程度低导致课程思政教学效果受到消极影响"提供间接论据。

四、课程思政理论支撑有待强化

课程思政教育理论对课程思政教育建设具有支撑性的作用。课程思政教育理论发展与课程思政教育实践发展存在辩证关系,换言之,课程思政教育理论为课程思政教育实践提供了指导思想,反过来,课程思政教育实践的发展促进课程思政教育理论的进步。因此,课程思政理论支撑作用弱会导致课程思政实践进一步发展,也无法推进课程思政教育理论深化。

(一)课程思政理论研究深度不够

课程思政不是简单的思政"话术"的拼接,而是各类课程中所蕴含的思想政治元素的挖掘、整合和融入。课程思政要求对专业课程有深度的了解,在全面系统地把握课程的内在逻辑和育人目标的基础上,充分发挥课程思政在教学育人与思政树人之间的纽带作用。纵观各类课程思政研究案例,课程思政以实践研究居多,缺少相关理论研究。虽然课程思政本身就是在课堂教学实践中强调思想政治教育功能,本身具有很强的实践导向,但是一味追求实践、路径研究,终将导致专业课程和思政教育的结合浮于表面、缺少内涵,课程思政逐渐演变成专业课程教学的"工具"而不是内核。为了课程思政而思政不仅起不到立德树人的思政效果,反而在课程教学中易打乱教学节奏,影响课程的完整性。因此,应对课程思政追本溯源,只有理解课程思政内在理论逻辑,才能在实践中找到合适的切入点,而不是千篇一律,生搬硬套[①]。由此可见,课程思政相关研究"重实践、轻理论"的倾向导致了课程思政理论不能很好地为课程思政实践提供良好的指导,失去正确理论指导的课程思政

---

① 郭国强,郭杰荣,贺鹏程. 高校课程思政内容建设的探索与实践:以湖南文理学院为例[J]. 武陵学刊,2022,47(2):125-129.

实践会陷入"停滞不前"的困境,成为一潭死水,失去生命力,课程思政教育的有效性和实效性自然难以得到有效保障。

(二)人才培养与教学内容研究不足

在当前课程思政研究体系中,缺乏实践研究。这一问题着重体现在以下两方面:一是,在选择和设计课程思政教育内容时,缺乏足够的连贯性和系统性;二是,探索课程思政教育内容的设计和开发路径时,对教师作用的关注程度不够①。教师在课程思政教育中的作用主要有两方面:一是,负责设计课程思政教育内容组成;二是,负责实施课程思政具体教学。因此,教师对教学内容的设计和教学实践的有效性和实效性的重要性是不言而喻的。缺少对教师人才队伍培养的研究,教师也就无法提供高质量的课程思政教学内容,无法达到育人的目的。教学内容研究不足主要体现在教学内容选择和设计的连贯性和系统性上。在连贯性方面,如果不能实现思政因素和专业课内容的融合,再加上学生们的理解方式、思维方式的共同作用,会导致学生重视专业课,忽视课程思政教学内容;同时课程思政内容如果不能在逻辑上环环相扣,就会导致学生难以理解的情况,对课程思政教学的接受度变低。在系统性方面,非体系化的教学内容不能保证覆盖所有的教学目标,因此课程思政育人的质量也无法保证,课程思政教育有效性和实效性也难以衡量。

(三)课程思政实证研究缺乏

范式的贫乏制约了课程思政研究。尤其是实证研究的缺乏,导致课程思政建设的基本问题难以得到科学回应,例如,课程思政建设效能、课程与教学改革的科学性、基于学生"增值"的课程思政效能评价、"同向同行"的有效性等。而细分维度的实践问题的解决更有赖于实证研究,例如,教师与学生的课程思政观念、课程思政与学生思想发展的关系、课程思政教学方法的有效性②。在课程思政理论体系中,理论研究和实证研究存在着辩证的关系,具体来说,理论研究为实证研究提供了方法和方向,实证研究为理论研究提供

---

① 俞继凤. 课程思政研究:回顾与展望[J]. 高教学刊,2021,7(35):174-178,182.
② 陆道坤. 新时代课程思政的研究进展、难点焦点及未来走向[J]. 新疆师范大学学报(哲学社会科学版),2022,43(3):43-58.

了事实依据,发挥验证理论研究的作用。在课程思政领域中实证研究的缺乏会导致现有的理论研究得不到有力的支持,因此理论研究就被局限在已有的、较少的实证研究的基础上,造成理论研究很难进一步发展。理论研究的停滞不前也会影响到实证研究的进度,因此要打破这种恶性循环,就要丰富课程思政教育的实证研究,实现课程思政理论研究和实证研究的同步发展。

五、教学质量保障体系有待完善

完善的课程思政制度体系,是构建课程思政系统的重要组成部分,也是必需的制度保障。没有完善的体制机制,高校课程思政建设就"无据可依、无章可循",因而高校要完善涵盖"管理机制、运行机制、评价机制"等一整套的制度保障体系,为推动课程思政建设全面有效地进行,提供有力的支撑①。

(一)配套政策供给不足

党和国家高度重视新时代高校课程思政建设,出台了一系列旨在推进高校课程思政建设的政策文件,进一步明确提出"将课程思政融入课堂教学建设全过程"。在政策实施后,各高校对照新时代高校课程思政建设的基本原则和总体要求,从整体上不断推进高校课程思政建设,提高新时代高校人才培养质量。从政策体系看,国家在顶层设计上提出了高校课程思政融入专业教学的政策构想,有着政策实体性规定多、程序性规定少的显著特点,而在实践层面上政策规范性要求多、配套落实措施办法少,配套政策不够完善、不够协同,这在今后一段时间内仍在极大程度上制约着我国高校课程思政建设和发展,阻碍各类课程育人作用的有效发挥②。国家配套政策供给的不足,致使课程思政教学实践缺乏正确的引导,再加上课程思政教学不断地推进,在一定程度上会导致一些教学乱象,例如,为了完成课程思政教学任务,将课程思政教学形式化;盲目跟风其他学校的成功经验,造成人力物力的浪费。政策要发挥引导作用,否则课程思政建设会"迷路",课程思政教育的质量也无法得到保障。

---

① 方彩虹.立德树人背景下高校课程思政体系构建研究[J].佳木斯大学社会科学学报,2022,40(1):233-235,239.

② 梁劲.新时代高校课程思政融入专业教学的现实困境及机制创新[J].职业,2022(4):33-36.

（二）教学质量监督体系不合理

传统的教学质量监督体系存在诸多不足之处：教师是教学监督的单一主体；对学生能力培养的重视程度不足；立德树人的教育理念无法与教学深度结合；高校教学活动形式化现象严重，导致学生态度敷衍。最终的结果是教学监督体系无法为教学质量提升服务。理念落后是当前的教学质量监督与保障体系暴露出的另一突出问题，学生主体地位依旧得不到有效体现，教学质量的监督未能体现教育接受者的参与，教学质量监督体系缺乏足够的科学性、合理性、有效性，教学效果得不到有力保障[①]。围绕教师所建立起来的教学质量监督体系，难以对教师课程思政教学实行有效的监督，因为教师既是"裁判员"，又是"运动员"，所以会造成教学质量监督的主观化，学生被排除在教学质量监督体系之外，无法参与教学质量监督的过程。学生是对课堂教学质量最具有发言权的群体，课程思政教学内容的唯一接受者缺少渠道表达对课堂的建议，课堂质量的提升自然无从谈起，课程思政教育的有效性和实效性自然缺乏保证。

（三）教学质量评价体系的缺失

教师的课堂质量和学生的学习成果是衡量高校课程思政教育实施效果的重要指标，通过系统化的评价和监督制度，可以量化课程思政教育的有效性程度，从而促进课程思政体系的完善[②]。

在党中央教育部的号召下，全国各地高校都为加强课程思政建设做出了积极回应，但在实践层面的探索缺乏深度，表现之一就是高校没有根据课程思政建立相匹配的教师激励考核制度。着重体现在以下两个方面：一是，现阶段高校并没有将课程思政教育理念的践行程度纳入教师职称评定体系。我国高校目前对教师职称的评定要求比较高，更多的还是侧重于教师们的科研能力。二是，高校并未将课程思政教育理念的践行成果纳入高校教师绩效

---

① 佟一璇.基于"课程思政"的高校教学质量监控与保障体系建构[J].辽宁经济管理干部学院学报,2021(5):83-85.

② 高珊,黄河,高国举,等."大思政"格局下研究生"课程思政"的探索与实践[J].研究生教育研究,2021(5):70-75.

考核评估体系中①。除了指标体系构建不完善之外,还存在课程思政教育评价体系中学生评价缺失的问题。若无相应评价标准和评价机制,难以科学揭示课程思政建设的成绩和存在的问题。要构建科学的课程思政制度机制,以《纲要》关于课程思政的教与学评价的几个关键词:学生中心、产出导向、学习体验、学习效果为导向,提升课程思政教学评价体系的效能,才能为课程思政教学质量的提升保驾护航。

第四节 本 章 小 结

本章的主要内容包括课程思政影响因素的理论分析和实证分析。在理论分析层面,从学生、教师、高校、社会等方面定性分析高校课程思政教育的影响因素,阐述各个影响因素对高校课程思政教育的影响机理。在实证层面,从课程思政教育的学生满意度、有效性、实效性等角度,构建高校课程思政教育的影响因素理论分析框架,探寻影响高校课程思政教育的关键因素。通过多元线性回归,本书可以得出结论:首先,"学校形象"和"生生互动"对课程思政教育的学生满意度具有显著正向影响;其次,"教学方法因素"和"教学内容因素"对课程思政教育有效性具有显著正向影响;最后,"教学途径因素"和"教学环境因素"对课程思政教育实效性具有显著正向影响。同时,结合已有文献研究,在综合考量课程思政教育影响因素的基础上,剖析高校课程思政教育存在的主要问题。

---

① 李旭芝.高校"课程思政"存在的问题及解决路径研究[D].石家庄:河北师范大学,2020.

第六章　主要结论及引导策略

本章分两部分呈现课程思政引导策略,第一部分系统总结获得的主要结论,对于本书的研究思路及结论进行全景轮廓的还原。第二部分是针对主要研究结论,从方法体系、内容体系、提高认知、坚持原则、育人环境和评价体系六个维度提出如何发展高校课程思政教育的引导策略。

第一节　主要结论

课程思政教育是高校立德树人的重要举措,可以更好地增强思政教育的生机活力,加强各类课程知识传播和价值引领相统一的功能。本书依据课程思政的相关理论,例如马克思关于人的全面发展理论、教育学相关理论、协同学理论和新时代课程思政育人理论等,并借鉴国内外及以往的研究经验和成果,深入探讨了高校课程思政教育的必要性和主要内容,以及课程思政教育教学体系的具体内容和运行机制。本书共设计了两套调查问卷,一是课程思政教育的学生满意度调查;二是课程思政教育的有效性和实效性调查,调查对象分别为高校教师和学生,根据构建计量模型进行实证分析,得出了如下主要结论。

第一,思政元素融入高校各类课程,重塑高校课程思政教育体系是丰富新时代课程思政育人理论的重要基础。课程思政以间接、隐蔽的方式进行教育,因此需要长时间的影响和沉淀才能看到效果,不过这种"润物细无声"的教育方式所产生的效果会更加持久有效,即课程思政的隐蔽性、长期性、易接受性。首先,本书分别从政治引导、思想引领、道德熏陶、劳动教育及心理健康教育五个方面阐述了课程思政教育的主要内容。在上课过程中,课程思政不仅完成对学生们的知识传授,它还可以做到政治引导、树立正确观念、提升就业能力等综合素质;其次,详细介绍了课程思政教育运行机制的构成要素,包括主体、对象、方法、平台和制度,并且列举了相对典型的高校课程思政教育模式,例如"思政课程引领课程思政""慕课+课程思政""互联网+课程思政"和"案例+课程思政"等模式,通过分析不同高校课程思政建设的典型经验,促进高校课程思政教育的发展。

第二,高校课程思政教育效果具有显著的群体差异。学生满意度调查分析:学生课程思政满意度在年级、性别、专业、高校类型、户口类型、政治面貌、家庭环境、学生干部经历上是有差异的,且在学校形象、价值感知、生师互动、学生期望、生生互动5个维度中都存在显著差异,具体表现为:在学校形象、价值感知、生师互动、学生期望维度中4个年级的满意度排名为:大一>大三>大四>大二;在生生互动维度中满意度排名为:大一>大四>大三>大二。女生课程思政满意度均高于男生,但总体差异不显著;专科院校的学生对课程思政的满意度都是最高的,"双一流"大学学生的满意度最低,排名为:专科院校>普通本科院校>"双一流"大学;在学校形象、生生互动维度中农村户口学生的满意度大于城镇户口学生,在价值感知、生师互动、学生期望维度中城镇户口学生的满意度大于农村户口学生。在价值感知维度下,共青团员的满意度高于中共党员,其他几个维度下均是政治面貌为中共党员的学生对课程思政的满意度最高,政治面貌为群众的学生对课程思政的满意度最低;非独生子女的学生满意度均高于独生子女学生。在学校形象维度中按照父母受教育程度进行排名为:高中>初中>大学>小学及以下;在价值感知维度中排名为:大学>高中>初中>小学及以下;在生师互动维度中排名为:大学>初中>高中>小学及以下;在生生互动和学生期望维度中排名为:高中>大学>初中>小学及以下。在学校形象、价值感知、生生互动维度中非学生干部的满意度大于学生干部的满意度,在生师互动、学生期望维度中学生干部的满意度大于非学生干部的满意度。

课程思政教育的有效性和实效性调查分析:教师课程思政有效性和实效性在性别、年龄、教龄、职称、高校类型、学历、政治面貌、专业类别上是有差异的,有效性在教学方法、教学环境、学生、教师、教学反馈、教学目的6个维度中存在显著差异,实效性在教育途径、受教育者、教学环境、教育者4个维度中存在显著差异。表现为:男教师比女教师认为思政有效性和实效性更高;"双一流"大学毕业的教师课程思政有效性和实效性都高于省属重点高校毕业的教师;对于年龄、教龄、职称、学历、政治面貌、专业类别来说,在教学方法、教学环境、教学目的等不同维度中的有效性和实效性都存在差异。

第三,加强学校形象和生生互动有利于提升高校课程思政教育的学生满意度。从总体上来看,"学生期望""感知价值""生师互动"解释变量对现实整体满意度、预期整体满意度、理想整体满意度、思政参与意愿度、课程思政教育学生满意度不具有显著正向影响,反映出现阶段的课程思政教育在"学生期望""感知价值""生师互动"方面存在诸多问题。"学校形象"和"生生互动"解释变量对现实整体满意度、预期整体满意度、理想整体满意度、思政参与意愿度、课程思政教育学生满意度具有显著正向影响。

第四,强化思政引导、改革教学方法、丰富教学内容是提高高校课程思政教育有效性的重要方式。从总体上来看,"教师因素""学生因素""教学环境因素""教学目的因素"解释变量对课程思政内容比例、课程思政学生满意度、课程思政学校满意度、学校体制完善程度、课程思政教育有效性不具有显著正向影响,反映出现阶段的课程思政教育在"教师因素""学生因素""教学环境因素""教学目的因素"方面存在诸多问题。"教学方法因素"和"教学内容因素"解释变量对课程思政内容比例、课程思政学生满意度、课程思政学校满意度、学校体制完善程度、课程思政教育有效性具有显著正向影响。

第五,拓宽教学途径和优化教学环境是提高高校课程思政教育实效性的重要途径。从总体上来看,"教育者因素""受教育者因素""教学内容因素"对学生知识容量和结构变化程度、学生思想和价值观念变化程度、学生言语和行为变化程度、课程思政教育实效性不具有显著正向影响,反映出现阶段的课程思政教育在"教育者因素""受教育者因素""教学内容因素"方面存在诸多问题。"教学途径因素"和"教学环境因素"解释变量对学生知识容量和结构变化程度、学生思想和价值观念变化程度、学生言语和行为变化程度、课程思政教育实效性具有显著正向影响。

第六,构建课程思政方法体系、丰富课程思政内容体系、提高课程思政认知、坚持课程思政原则、强化课程思政育人环境、完善课程思政评价体系是促进高校课程思政教育的有效策略。比如在构建课程思政教育方法体系方面,做到根据教育对象的需求进行协同推进避免教学方法低效能;在丰富内容体系方面,可以采用故事融入、历史融入等方法进行思政渗透,避免教学内容枯燥乏味;在提高认知方面,可以将传统重专业教育转向专业思政融合式教育,从而扩大传播思政意识的范围;在坚持课程思政教育原则方面,做到坚持党的领导、协同共建、贴近实际的原则,切实提高有效性和实效性;在育人环境方面,要将红色文化融入校园各处,从而提升学生对思想政治的接受度;在评价体系方面,注重顶层设计,提高德行因素在评价指标中的重要程度。

第二节 促进高校课程思政教育的引导策略

一、构建课程思政教育方法体系

(一)课程思政教育对象的需求定位

教育对象本身具有差异性、特殊性、层次性的需求特点,高校在对其进行教育时应注意个人差异和客观需要,关注其全面需求,同时也要向其传输社会需求,以便引导教育对象的健康思想走向,并实现社会需求和学生需求的有机统一;而教师作为知识传播的载体,要主动对接学生需求,关注学生动态,达到需求侧和供给侧的平衡,从而形成互动交流的良好格局。教师作为提供优质教育的主体,要想实现教学内容"精准供给",就需要主动探索适合学生和教学内容的方法[①]。

第一,心理层面。教育对象从自身需求出发,对思政课程产生一定的预期,由于不同对象的需求具有差异性,所以导致其预期也存在一定差异。在课程思政教育中,教育对象实际感知与预期差距越大,落差越大;差距越小,满足程度越高。当学生出现心理落差时,教师可以进行心理疏导,帮助其解决具体问题,同时思政课堂的教育方式和内容也应针对学生的需求进行设计安排,贴合学生现实需求,直接提升学生在课程思政教育中的获得感和满足感。教师通过将生活与学习相结合,既满足了学生的自身需要,又可以增强学生对课程思政教育的认同感。

---

① 程博.“供给侧改革”视域下高校思政课教学质量提升策略研究[D].上海:华东政法大学,2020.

第二,知识层面。课程思政教育的主阵地是课堂,让学生在轻松愉快的氛围中接受知识并感受理论的价值和魅力,就是打造优质课堂的意义。传统的思政课程单方面进行灌输,不考虑实际需要,导致思政教育效率偏低。但在新时代背景下对学生的教育既要注重深度内涵、满足社会需求地讲"理",也要结合真挚的情怀,使学生们易于接受;既要兼顾学术话语也要注重日常话语,通过将理性与感性融合,采用更加易于被接受的方式展现教育内容,让学生在接受知识教育的同时又体会到真理的力量,从而实现课程思政教育的魅力。

第三,思想层面。课程思政教育除对学生进行思政知识讲授外,更应做到对学生思想困惑、社会热点和重大现实问题及时回应。由于学生未步入复杂的社会,单纯的校园环境使其在人生观、世界观、是非观等方面都会存在困惑,课程思政教育绝不能与学生实际、实践和日常生活脱节,既要立足现实,还要选择与教育对象相适应的教育方法,采取科学合理的方式为学生解决难题。学生的疑难困惑得到解决,便会茅塞顿开、醍醐灌顶,从而思想升华、境界提升,产生对课程思政教育的认同感。

(二)课程思政教育实施的协同推进

当前,高校联合发展课程思政教育具有十分重要的意义,营造学校协同合作氛围已成为必然要求,对于推动课程思政协同育人,内容协同、教师协同及管理协同具有重大意义。

第一,内容协同。即思想政治课和其他课程可以共同学习和借鉴彼此的教学经验。一方面,思想政治专业课程要充分利用其他课程的资源,找到能与思政要素的接触结合点,例如古诗中所蕴含的家国情怀、古典作品中所提倡的伦理规范、名人传记中所体现的理想抱负等,都是值得借鉴的资源;另一方面,其他非思政课程也应致力于将思政元素融入课堂,比如在自然科学类课程中突出科技强国、在艺术创作指导中坚持以人为中心的现实主义方式、在体育运动中提出为国争光。

第二,教师协同。即教师之间必须提高认识和紧密联系。一方面,思政教师与其他类教师都要加强自身学习建设,切实提高自身认知水平、坚定政治立场、深刻认识德育的重要性;另一方面,教师在坚持价值塑造的同时也要追求守正创新,不断优化思政教育内容,增强科学性和专业性。在夯实专业基础、提高专业水平的同时,要努力发展特色课程所蕴含的思想政治教育要素,增强对专业课程思想政治元素的认识和运用,实现知识和价值的统一。

第三,管理协同。即学校应为课程思政教育的和谐发展提供制度保障,包括以下几个方面:一是学校党委要具备一定的思政结构,贯彻落实课程思政的协同理念,努力协调学校其他部门多方联动,落实好课程思政发展的各项方案计划;二是学校应在编写教材、举办会议、组建教师队伍及示范课程推广等方面提供支援,以促进课程思政教育改革的发展;三是学校要整体考虑学生、领导、教师和教学督导之间的联系,并完善相关的综合评价体系,之后根据课堂效果,综合评价课程思政教育的协同效果,对于在工作中效率高、科研成果较多的教师给予奖励,从而促进课程思政教育的协同发展。

(三)课程思政教育经验的共同分享

提升课程思政教育的实施力度,助推课程思政的育人行动,需要形成一系列开放共享的课程思政教学制度。开放共享意味着课程思政不仅要对内部开放,与学校各专业密切沟通,而且还要走出去,利用并交流思政教学经验和研究成果;开放共享还意味着专业教师之间要分享资源、教学方法和学生反馈等,同时与同事进行分享和交流。高校要搭建起教师之间的桥梁,完善线上线下互动机制,搭建教育经验交流平台,有效实现交流互通。

第一,拓宽思想政治学科教师与非思想政治学科教师的沟通渠道,将课程思政教育纳入课程设置,通过创新完善教学方法、加强理论研究和实践探索,从而丰富思政的内容创新,增强对学生的吸引力和感染力,为整个课程思政改革建设打下坚实基础。当前,广大学生对思政理论无感或反感,这使得思政与非思政的结合成为必然,把思政知识渗透到课堂中不仅必要而且将会更有效。因此,学校要加强教师之间的全方位沟通讨论,营造互补互鉴的新环境,从而形成全学科共同参与课程思政建设的新局面。

第二,搭建思政专业教师与辅导员、班主任的沟通桥梁。辅导员、班主任教师与思政教师相比,他们对学生生活等相关信息更加了解,并且有更多的时间和机会与学生进行接触。通过对学生进行频繁密切的管理,他们不但能够更好地了解学生的性格特点,对学生信息的各个方面有更全面的了解,而且对每个学生的具体情况也有更全面的了解,这是辅导员、班主任教师进行课程思政教育的主要优势。如果辅导员或班主任能够积极邀请思政专业教师参加班会、座谈会等活动,加强思政教师与学生们的有效互动,并结合专业特点和时代特点对学生进行教育,那么所进行的思政教育就会更加有效。因此,专业的思政教师要积极发挥自身优势,加强与辅导员、班主任的沟通交流,以便在思想政治教育领域中做好学生工作。

第三,教师职工之间也应进行充分的沟通。高校应在教学、科研、人才培养等方面为教师建立交流平台,鼓励和支持教师之间的经验交流和学习,促进资深教师对青年教师的带动与提升,大力培养优秀教师在高校课程思政建设中的带头模范作用。教师应当在相互研讨、相互学习的基础上建立教师工作讨论制度,以便实现教师之间的资源共享。

(四)课程思政教育队伍的持续培训

开展课程思政培训,高校应强化教师队伍建设,通过组织各项培训活动,切实提高高校教师自身素质,全面打造"德才兼备、业务精湛、结构完备、充满活力的教师专业队伍"①。做到以优带新,使每名教师都具有较高的政治觉悟和素质修养。

第一,建立和完善高校思政教育队伍的培训体系。在推进新时代高校课程思政建设的同时,必须要着力提高教师的知识水平,这就要求各高校建立合理完善的教学培训体系,充分发挥定期学习、不定期研讨等培训在提高教师素质中的重要作用。要推进国家示范教学培训、省级分批轮训,学校职工培训紧密衔接,开发合理的培训内容和形式,以满足不同层次的教学需求。教育部在积极贯彻落实中共中央各级部署的同时,应组织开展一系列教师培训活动,特别是要加强科研方面的骨干培养,为高层次教师提供更多的培训和发展机会②。

第二,组织开展社会实践和学习考察活动。任何理论知识都必须应用到实践才能真正发挥其价值,通过在职培训提高教师自身的综合素质,有效促

---

① 赵昱敬.新时代高校思想政治理论课教师队伍建设研究[D].南昌:江西师范大学,2020.
② 孙在丽.新时代我国普通高等学校思想政治理论课教师队伍建设研究[D].北京:中共中央党校,2019.

进了高校课程思政教育的发展。要实现高校课程思政教育的目标,相关教师必须做到在参与到社会实践和考察的过程中全面深入地了解生活,只有这样,才能更好地运用马克思主义辩证思维和唯物史观来解决相关热点问题,在育人中灌输目标意识、责任担当和家国情怀。此外,教师应通过各种社会实践和研究活动增强自我价值,通过自身经验来丰富课程思政教育的教学资源,提高教育对象对教师的信任程度。同时也要依托各种社会实践平台和教学平台,拓展教师视野,强化教师理论底蕴,切实为推进高校课程思政队伍建设提供有力支撑。

第三,开展继续教育,提高教师整体素质。要想做好高校课程思政教育工作,教师队伍是关键。高校要利用线上线下平台,开展对教师的集中教育、网络教育等多种形式的再教育,鼓励教师不断提高自身素质,为课程思政教育改革工作打下坚实基础。同时教师或高校相关部门要积极组织和参与高质量的学习培训和外出交流,在交流的同时提升教师队伍的思政认知水平。此外,各高校应系统地将课程思政教育纳入教育工作中,将教师思政培训工作融汇在教师日常工作中,促进教与学的统一,并根据自身实际情况对其效果进行长期考察。

二、丰富课程思政教育内容体系

(一)课程思政的话语重构

课程思政话语是在一定社会主流意识形态支配下,教育者和教育对象在特定的语境中用来交往、叙述、阐释、审议及讲述课程思政教育的内容、价值取向和行为特征的言语符号系统,是一种社会主流意识形态的实践和传播方式。要遵循课程思政话语体系的内在逻辑、要打破原有的专业课程的话语体系、要突破思想政治理论课的话语局限,在继承、借鉴中探索一套反映社会变迁及教育需求的专有的具有中国特色的课程思政话语体系。

第一,"两条腿走路"在课程思政中的话语重构。对于高校思政教育来说,即课程思政是"一条腿",思政课程是"另一条腿"。因此,在思政课这一德育工作的主渠道基础上、在专业课程这一主阵地中,应将思想政治理论结合到专业特点、专业规则、专业故事等过程中,做到"两条腿走路",达到协同育人①。思政课程体现高度,课程思政体现广度,课程思政在思政课的领航作用下实现育德和育才的协调统一②,通过各门的课程设计让其含有的思政教育影响实现最大限度地发挥,从而实现思想政治教育与知识体系教育的有机融合,实现知识传递与价值取向的有效互动,实现思想政治主渠道教学与课程思政教育的无缝结合与转化,达到内化于心、外化于行的育人目的。

第二,"横向沟通"在课程思政中的话语重构。思政课要与其他课程形成合力,将育人效果最大化、极致化,要在日常知识的传授过程中加入思想价值引领,帮助学生形成正确观念。"横向沟通"还包括横向上的联合教学,即知识传播与价值取向相结合,在课程中体现理想信念、政治认同和社会责任,切实提升学生的判断能力。要将专业课程与思想政治教育有机融合,主动挖掘专业理论课中的思政元素,融入课堂教学,既不忘专业教育之本,也不忽视思想政治教育的重要性。课程思政与思政课程二者相互融通、相互联系,共同担负起立德树人的根本任务。

(二)课程目标的多元引领

思政课程的特殊性在于它不仅是知识课更是价值课。"思政课以塑造学生价值观为重中之重,必须要牢牢抓住这一点"③。作为最能够贴近学生生活的课程,思政课要从多方角度对学生进行引领,如政治方向、价值观、方法论等,从而使其达到对自身的充分认识,不断地完善、充实自我,努力向一个优秀的社会主义接班人靠拢,为社会贡献出自己的力量。

第一,政治方向引领。政治性是思想政治教育教学的本质属性,是思政课程的灵魂。思政课程引领课程思政改革建设的政治方向是形成这两个逻辑关系进行互构的起点。课程思政不是把专业课、综合素质课都转变为思想政治理论课,而是它作为一种教育理念,必须遵循思想政治教育规律,结合专业化、系统化的思想政治理论课程,将正确的政治方向作为衡量自身建设成效的重要标准,否则课程思政就会失去方向。

---

①　刘宇菲,谭兰华.论思政课程与课程思政协同育人的价值及路径[J].科教文汇,2021(27):78-81.

②　王瑞.思政课程领航课程思政论略[J].中国电化教育,2021(10):65-71.

③　习近平.思政课是落实立德树人根本任务的关键课程[J].求是,2020(17):4-16.

第二，教育对象价值观引领。培育社会主义核心价值观是新时代思想政治教育的价值遵循①。在把握正确政治航向的同时，往往伴随着为青年大学生成长提供正确的价值取向，这是课程思政教育的重要功能。思政课程有着引导价值观的责任，这对青年学生认识善恶、美丑尤为重要。同时，育人作为课程思政的基本要求，特别体现在教师要学习和突出不同课程中的思政要素，实现从隐性教育向显性教育的转变，确保课程思政能够有机地融入其他课程的知识体系，做到能够在不同学科的教学过程中培养学生成长成才所需的价值观。

第三，方法论引领。马克思主义是科学的世界观和方法论，它为人们提供了分析和解决问题的正确立场、观点和方法。因此，马克思主义不仅是哲学和社会科学各个学科的研究对象，也为包括自然科学在内的各个领域的立场、观点和方法提供了科学的认识。无论是马克思唯物主义要求遵循客观世界的发展规律，还是马克思主义的辩证法都要求对问题进行全面的辩证分析、研究和判断，或是历史唯物主义的人民立场，也都是各种科学研究取得成果的根本保证。借助课程思政教育进行马克思主义理论的系统教学，能够使学生了解到在中国共产党领导下、在马克思主义指导下我们国家取得的伟大成就，进而更加坚定"四个自信"。

（三）课程内容的思政渗透

高校学生的思想政治水平对于整体国家的道德素质具有重大的影响，因此高校教育要通过各个方面进行思政渗透，加深学生对思政的理解、强化学习思政理论的能力、树立正确三观、提升道德素养。

第一，故事融入。教师在教学过程中加入"讲故事"环节，这种授课形式能使教材理论形象化、教学氛围感性化、枯燥问题具体化，从而加强学生的认同感，提升教学效果。在思想政治学科中按照内容要求构建社会主义核心价值体系，既要注重历史背后的因果关系，又要用马克思主义理论分析其效果，达到"讲故事、讲道理"的教学目的，从而生动回答"中国共产党为什么能、马

---

① 邓梦梦.以校史文化培育大学生社会主义核心价值观的路径探究[D].北京:北京化工大学，2017.

克思主义为什么能、中国特色社会主义为什么能"①。

第二,历史融入。中国以华夏文明为源泉、中华文化为基础,是世界上历史最悠久的国家之一。历史文化是思政教育的重要组成部分,教师通过讲授历史知识塑造、引导学生价值观,以大历史观的视野进行贯通式、长时间的深入研究。新时代下的课程内容既要遵循历史的逻辑、比较现实与历史,又要对中国未来的发展进行合理预测,让学生掌握历史、认同党、爱党,树立正确的历史观。要探寻历史渊源,让学生从灵魂深处对马克思主义和中国共产党有认同感,要着重分析英雄背后的故事所体现的内涵,从而教育学生要努力在奋斗中实现中国梦②。

第三,人物融入。讲述英雄的精神品质和英雄故事的精髓,讲清学习英雄的意义,人民创造了历史,英雄来自人民。掌握讲故事的方法,把英雄故事融入教学课堂,要考虑青年学生的认同感和接受程度,注重教学方法、情理结合,通过讲真实人物故事给学生留下深刻印象,从而增强英雄主义精神的力量和效果。英雄故事可以用通俗易懂的语言表达,可以通过诗词和歌曲朗诵,也可以通过网络平台将人物事例再现。讲好英雄故事,既有助于营造有温度的课堂氛围,又能提高教师的亲和力、增强学生的思想觉悟。

(四)思政案例的典型开发

案例教学是以师生高频互动为特征的启发式、引导式、创新型教学法。与传统的讲授式教学相比,案例教学传授知识的作用与直接讲授教学可相提并论。多年来的教学实践已经证明,案例教学是理论联系实际的有效教学方法,它把抽象深奥的理论具象化,它以润物细无声的形式把理论深刻嵌入学生头脑中,从而达到真懂、真信、真践行的效果。

第一,优化案例开发内容。教师在制定和选取具体案例时,既要保证案例本身具有可教性,与课程内容相符合,同时还要考虑案例内容是否能积极促进学生核心素养和价值观的培养。因此,优化案例开发内容对整个教学案例的选取和使用具有重要意义。案例内容要有足够的深度,才能让教师对其

---

① 刘国娜. 高校思想政治理论课讲好中国故事研究[D].西安:西安理工大学,2019.
② 何雨. 中国故事融入高中思想政治教育的路径研究[D].信阳:信阳师范学院,2021.

进行深入剖析并开发学生的想象力,从而大大提高案例教学方法的使用效率。

第二,拓宽案例开发途径。在应用案例教学法的初步准备阶段,教师应提高教学资源意识,并根据教学目标充分研究案例、寻求丰富相关材料的方法。教师可在学校图书馆收集查阅有关热点事件的书籍论文及新闻媒体报道、影像及其他资料。思政教师通过对资料的广泛收集来拓宽案例教学途径,从而为前期开展案例教学提供充分的准备。

第三,提高案例综合素质。一是关注时事热点,提高案例的时效性。教师在选择具体教学案例时应高度关注当代社会的热点问题;二是了解学生的实际情况,提高教育对象对课程的兴趣。课程设计应以学生为主体,提高独立获取知识的能力,教师通过对学生进行深入了解,熟悉学生的喜好,并选择趣味性强的案例进行具体的教学和设计[①];三是提高案例的综合性,教师在选取案例时要考虑案例的综合性,运用案例引入逻辑线索,从而提升学生能力,对思政知识进行有效渗透。

三、提高课程思政教育的认知

(一)从思政课单一课程育人转向课程思政全方位育人

为了适应新时代发展的需要,我国教育必须以全面育人为目标,从立德树人做起,将育人思想融入各项工作领域。根据思想政治工作的发展规律,课程思政应实现从单一育人到全方位育人的转变,构建一个全面的育人体系,确保高校德育工作质量和水平的有效提高。

第一,优化"灌输"方式,推进课程育人。为了实现有针对性的"精准灌输",坚持融入启发性教学,而不是传统的"填鸭式"教学,做到从学生的角度提供准确的帮助[②];坚持整体性教学,要满足学生合理的政治和精神需求。丰富课件内容,营造和谐课堂氛围,促进师生平等交流互动以及学生辩证思维的形成;促进积极和辩证地处理和解决问题;尊重学生需求的差异性,进行

---

① 张珊珊.案例教学法在高中思想政治课中的应用研究[D].济南:山东师范大学,2020.
② 姜雪.高校"三全育人":内涵、路径与机制研究[D].石家庄:河北师范大学,2021.

因材施教式教学,对思想觉悟较差的学生群体要进行针对性教育,对觉悟较高的党员或学生干部群体进行重点灌输。

第二,创新实践形式,开展实践育人。高校活动应加强思想引领,并坚持理论与实践相结合的教学方法。新时代下学生的观念和需求都发生了变化,高校可根据自身的需要与当地政府、企业、中小学等合作来建设实践基地,开展实践活动,从而增强实践活动的育人效果①。还可利用地方特色资源开展德育,建设课程思政教育基地,丰富实践活动形式,从学生发展特点和学校特色出发,既丰富了优秀传统活动的精神,又充分利用了学生熟悉的形式开展具有时代特色和突出时代思想的实践活动。

第三,依靠网络资源,加强心理育人。心理教育在教育体系中起着重要作用,因而应加强对受教育者的心理健康教育。教师可设立网上问卷调查,以普查的形式研究学生的心理状况,及时就常见问题举办讲座和宣传活动,并针对遇到问题的学生进行有针对性的心理辅导。学校应有效利用网络平台,消除学生心理障碍,及时驳斥谣言或通报突发事件,避免惊慌失措,还可以利用公共平台传播心理健康信息和相应的心理矫正方法。高校还应该在网上开设一门心理学课程,学生可以根据自己的需要进行学习,同时教师也可以及早发现和解决这些问题。

(二)从课程思政教育形式化转向课程思政教育实效化

课程思政话语体系目前处于完善阶段,专业理论课话语与思想政治教育话语、教育者传统话语与青年人流行话语都存在着"断层"现象,高校要从关注课程思政的对象、提升话语感染力、实现需求供给的互通等方面创新课程思政话语方式,推进话语表达转型。

第一,要构建共创共享的师生关系。大学生思政思维的滞后性、模式的浅层性、方式的单一性、内容的重复性,是导致大学生心理压抑、影响师生关系的主要原因。因此,要充分调动学生主动性,把网络文化与思政教育相结合,开展多形式的沟通,发挥网络文化的优势,弥补学生线下思政教育的不

---

① 孔祥年.新时代高校社会实践协同育人机制研究[J].学校党建与思想教育,2019(8):86 - 88.

足。打通课堂的需求供给双向沟通渠道,打破传统的"教师说、学生听"的孤立局面,主动对接学生需求,将传统教学中单方面"灌输"转变为师生双方的有效互通,实现互动、平等、有效的话语实践。

第二,打破课程思政的"形式空壳"。课程思政必须附有具体的思政质料。这就要求各学科的教师在推进课程思政教育的同时,要科学把握课程思政的本质,切实运用其思政元素。课程思政的组织者和实施者各自不仅要掌握擅长的学科,还要掌握育人的哲学和方法,要进一步认识学科与思想政治教育本质的内在联系,找到能够使课程内容转化为课程思政教育的有效形式。

第三,融入现代话语,关注教育对象群体特征。当下,学生深受互联网思维的影响,思维的跳跃性、语言的网络化、接受新事物的快速度是这一代人普遍具有的鲜明特点。学生们对课程思政的接受、消化、吸收程度衡量的是课程思政话语的有效性。因而,课程思政主体的话语要适应受教育者群体的话语特点,创新话语传播方式,充分运用当下流行的新媒体和网络平台,在课程思政中融入青年人喜闻乐见的现代话语,用接地气的语言来阐释主流意识形态,传播育人理念,争取青年人心。提升课程思政话语的感染力,打破原有专业理论课枯燥乏味又晦涩难懂的话语形态,更多关注话语的社会化、生活化,将丰富多彩的现实生活融入课堂教学,使用学生听得懂的大众话语传授知识、宣传教育,让学生在有趣、有料、轻松的课堂实践中接受教育,有效增强课程思政话语的感染力和影响力。

(三)从重专业教育转向专业思政融合式教育

思想政治理论课是一门具有知识普及和价值观教育的双重维度课程。同时,其他课程也具有教育功能和丰富的政治内涵,专业课程教师在教学过程中要学会运用这些隐性的思政教育资源,让学生既学习到专业知识,又感受到思政理论的魅力,也就是说"课程运载思政,思政寓于课程"。

第一,专业课与思政课教学资源的相互植入。在新的形势下高校课堂所提出的专业衔接和知识传授的灵活化教学,使专业课与思政课的教学内容相结合成为可能。一是在专业课的课堂中存在丰富的思政教育资源,使学生能够在日常课程的学习中了解到思政理论知识,从而提高学生的思政思维和能力;二是在教学过程中思政教师必须了解学生的所学专业,以便将专业内容与思想政治理论相结合,从而形成更具原创性和独特性的教学教材,进而激发学生对思政内容的兴趣。

第二,打造代表性课程。不同专业具有不同的特点且拥有大量的相关课程,若将思想政治教育内容纳入全部课程,这对思政教师和非思政教师来说无疑是一项艰巨的任务。因此,要做好重点学科加强教育,努力消除不同专业的差异,找到思政教育课程与专业课程的衔接点,把专业课程与思政课程的理论体系合理衔接起来,这在实践教学中不仅可以传授专业知识,还可以培养学生的思政思维、提高他们的思政能力。此外,不同高校的课程成熟度存在差异,因此要根据实际情况逐步进行教育改革,结合高校的思政培训计划形成创新发展体系。

第三,循序推动教学进程。科学组织规划思想政治教育内容,消除专业、师生心态、教学水平等方面的差异,逐步推进教学进程。深入研究专业课程,确定该课程能够融入思政教学元素后组织推进教材内容设计、教材资料编写、师资培训和教学成果评估等工作,并根据学生对专业课程中思政元素的接受程度和理解程度及学生的心理特征等来进行课程思政工作的合理推进。科学设计和规划教学内容,有助于学生掌握知识,并逐步形成其内生情感与价值观。

四、坚持课程思政教育原则

(一)党委领导

毛泽东曾说:"政治路线确定后,干部队伍就是决定因素。"①我国高校的课程思政建设不是一句空话,这种教育理念是党和国家对新时期我国高等教育的新要求,高度彰显了中共中央对思想政治教育的重视。因此,高校干部应付诸实践,宣传贯彻中共决策,需要且必要带头推进高校课程思政改革。

中国共产党是我国高校建设和发展的领军人,高校的教育目标能否符合国家的要求并服务于国家的发展直接取决于能否坚持党的领导。坚持党委

---

① 毛泽东选集(第二卷)[M].北京:人民出版社,1991.

领导是我国高校建设课程思政所要遵循的根本原则,必须优先考虑。而立德树人作为开展教育的首要任务,要求各个高校必须顺应国家和时代的发展要求,谨慎规划好人才培养的各项方案。学校党委必须坚持科学有效的领导,只有这样才能够深入研究教育事业的内在规律,不断强化新时期的有效应对措施,从而确保教育"不脱轨"。课程思政教育的目标是育人,做好坚持党委领导原则,可以在高校实施和推进课程思政中发挥积极作用,只有坚持党委领导才能不偏离党的方针。因为党委领导这一原则本身具有一定特殊性,它能够有针对性地、有目的地、程序化地推进课程思政建设,高校党委要主动发挥带头作用、主动落实相关教育理念,以实际行动推动改革顺利进行。

高校党委要始终牢记自身核心指导地位,明确课程思政融合理念,引导高校思政课程建设,并且在建设过程中必须坚持马克思主义方向、坚持德育育人、坚持与院领导和教师们共同参与课程思政教育改革。另外还需在校党委部门内部成立专门的课程思政建设小组,做到让专业人员直接对接课程思政改革的相关问题,从而推进改革科学有效地实施。同时,高校党委要开展经常性交流合作,促进资源互换和互相学习以弥补彼此的缺点,不仅可以从中汲取有益经验,还可以进一步探索课程思政。只有这样,高校党委才能以新的思路和新的方法引领课程思政建设,为课程思政教育提供有益的指导。

(二)协同共建

在我国高校课程思政建设过程中,协同共建原则是课程思政改革建设要遵循的重要原则之一,即思政教师与非思政教师共同参与课程思政。对于学生来说,思政教师与专业课教师的行为和观念都会对其产生影响,他们在给予学生知识和培养学生能力的同时,也有责任教育他们做一个什么样的人。与思政专业的教师相比,专业课教师与学生有着更多的接触,他们应清楚在课程思政中的角色定位,认清自我价值,以便更好地做到立德树人。但现实中依然有问题存在,由于一些专业课教师对"教育"的认识存在不足,只教学生在专业方面的知识,缺少做人的道理。因此,专业课教师需要思政教师的帮助,二者一同为课程思政建设做贡献。

思政教师应当帮助专业课教师提高政治素养。"所有教师都有培养学生的责任"①。在高校课程思政建设中,专业课教师是关键。专业课教师只有认识到德育的重要性,才能把课程思政教育理念落到实处。他们不仅有着传授专业性知识的责任,也要严格履行育人职责,时刻保持与学生的沟通与交流。同时思政教师要帮助专业教师用真理的力量感染学生,而专业课教师也要深入了解马克思主义,时刻保持高度的政治敏锐性,必须把锻造个性、提升品德作为崇高追求,不单要学习专业知识,还要不断思考如何提高自己的道德修养。由于部分专业教师缺乏深厚的马克思主义理论基础,所以在专业教师学习马克思主义理论的过程中,思政教师必须发挥辅助作用,指导专业教师从唯物辩证法和历史唯物主义的角度分析和解决现实生活中的问题、保持对社会发展问题的清醒认识、坚持马克思主义思想。只有这样,专业课教师的人格发展才可以提升至更高的层次,才能进一步认识到立德树人的重要性。

(三)贴近实际

在我国高校课程思政的建设中普遍存在着这样一种现象:学生不理解思政知识对引导社会发展及对人格发展的价值,这被称为"不买账"现象,他们不会对教师所授知识一味地顺从和接受,有着极强的主体意识②。在整个教育过程中,学生对专业课教师所表达的观点都有独特的认识,这种认识可能是先进的,也可能是落后的,即学生的见解有时可能会超越教师的认知、超越实践和专业知识的限制;有时落后于时代发展的要求,从而导致对社会发展障碍的认识。课堂对于学生来说只是一部分生活领域,并不能全方位地代表整体情况,特别是存在部分学生对思政教师讲授的理论课程内容不太感兴趣。因此,除了在课堂上感知学生学习的情况外,教师还应与学生保持密切联系,关注他们的课外生活,当发现学生的思想和行为出错时,要有计划、有针对性地进行调节,从而建立起良好的师生关系。

因此,我国高校课程思政建设应以贴近实际为原则,即专业课教师不应将思政要素直接插入专业知识中,而应从学生的实际需要出发、从学生的个

---

① 中共中央国务院办公厅.关于进一步加强和改进大学生思想政治教育的意见[N].光明日报,2004－10－15[1].

② 张东良,周彦良.教育学原理[M].北京:北京理工大学出版社,2017.

体需求出发,选择的思政元素不应超出学生的感知范围,深入探索学生可以接受并与现实生活密切相关的思政元素。专业课教师背后的思政元素可以与国家发展联系起来,牢记新时代民族复兴的使命,使学生认清所学知识是为社会主义的建设事业服务,从而为实现中国梦做出新的贡献。比如,在全国抗击疫情的过程中,医学教师不仅向学生阐明了医疗技术在挽救生命中的积极作用,也向学生们传递了白衣天使无私奉献的精神;专业课教师可以通过讲述学科前辈的先进事迹,激发他们对价值观知识的学习热情。因此,专业课教师可以借助其他教师的经验,共同分享各专业中的思政经验。由于骨干教师有较为扎实的专业基础和丰富的社会教学经验,所以要发挥带头作用,积极组织有关课程思政的交流经验会,这不仅促进了教师之间的合作,也增强了团队力量。

五、强化课程思政育人环境

(一)校史文化传播

校史文化作为大学文化的重要组成部分,为感染熏陶学生提供了载体。我国高校历史文化是建立在爱国荣校的基础上的,其内在的价值观与课程思政教育密切相关[①]。以校史文化为依托开展课程思政,可丰富思政教育理论的方法多元性,同时也对校园历史文化自身建设起到促进作用。将校史文化融入高校课程思政教育工作,有效拓宽了课程思政教育的途径和手段,在提高学生思想政治素质的同时,平衡了高校校史文化建设的发展。

第一,开展以校史文化为主题的课堂教学。大部分高校采用课堂教学法,以校领导、老教师等人员代表为学生全面讲解建校理念、建校过程、学校发展过程、校训深刻内容等,做到受众全覆盖[②];此外,通过校史纪录片放映等方式,表明校史文化传播已不再局限于单一的讲述方式,而是可以将视觉、视听和心理感受有机结合,从而提高学生学习校史文化的效果;部分高校还可以将校史文化与培养学生干部和学生党员相结合,充分利用学生群体的优

---

① 邓梦梦.以校史文化培育大学生社会主义核心价值观的路径探究[D].北京:北京化工大学,2017.

② 孙永超.大学文化视域下的高校校史文化建设研究[D].长春:吉林大学,2014.

势,努力在实践中做到优秀校史文化的传承。

第二,通过网站或新媒体运营平台促进校史文化传播。随着信息时代的到来,这给校史文化传播和校园文化建设领域带来了新的形式。新媒体对年轻学生的吸引力很大,已是校史文化建设、交流和教育的重要手段。接入新媒体可以有效拓宽校史文化的传播渠道,改变传统的单一性延续,在增加校史文化教育形式多样性的同时,为广大师生提供了更为广阔的互动平台,通过增强教育自身的吸引力,从而提高学生的思想水平,实现学生对校训和校风的自主追求,促进思政教育更好发展。

第三,在学生群体中招募校史志愿者和讲解员。学生这一群体是校史文化的主要影响对象和传承人,各高校可提供义工及解说员的校史相关工作,吸引广大学生参与,并在过程中让其感受到校史文化的魅力。学生们通过志愿服务工作与高校历史文化直接进行互动,积极宣传学校的精神理念,加快了推进课程思政教育的步伐。

(二)传统文化传播

国家和民族的富强往往取决于文化的富强,中华民族的伟大复兴需要中华民族传统文化的发展和繁荣[①]。传统文化极具丰富资源,通过向学生输出中国传统文化,向他们积极灌输正确的价值观,培育其健康的人格,从而促进中国传统文化的传承和创新。

第一,把中华优秀传统文化因素合理地纳入教学计划。目前高校普遍设立中国传统文化课程,但多数情况下是分散渗透式教学[②],效果并不理想。高校将课程结构划分为专业学科和公共学科,导致学生缺乏必要的公共课知识,因此必须改革课程架构,逐步收窄专业课和公共课之间的界限,使整个高等教育整体化。还应重新定位人才培养目标,使中国传统文化教育成为整个教育课程的组成部分,明确课程结构,完善课程体系。不仅是提供大学语文、美学等学科的课程,还要将中华传统文化纳入伦理、美学、发展史等科目,使学生在中国传统文化领域中得到全面化教育。

---

① 李文凤.大学生传统文化教育现状及对策研究[D].济南:山东师范大学,2016.
② 张亚男.大学生中华优秀传统文化教育现状及对策研究[D].青岛:青岛科技大学,2016.

第二,在校园基础设施中加入中华传统文化的因素。将中华传统文化融入高校文化建设,让学生无时无刻地能够接受传统文化的熏陶。学校可利用多间历史名校的经验,在校园主要活动地点设置丰富的人文景观,将传统文化深深融入学校环境,既可美化校园,又可传递其精神,营造一个文明、健康、向上的环境。这些随处可见的设施可以默默地将传统文化传输给师生,对培育学生高尚的品德修养有着强大作用,能够激发他们的学习意识,积极引导学生完成继承和发扬传统文化的责任使命。

第三,鼓励学生参加当地的传统文化活动。中国历史悠久,所有的地域都拥有属于自己的传统文化。学习本土文化,可以进一步增强对整个中华民族的文化意识,也是学生学习传统文化的最佳途径。高校应加强相关建设、开展更多相关活动,将课程与社会实践相结合,利用地区文化资源开展中国传统文化教育,从而提高学生的传统文化知识水平①。高校还可以组织学生自愿参加当地的传统文化活动,以便学生们能够直观地感受到传统文化所含的独特魅力。

(三)红色文化传播

中国人民在马克思主义和中国共产党的领导下,在革命、建设、改革的伟大实践中创造出了红色文化。作为中国特色社会主义事业的接班人和建设者,新时代下的青年学生肩负着伟大的历史使命,而大学既肩负着育人的重任,也肩负着传承中华优秀文化的重大使命。思政课教师是大学生思想政治教育的主力军,要积极自觉地讲红色故事,坚持弘扬和发展红色文化,从而实现社会主义核心价值观的有效践行②。

第一,充分利用图书馆的红色文化资源。除了为师生提供珍贵的红色书籍外,还要定期举办红色电影展览等活动。此外,高校图书馆如能与其他高校联合提供网上阅读服务,就可更有效地促进阅读红色图书,从而让广大学生感受到红色文化的深刻内涵和魅力,进而促进校园红色文化的发展。通过这一系列举措,许多学生将感受到开拓无畏的风貌和精神。高校建设红色校

① 陈育芳,陈少平.高校中华优秀传统文化教育的体系构建与实践探索[J].高校辅导员学刊,2015,7(6):6-10.

② 庄海龙.新时期高校红色文化育人研究[D].扬州:扬州大学,2018.

园文化,需要充分利用图书馆传播红色文化资源,真正把红色文化渗透到学校文化之中。

第二,红色文化与教学内容有机结合。红色文化的传播离不开思政教育,高校思政理论课是学习红色文化的最好主课堂,因此应将以红色文化为主体的课程变成系列专题。除了思政理论课外,还可以开设与红色文化有关的选修课,如学习中国共产党历史、观看红色电影、欣赏红色歌曲和红色经典等,既可以为学生们提供更多学习机会,还可以实现红色文化知识的渗透,进一步发展红色文化课堂教育这一主渠道。

第三,开展各类校园红色文化活动。高校活动可以最直接地促进红色文化在校内的传播,更有效地利用文化开展教育。例如"一二·九"运动、五四青年节等红色节日唱红色歌曲,并鼓励师生共同参与,让他们在集体实践中感受到红色歌曲和红色文化的魅力[1]。除了红歌大赛,还可以鼓励学生以新的形式诠释和营造红色校园文化,让学生能够真正感悟到英雄前辈的革命情怀,感受到红色文化的魅力。

六、完善课程思政教育评价体系

(一)注重课程思政教育评价体系的顶层设计

课程思政建设效果评价包括学生情感、态度、价值观等软性指标,过程相对复杂。要做到提升监督课程学习思政知识的实施效果,必须建立动态评价机制,构建科学有效的评价体系,以便及时发现和纠正课程思政教育过程中出现的问题,使教师在课程中实施贯彻思政教学理念。

第一,课程思政的评价主体和评价维度应多元化。参与评价的人员应包括教师、辅导员、校领导、家长等,做到从不同的角度进行全方位评估。教师应留意学生在学习过程中价值观的转变,对专业素质、专业价值认知、专业操守及分析与专业活动有关社会现象的能力等进行评价[2]。虽然辅导员不直接对学生进行授课,但他们是最了解学生生活状况的教师,因此他们的评估

---

[1]　沈俐颖.高校校园红色文化建设研究[D].哈尔滨:东北林业大学,2021.
[2]　陆道坤.课程思政推行中若干核心问题及解决思路:基于专业课程思政的探讨[J].思想理论教育,2018(3):64-69.

重点是学生的生活和学习成绩表现；家长主要在家里评估学生的情况，对学生在学习、品德、自我表达、个人感情、学习愿望和能力、沟通合作能力及开拓意识等方面有着最深刻的认识，家长参与评价可以作为家庭与学校的纽带，做到对课程思政进行更合理的评价；校管理层领导评估一方面要收集教学资料，建立反馈系统，另一方面还要系统地进行教学调控和各类学科的建设。

第二，课程思政的评价方法和标准应具备多样性。对课程思政建设的成果进行评价，不仅要注重对知识技能的显性评价，同时还要注重一些隐性评价。提高学生的思想道德品质是一个逐步的纵向发展过程，因此有必要将过程与结果相结合、定性和定量相结合、纵向和横向相结合。高校应根据学校情况制定不同的评核标准，将考试成绩、学生的实践活动情况及家庭评价情况进行分类，并予以一定比例的分数，最后对学生做出合理的评价。当然，这种评估制度并不是能够迅速建立起来的，它需要教师、学生、高校和家长的共同支持和参与，及时做到回应反馈各种意见，从而建立更加合理的评价体系。

第三，完善相应的激励机制。要公正平等地对待思政课，将其专项教学奖励与其他教学奖励一样对待，在思政教师考核评价结束后，应合理运用思政教师考核结果，将其教学、科研成果直接与职称授予、职务聘任、报酬分配等挂钩。要完善思政教师晋级加薪机制，重点激发思政学科教师的科学创造力，同时也要充分调动思政教师的教学积极性，鼓励和引导他们在教育工作中发挥作用，使他们在工作中投入更多时间和精力，激发内生动力，充分发挥科研教学的双向互补性。

（二）课程评价指标的德性因素彰显

教师的"德"非常重要，它直接关系到教师教育质量、学生成长发展、社会发展进步、国家繁荣昌盛[①]。因此，建议在课程思政教育评价指标中增加对德性因素的考察，这样可以使得评价更加全面，而科学合理的评价制度可以保证评价过程的公正性，可以激励思政教师更加规范自己的行为[②]。

第一，思想政治纪律方面。政治因素是教师绩效评价指标体系的第一标

① 秦苗苗.习近平关于师德建设论述研究[D].大连：大连海事大学，2020.
② 张红红.高校思想政治理论课教师师德师风建设研究[D].南昌：江西师范大学，2019.

准,高等教育是中国特色社会主义教育,在思想政治纪律方面,依法教学的重点是:教师在教学活动中,严禁违反国家教育政策和教师行为准则;严谨散布有悖国家路线、方针、政策、组织和纪律的言论;严禁教师存在其他违反学校纪律的行为。

第二,教育教学方面。对教师爱岗敬业的情况进行考察,主要有以下几个要素:对党的教育事业忠诚与否,是否积极参与德育教学和科研之中;在教育活动中发生紧急情况时,是否存在逃避责任、违反教学纪律、敷衍教学的现象。

第三,学术道德方面。学术道德是教师道德评价体系中的一项重要内容,尤其需要考察教师科研活动中的以下方面:是否存在伪造学历文凭等问题;是否抄袭、侵占或者篡改他人的科研成果;是否伪造或篡改数据文献、伪造虚假研究成果;是否存在发表成果署名不当、重复发表等情况;在评定职称、奖项、优异成绩时,是否存在不公平竞争。

第四,团结协作方面。教学、科研和管理都以集体团队的形式有效开展教育活动,因此团结协作能力也是检验教师师德的重要评判标准之一。要重点考查以下几项:是否能够做到尊重同事,相互帮助,并妥善处理工作和生活问题;是否能处理好与同事、领导和团队成员的关系;是否能合理表达诉求;是否存在组织非法集会、请愿。

第五,廉洁从教方面。廉洁从教作为检验师德的标准之一,对于教育教学的建设是非常重要的。重点要关注是否存在以下行为:是否正确处理与学生、家长及社会资源的关系,是否索要或收受他人财物;利用校内外资源是否是为满足自身利益;在招录、考试、考核、入党等方面,是否能公平公正地做好推荐工作。

第三节　本章小结

首先,总结了本书的主要结论,包括思政元素融入高校各类课程,重塑高校课程思政教育体系是丰富新时代课程思政育人理论的重要基础;高校课程思政教育的有效性、实效性及学生满意度均表现出显著的群体差异性;加强学校形象、生师互动和生生互动有利于提升高校课程思政教育的学生满意度;以思政引导,改革教学方法、丰富教学内容是提高高校课程思政教育有效性的重要方式;拓宽教学途径和优化教学环境是提高高校课程思政教育实效性的重要途径;构建课程思政方法体系、丰富课程思政内容体系、提高课程思政认知、坚持课程思政原则、强化课程思政育人环境、完善课程思政评价体系是促进高校课程思政教育的有效策略。其次,提出了促进高校课程思政教育的引导策略,一是从课程思政教育对象的需求定位、课程思政教育实施的协同推进、课程思政教育经验的共同分享及课程思政教育队伍的持续培训四个方面构建课程思政教育方法体系;二是通过对课程思政进行话语重构、对课程目标进行多元引领、对课程内容进行思想渗透及对思政案例进行开发四个方面丰富课程思政教育内容体系;三是从将思政课单一课程育人转向课程思政全方位育人、将课程思政教育形式化转向课程思政教育实效化、将重专业教育转向专业思政融合式教育三个方面提高课程思政教育的认知;四是坚持党委领导、协同共建、贴近实际的课程思政教育原则;五是通过传播校史文化、传统文化、红色文化来强化课程思政育人环境;六是通过注重课程思政教育评价体系的顶层设计和彰显课程评价指标的德性因素来完善课程思政教育评价体系。

附录 1
课程思政教育的学生满意度调查问卷

亲爱的同学：

　　您好,这是一份有关课程思政教育实施的调查问卷。如非特别说明,每道题均为单选题,请您在符合自己选项的方框中打"√"。本次调查问卷均以匿名的形式呈现,调查的结果只用于学术研究,请您放心填写,感谢您的支持和配合。祝您生活愉快、学习进步。

第一部分　基本情况调查

1. 您目前所在年级:A. 大一　B. 大二　C. 大三　D. 大四　E. 硕士研究生

F. 博士研究生

2. 您的年龄_____。

3. 您的性别:A. 男　B. 女

4. 您的政治面貌:A. 群众　B. 共青团员　C. 中共党员　D. 民主党派人士

D. 其他

5. 您在学校是否担任过学生干部(班级、党团、学生会):A. 是　B. 否

6. 您的专业属于哪一学科:A. 经济学　B. 管理学　C. 文学　D. 历史学

E. 哲学　F. 教育学　G. 法学　H. 理学　I. 工学　J. 农学　K. 医学

H. 艺术

7. 您目前在读的学校属于:A. 双一流大学　B. 本科院校　C. 专科院校

8. 您是否为独生子女:A. 是　B. 否

9. 您的户口类型:A. 城镇　B. 农村

10. 您的父母的受教育程度:A. 小学及以下　B. 初中　C. 高中　D. 大学

E. 硕士研究生　F. 博士研究生

第二部分　学生满意度调查

填写说明:请您根据您的真实情况选择数字选项,数字越大,代表程度越高,以此类推。

课程思政教育学生满意度问卷

维度	变量	1	2	3	4	5
学生期望	A1. 您对学校"课程思政"的实践教学的总体期望程度					
	A2. 您认为学校在多大程度上满足学生"课程思政"学习的需求					
	A3. 您认为参加学校"课程思政"实践教学能带来多大的实际效用					
学校形象	A4. 您对学校"课程思政"实践教学的印象					
	A5. 您对学校"课程思政"实践教学的信赖度					
	A6. 您认为学校"课程思政"实践教学的水平					
	A7. 您认为学校在"课程思政"实践教学方面与学生交流的程度					
感知价值	A8. 您认为在"课程思政"实践教学中付出努力与收获的匹配度					
	A9. 您认为目前所学课程对思政元素的融入程度					
	A10. 您对"课程思政"实践教学质量的满意度					
生师互动	A11. 您认为"课程思政"实践教学中参与提问或讨论的频率与水平					
	A12. 您认为"课程思政"实践教学中回答/思考问题的频率与水平					
	A13. 您认为"课程思政"实践教学中进行课程汇报的频率与水平					
	A14. 您认为课外辅导员、教师等进行"课程思政"实践教学的频率与水平					

维度	变量	1	2	3	4	5
生师互动	A15.您与辅导员、教师等平等讨论职业计划的频率与水平					
	A16.您与辅导员、教师等平等讨论人生观、价值观的频率与水平					
	A17.您认为辅导员、教师对以上讨论的回应频率与水平					
生生互动	A18.您课堂上与同学合作完成"课程思政"实践教学相关任务的频率与水平					
	A19.您与同学交流对"课程思政"某一主题看法的频率与水平					
	A20.您认为同学间互相检查和评估"课程思政"学习结果正确性的频率与水平					
	A21.您课后与同学参与课程思政实践教学的频率与水平					
课程思政满意度	A22.您对学校"课程思政"实践教学中学习风气和氛围、课堂质量、学术经历、整体收获的满意度					
	A23.与预期相比较,您对学校"课程思政"实践教学中学习风气和氛围、课堂质量、学术经历、整体收获的满意度					
	A24.与理想状况相比,您对学校"课程思政"实践教学中学习风气和氛围、课堂质量、学术经历、整体收获的满意度					
	A25.您参与到"课程思政"实践教学过程中的意愿度					

附录 2
课程思政教育的有效性
和实效性调查问卷

尊敬的老师：

您好！感谢您在百忙之中，参与并协助我们完成此次调查。本问卷涉及高校课程思政教育的有效性和实效性的调查，主要在于了解高校课程思政的具体情况。问卷采取无记名形式，请您在符合自己情况的选项下打"√"，回答结果不对外公开，请您根据实际情况填写。再次感谢您的支持！

第一部分 基本情况调查

1. 您的性别：A. 男　B. 女

2. 您的年龄：A. 30 岁以下　B. 31～40 岁　C. 41～50 岁　D. 50 岁以上

3. 您的政治面貌：A. 群众　B. 中共党员　C. 民主党派人士

4. 您的教龄：A. 5 年以下　B. 6～10 年　C. 11～15 年　D. 15 年以上

5. 您的学位：A. 学士　B. 硕士　C. 博士

6. 您的职称：A. 助教　B. 讲师　C. 副教授　D. 教授

7. 您的从教学科类别：A. 文史类　B. 理工类　C. 艺术体育类　D. 其他

8. 您的毕业学校属于：A. "双一流"大学　B. 省属重点　C. 普通本科院校

D. 专科院校

9. 您目前任职的学校属于：A. "双一流"大学　B. 省属重点　C. 普通本科院校

D. 专科院校

10. 您的教育经历中是否有师范类专业背景：A. 是　B. 否

11. 您任教的课程属于哪一类：A. 公共基础课　B. 专业课　C. 实践类课程

D. 通识课

第二部分　课程思政教育的有效性调查

作为一名教师,课程思政教育的有效性是关乎学生学习成果的重要因素。请您根据以下问题选择对应的数字,数字越大代表对应的程度越高。

课程思政教育有效性问卷

维度	变量	1	2	3	4	5
教师	B1.您课程思政教学资源的共享程度					
	B2.您对网络学习数据的应用程度					
	B3.您课程思政讲授思路的清晰程度					
	B4.您的信息技术应用能力的强弱					
	B5.您课堂上学生主体地位的强弱					
学生	B6.您学生自主学习能力的强弱					
	B7.您学生协作能力的强弱					
教学方法	B8.您组织学习活动的频率高低					
	B9.您启发式教学的应用程度					
教学环境	B10.您的课程思政基本信息完备性强弱					
	B11.您课程思政常规性学习资源数量多少					
	B12.您课程思政拓展性学习资源数量多少					
教学内容	B13.您的课程思政内容与教学目标契合程度高低					
	B14.您布置给学生的课程思政自主学习内容明确性高低					
	B15.您的课程思政内容应用性强弱					
	B16.您的课程思政内容针对性强弱					
教学目的	B17.您的课程思政教学目的全面性程度高低					
	B18.您的课程思政目标可测量性高低					
教学反馈	B19.您课堂上生师互动频率高低					

（续表）

维度	变量	1	2	3	4	5
教学有效性	B20. 您课程思政内容比例高低					
	B21. 您对思政内容掌握程度					
	B22. 您认为学生满意度高低					
	B23. 您认为用人单位对您的满意度高低					
	B24. 您认为学校的奖励、考核与监督体制的完善水平高低					

第三部分　课程思政教育的实效性问卷调查

作为一名教师，课程思政教育的实效性是衡量课堂质量的重要因素。请根据您的实际情况，如实填写问卷，选项的数字越大代表水平、程度越高。

课程思政教育实效性问卷

一级指标	二级指标	三级指标	1	2	3	4	5
教育者	综合素质	C1. 您的思想政治素质水平高低					
		C2. 您的业务能力素质水平高低					
		C3. 您的教育理念素质水平高低					
	综合技能	C4. 您的课程思政教育技能水平高低					
		C5. 您的课程思政技术技能水平高低					
	信源效果	C6. 您的信誉水平高低					
		C7. 您的权威水平高低					
		C8. 您的信息来源可信效果水平高低					
受教育者	个体心理效果	C9. 您学生的综合素质水平高低					
		C10. 您学生的听从性程度强弱					
	群体规范效果	C11. 您学生传播信息能力的强弱					
		C12. 您学生表达意见可能性的高低					

一级指标	二级指标	三级指标	1	2	3	4	5
受教育者	教育认知效果	C13.您的课程思政内容符合学生预期的程度高低					
		C14.您学生获取信息能力的强弱程度					
教育内容	目标达成效果	C15.您的课程思政目标的针对性强弱程度					
		C16.您的课程思政目标的层次性强弱程度					
	内容接受效果	C17.您的课程思政内容和大学生心理的契合程度高低					
		C18.您的课程思政内容时代性的强弱程度					
教育途径	传播模式	C19.您课程思政传播路径选择单对单的可能性高低					
		C20.您课程思政传播路径选择单对多的可能性高低					
		C21.您课程思政传播路径选择多对多的可能性高低					
	表现形式	C22.您课程思政选择"思想宣传"形式授课的可能性高低					
		C23.您课程思政采用"典型塑造"形式授课的可能性高低					
		C24.您课程思政选择"思想研讨"形式授课的可能性高低					
教育环境	社会因素	C25.您认为现有的政策法规和思政教育的配套程度					
		C26.您认为现有思想和道德水平与思政教育的一致性					

一级指标	二级指标	三级指标	1	2	3	4	5
教育环境	网络因素	C27. 您认为现阶段学校软硬件投入的力度高低					
		C28. 您认为网络监管的有效性和网络资源的丰富程度					
教育实效性	认知效果	C29. 您认为您课程给学生带来知识量增加和知识结构变化的程度高低					
	价值效果	C30. 您认为您课程给学生带来思想、态度和价值观念的变化程度高低					
	实践效果	C31. 您认为您课程给学生言语及行为层面上带来变化程度高低					

参 考 文 献

[1]王茜.课程思政融入研究生课程体系初探[J].研究生教育研究,2019
(4):64-68,75.

[2]张大良.课程思政:新时期立德树人的根本遵循[J].中国高教研究,2021
(1):5-9.

[3]沙占华.思政课教师在课程思政建设中作用发挥的路径探讨[J].昌吉学
院学报,2021(1):52-56.

[4]郭艳燕.计算机类专业课程思政实施路径探索与实践[J].计算机教育,
2021(1):80-84.

[5]高姗姗.新时代思政教育 转变话语体系是关键[J].中国商人,2021(6):
48-49.

[6]程兰华,李芬.新时代高校思想政治教育管理机制创新研究[J].淮南职
业技术学院学报,2021,21(3):1-4.

[7]李敏.构建高校课程思政"三全育人"模式的思考[J].中学政治教学参
考,2021(20):43-45.

[8]郑义臣.推进课程思政建设,高校需破解四"关"[J].教育现代化,2018,5
(42):204-205.

[9]王明华.协同理论视阈下课程思政体系建设的策略探究[J].学校党建与
思想教育,2019(12):33-35.

[10]邵云飞,刘露遥.课堂教学视域下课程思政理论与实践的探索:以《创新
管理》课程为例[J].电子科技大学学报(社会科学版),2022,24(3):
99-105.

[11]夏瑜桢,沈岚,袁颖,等.基于教师视角的中药学专业课程思政建设影响
因素研究:以上海中医药大学为例[J].中医教育,2022,41(3):50-54.

[12]赵红军,孙会娟.高职院校专业课课程思政建设实施路径的探索与实

践:以《基础护理技术》课程为例[J].陕西教育(高教),2022(3):20-22.

[13]高宁,张梦.高校"课程思政"建设中的主要矛盾及解决思路[J].北京教育(高教),2020(3):43-45.

[14]黄磊,葛仕豪."课程思政"之绊脚石与催化剂[J].科技风,2019(13):11-12.

[15]裴莹.医学课程思政实施路径探析[J].南京医科大学学报(社会科学版),2022,22(1):88-92.

[16]倪晗,刘彩钰.OBE理念下的课程思政教学效果评价探索[J].黑龙江教育(高教研究与评估),2022(2):54-57.

[17]孙刚,李汉生,房岩,等.应用型大学课程思政的限制因素与有效路径[J].长春师范大学学报,2022,41(2):93-96.

[18]何雨.高质量发展视域下公安院校的课程思政建设[J].广州广播电视大学学报,2022,22(1):51-54,109-110.

[19]孔令润,潘丽霞.高校课程思政建设实践路径研究[J].现代商贸工业,2022,43(4):162-164.

[20]王伟宾,闫岩.课程思政、专业思政与学科思政的基本关系及融合建设路径研究[J].黑龙江教育(理论与实践),2022(2):13-15.

[21]封小霞.以线上线下混合教学模式为载体的课程思政教学分析[J].陕西教育(高教),2022(2):18-19.

[22]张辉,马向东.课程思政视域下新时代高校思政教育新途径研究[J].陕西教育(高教),2022(2):22-23.

[23]赵富学,黄莉,王相飞.高校体育课程思政建设质量督导与评测[J].体育教育学刊,2022,38(1):8-14,103.

[24]郑帅普.新时代思政课程与课程思政耦合育人研究[J].常州信息职业技术学院学报,2022,21(1):67-70.

[25]何旭娟,阳丹.新时代高校专业课教师课程思政能力提升的三重逻辑[J].衡阳师范学院学报,2022,43(1):136-140.

[26]王东生.医学院校思政课程与课程思政同向同行的研究[J].中国继续医学教育,2022,14(3):161-164.

[27]谭红岩,郭源源,孟钟捷.高等师范院校课程思政推进路径的思考与实践[J].思想政治课研究,2022(1):89-96.

[28]张帆.课程思政建设的关键要素与实施途径探析[J].北京教育(高教),2022(2):62-64.

[29]张天祺.专业课课程思政效果"协同评价"机制实效性研究[J].高教学刊,2022,8(4):168-171.

[30]刘瑶.红色故事融入高校思政课教学的路径和方法[J].长江丛刊,2020(27):171-172.

[31]钟慧容,胡咚."四史"教育融入高校思政课教学研究[J].教育观察,2021,10(29):55-58.

[32]常开霞,李挺延.需求侧视域下思想政治教育获得感及其提升[J].中北大学学报(社会科学版),2020,36(5):146-151.

[33]姜雪.学生党员理论宣讲与课程思政协同推进模式研究[J].决策探索(中),2021(6):51-54.

[34]韦诗业,李素芬.新时代思政课程与课程思政协同育人机制构建研究[J].学校党建与思想教育,2021(20):36-39.

[35]于庆峰.高校思政课程与课程思政协同育人的实现路径研究[J].佳木斯大学社会科学学报,2021,39(6):85-88.

[36]褚清华,付稳.地方高校行政管理专业课程思政协同的路径思考[J].教育观察,2021,10(45):49-52.

[37]杨威,汪萍.课程思政的"形"与"质"[J].马克思主义与现实,2021(2):195-202.

[38]李朋波.高校专业课与思政课实现融合的路径研究[J].教育现代化,2019,6(70):275-278.

[39]李婵娟.高校思政课与专业课协同育人实践研究[J].决策探索(中),2021(4):49-50.

[40]施俊.高校思政课教师评价机制的优化路径[J].学校党建与思想教育,2020(8):41-43.

[41]王建红,杜江婷.高校思政课教师评价存在的问题及对策[J].高教论坛,2022(3):12-15.

[42]王新清.从"好老师"到"大先生":高校师德师风建设的基本路径[J].中国高教研究,2021(9):31-37.

[43]卫建国.高校师德师风建设重点任务和难点辨析[J].中国高教研究,2021(9):38-44.

[44]张帅,徐云露.地方高校师德评价指标体系构建研究[J].科教文汇,2021(19):15-17.

[45]糜海波.师德评价标准、方法和效益三个基本问题的理论思考[J].高等教育研究,2021,42(10):73-78.

[46]赵欣,崔红艳,安文娟.思政课一体化建设的内涵、困境与提升路径研究[J].中国教育学刊,2021(S2):200-204.

[47]王新华,王娜.论课程思政改革的价值引领[J].学校党建与思想教育,2021(2):52-54.

[48]土淑荣,董翠翠."课程思政"中专业课教师政治素养的四重维度[J].河南师范大学学报(哲学社会科学版),2022,49(2):129-137.

[49]张凤翠,邬志辉."三全育人"视域下高校课程思政建设研究[J].社会科学战线,2022(4):265-270.

[50]黄建雄.论课程思政背景下的高校教师队伍建设[J].中学政治教学参考,2022,(8):72-75.

[51]张黎娜.课程思政建设应注重提升学习者学习价值规范[J].学校党建与思想教育,2022(6):55-57.

[52]万爱莲,刘晶晶.教师教育者课程思政自觉的逻辑意蕴[J].河北师范大学学报(教育科学版),2022,24(2):104-110.

[53]曹椿寓,王纪鹏.红色文化资源融入课程思政建设探究[J].中学政治教学参考,2022(8):53-55.

[54]楚国清,王勇."课程思政"到"专业思政"的四重逻辑[J].北京联合大学学报(人文社会科学版),2022,20(1):18-23,40.

[55]洪早清,袁声莉.基于课程思政建设的高校课程改革取向与教学质量提升[J].高校教育管理,2022,16(1):38-46.

[56]徐奉臻.视野要广:思政课教师的基本功[J].思想政治教育研究,2019,35(3):60-63.

[57]唐德海,李枭鹰,郭新伟."课程思政"三问:本质、界域和实践[J].现代教育管理,2020(10):52-58.

[58]巩茹敏,霍跃.构建课程思政与思政课程协同效应的新审视[J].思想政治教育研究,2021,37(1):74-78.

[59]东方.课程思政融入专业教育的路径研究[J].现代商贸工业,2022,43(12):162-163.

[60]卢晨昊.高校课程思政生态路径构建研究[J].江苏高教,2022(4):106-110.

[61]陈红琳,张玮,张子振.我国课程思政教学研究现状及存在的问题[J].科教文汇,2022(7):89-94.

[62]刘鹏,李后卿,王辅之,等.基于内在关联性的高校课程思政融入模式研究与实践[J].新疆师范大学学报(自然科学版),2022,41(1):90-96.

[63]刘绍晨.课程思政背景下高校通识教育课程教学实践[J].新课程教学,2022(6):187-188.

[64]陈蓉,王艳,侯斯婕.工匠精神视角下的课程思政融合研究[J].品位·经典,2022(6):135-137.

[65]俞福君.新形势下课程思政深度融入课堂教学的路径探索[J].教书育人(下旬刊),2022(9):73-75.

[66]段琼辉,李永."课程思政"研究现状[J].中国多媒体与网络教学学报(中旬刊),2022(3):61-64.

[67]马军霞,张志锋,黄天弘.大思政背景下高校专业课程思政系统化建设的探索与实践[J].计算机教育,2022(3):121-125.

[68]宋妍,张明.高校课程思政建设的误区、转变与方向[J].北京教育(高教),2022(3):58-60.

[69]贾艳丽.青海高校课程思政实施路径研究[D].西宁:青海大学,2020.

[70]杨守金,夏家春."课程思政"建设的几个关键问题[J].思想政治教育研究,2019,35(5):98-101.

[71]付晓玲.思政课落实"立德树人"根本任务的路径研究[D].芜湖:安徽工程大学,2017.

[72]何润,陈理宣.试析高校专业课教师课程思政能力的提升进路[J].学校

党建与思想教育,2021(18):63-65.

[73]李博,陈栋.课程思政一体化建设的挑战与改进[J].中国大学教学,2021(9):75-79.

[74]李垚,纪德奎.课程思政视域下的核心素养课堂培育[J].天津师范大学学报(社会科学版),2021(4):88-92.

[75]杨飞云.高校思政慕课的困境与突破研究[D].太原:太原理工大学,2021.

[76]王馨莹.普通高校本科思政课程资源开发研究[D].哈尔滨:黑龙江大学,2021.

[77]李勇,邱静文.推进专业课教师开展课程思政建设的思考[J].学校党建与思想教育,2021(8):56-57.

[78]孟津竹,鲁丽华,李明,等.疫情防控下高校"网课+课程思政"教育体系研究[J].高教学刊,2021(3):30-34.

[79]张兴海,李姗姗.高校课程思政改革的"四论"[J].中国高等教育,2020(Z2):7-9.

[80]叶方兴.科学推进专业教育与思政教育相融合[J].中国高等教育,2020(Z2):10-12.

[81]胡颖蔓.高校"思政社团+社团思政"的研究与探索[J].学校党建与思想教育,2020(6):72-74.

[82]张铨洲.课程思政建设中发挥大学生主体性作用研究[D].天津:天津工业大学,2019.

[83]马玉青.如何在高校数学课堂上实施"课程思政"[J].现代农村科技,2019(10):92.

[84]刘露.课程思政的实现路径与保障机制研究[D].青岛:中国石油大学,2019.

[85]庄梅兰.构建同心圆式高校课程思政教学体系[J].河南工业大学学报(社会科学版),2018,14(4):85-91.

[86]杨建义.全面提高高校人才培养能力视野下的"课程思政"建设[J].思想理论教育导刊,2021(7):128-132.

[87]赖志杰,李春根,方群.论社会保障学的课程思政价值与实践路径[J].

社会保障研究,2022(2):95-102.

[88]马得平,张君孝."寓德于体"理念下高校体育课程思政建设的价值审思、现实困境、路径抉择[J].浙江体育科学,2022,44(2):62-66.

[89]周昂.铸魂育人:新时代体育课程思政建构的同向性与实践路径探析[J].田径,2022(3):18-20.

[90]冯明亮."立德树人"背景下体育院校田径教学课程思政的实施思路[J].田径,2022(3):60-62.

[91]王冰心.新文科建设背景下专业课课程思政原则探讨与体系构建:以《国际经济学》课程为例[J].豫章师范学院学报,2022,37(1):41-45.

[92]谢春丽,刘永阔,阎春利."新工科"背景下专业课程思政建设[J].中国冶金教育,2022(1):95-97.

[93]王薇,易亮,蒋琦玮,等.专业课课程思政的思考及实践:以土木工程专业为例[J].新东方,2022(1):83-88.

[94]王飞.新时代高校劳动教育的课程思政意蕴及其价值实现[J].成都师范学院学报,2022,38(2):58-64.

[95]魏汝领,刁学慧.课程思政理念下高校公共体育课程改革与发展策略研究[J].青少年体育,2022(2):29-31.

[96]王晓琴.基于高职院校课程思政改革创新的研究[J].公关世界,2022(4):47-48.

[97]朱宗友,刘凯.关于课程思政与思政课程同向同行的问卷调查分析[J].山东农业工程学院学报,2022,39(2):101-104.

[98]董凤,陈斌.高校课程思政建设遵循的基本原则[J].淮北职业技术学院学报,2022,21(1):49-51.

[99]金翠洁.新时代加强高职英语课程思政实施路径研究[J].湖北开放职业学院学报,2022,35(3):83-84.

[100]张大利,宁作君,何斌,等.土木工程专业推进课程思政建设的探索与实践:以土木工程概论课程为例[J].沈阳建筑大学学报(社会科学版),2022,24(1):103-108.

[101]季庆辉,薛宇,么荣荣,等.课程思政背景下地方综合性大学三全协同培育医学生"立德"和"携仁"实践研究[J].经济师,2022(2):

178 – 180.

[102]李媛媛."课程思政"理念融入高等数学课程教学的策略探究[J].产业与科技论坛,2022,21(4):145 – 146.

[103]柳建安,闵淑辉,廖凯.专业课课程思政教学评价体系构建的研究[J].黑龙江教育(高教研究与评估),2022(1):26 – 27.

[104]孔军,许明月,赵珏.课程思政的思想源泉、理论遵循与方法依据[J].北京联合大学学报,2022,36(1):7 – 12.

[105]刘柏森,王刚,赵莉莉.高校课程思政的理论探源与教育实践[J].哈尔滨学院学报,2022,43(1):133 – 136.

[106]黄山力.论课程思政的标准普适性与客观性[J].中国标准化,2022(2):173 – 175.

[107]刘影.新时代高校课程思政建设实施路径探究[J].黑龙江教育(理论与实践),2022(1):62 – 63.

[108]贺景霖.高校课程思政的价值内核及建设路径探究:以宏观经济学课程教学为例[J].吉林省教育学院学报,2022,38(1):85 – 89.

[109]张伟峰,王荣彬,罗竹梅,等."立德树人"背景下的高校课程思政建设探究[J].大众文艺,2022(1):123 – 125.

[110]张志忠.新时代背景下农业高校专业课课程思政的特点和建议[J].园艺与种苗,2022,42(1):91 – 92,94.

[111]孟琳.完善高校教师推进课程思政机制建设的保障研究[J].湖北开放职业学院学报,2022,35(1):98 – 99.

[112]赵浚,赵源源."大思政"视角课程思政与思政课程的协同发展[J].现代交际,2022(1):94 – 100,124,2.

[113]宁宇涵,朱宗友.新时代高校统筹课程思政与思政课程建设研究[J].池州学院学报,2022,36(1):134 – 138.

[114]黎钻仪.高校课程思政建设的价值目标研究[J].哈尔滨职业技术学院学报,2021(4):37 – 39.

[115]邹蒲陵.高校课程思政与思政课程合力研究[D].重庆:西南大学,2021.

[116]杨国斌,龙明忠.课程思政的价值与建设方向[J].中国高等教育,

2019(23):15 – 17.

[117]林丹丹. 新时期高校课程思政建设的优化路径研究[J]. 教育教学论坛,2020,(21):61 – 62.

[118]郑敬斌,孙雅文. 思政课与其他课程同向同行的逻辑前提、现实梗阻与实践指向[J]. 高校辅导员,2019(4):29 – 33.

[119]代睿. 新时代高校劳动教育现状与实践路径研究[J]. 大众文艺,2022(1):147 – 149.

[120]高天霞. 论"课程思政"背景下高校人文通识教育课程体系中列开"大学语文"的必要性[J]. 汉字文化,2019(11):10 – 12.

[121]贺纪云. 从课程思政中实现大学生德育培养的措施[J]. 就业与保障,2021(20):133 – 134.

[122]陈锦生. 从课程思政中实现大学生德育培养的途径分析[J]. 广东职业技术教育与研究,2020(5):151 – 153.

[123]蒙丽媛. 从"思政课程"到"课程思政"做"三全育人"践行者[J]. 智库时代,2020(3):154 – 155.

[124]魏诗航. 马克思主义德育观视域下的高校"课程思政"建设与实践[J]. 求学,2020(4):15 – 16.

[125]焦连志,黄一玲. 从"学科德育"到"课程思政":习近平关于教育的重要论述指导下的高校德育创新[J]. 集美大学学报(教育科学版),2019,20(1):1 – 6.

[126]李东坡. "课程思政"建设中思政元素的挖掘与运用研究[J]. 高校辅导员,2020(4):19 – 23.

[127]毛丹. 新时代高校课程思政建设的意义、内容及实践路径[J]. 井冈山大学学报(社会科学版),2021,42(6):58 – 64.

[128]刘长国,刘长伟,刘冠军. 黄炎培职业道德教育思想在新时期高职教育"课程思政"中的创新与实践[J]. 发明与创新(职业教育),2021(8):156 – 157.

[129]李文政. 优化协同:高校德育治理体系现代化之路径选择[J]. 学术探索,2022(2):131 – 138.

[130]欧志鹏,陈磊,刘夏. 立德树人:中华优秀传统文化融入高校德育建设

之思考[J].太原城市职业技术学院学报,2021(12):62-64.

[131]李旸.高校心理健康教育课程与思政课程融合探索[J].西部素质教育,2022,8(4):40-42.

[132]赵萍.运用大学生心理健康课实现"课程思政"的思考[J].科技资讯,2020,18(15):224,226.

[133]唐王娜.课程思政视域下翻转课堂在毛概课教学中的思索[J].科技资讯,2020,18(12):255-256.

[134]张利萍.高校心理健康教育课程思政建设路径探析[J].长春大学学报,2021,31(6):35-38.

[135]张湘宾.社会主义核心价值观融入高校思政课实践教学的思考[J].才智,2021(31):12-15.

[136]毛勒堂.马克思主义劳动概念的本体论意蕴及其当代意义[J].思想理论教育,2020(10):35-41.

[137]庄璟,刘彬.论新时代高职院校学生政治信仰教育[J].教育与职业,2019(10):82-87.

[138]陈忠良."劳动教育"理念下的高校课程思政教学探索:以高职《会展策划》课程为例[J].成才,2021(11):24-25.

[139]司诺.高校成人教育专业课程思政建设的实施策略探索[J].蚌埠学院学报,2022,11(3):87-89,104.

[140]张笑.中级财务会计课程思政建设路径探究[J].对外经贸,2022(4):131-135.

[141]赵晓晓,刘时勇.课程思政:师范生师德养成教育的逻辑范式与优化路径[J].成都师范学院学报,2022,38(4):83-89.

[142]刘楠,左慧.基于精准思维的高校课程思政系统化设计方法研究[J].黑龙江科学,2022,13(7):55-57.

[143]任铭,童新安,秦玉琨.立德树人视域下的高等数学教学创新与实践[J].佳木斯职业学院学报,2022,38(5):112-114.

[144]宛汀,邹玉龙,孟庆民.高校双语专业课程的思政建设探索与研究[J].工业和信息化教育,2022(5):20-23.

[145]李顺.高校思政课培养大学生社会责任感的探讨[J].现代职业教育,

2022(17):148-150.

[146]沈丹丹.高校青年教师党员"课程思政"的困境与对策研究[J].现代商贸工业,2022,43(11):167-169.

[147]王汇闽,董武诚,丁玥.课程思政:公共事业管理专业课堂教学内涵、逻辑与路径研究[J].现代商贸工业,2022,43(11):176-177.

[148]王宜刚.高校经管类专业课程的思政教育路径[J].山西财经大学学报,2022,44(S1):149-151.

[149]杜庚熙,冯雪阳.需求层次理论下高校思政课程中的学生管理研究[J].现代商贸工业,2022,43(12):170-171.

[150]丁昱琛,王晓静.大学英语"课程思政"现状探析[J].现代商贸工业,2022,43(12):166-167.

[151]张辉.身份·关系·课程:高校思想政治理论课创新的三维逻辑[J].当代教育论坛,2022(4):83-90.

[152]易鹏,吴能表,王进军.新农科课程思政建设:价值、遵循及路径[J].西南大学学报(社会科学版),2022,48(3):78-87.

[153]徐畅.新时代高校"课程思政"协同育人研究[D].沈阳:沈阳航空航天大学,2019.

[154]王二雷,郝慧,刘静波.基于课程思政理念的高校食品专业课程教学改革与探索[J].食品与发酵科技,2022,58(2):150-155.

[155]汪金菊,王亚萍.积极心理学视域下民办高校思政课多元体系建设[J].公关世界,2022(8):68-69.

[156]黄凌.现代学徒制下高职学生课程思政教学改革与实践[J].公关世界,2022(8):103-104.

[157]肖含,顾丽.高校学前教育专业课程思政资源的实践原则及路径[J].公关世界,2022(8):123-124.

[158]张苹.高职语文课程思政实施策略:以学前教育专业为例[J].汉字文化,2022(8):37-39.

[159]江玲宝.政治心理学课程思政教学体系构建探索[J].淮北师范大学学报(哲学社会科学版),2022,43(2):107-111.

[160]曹英,张文国,陈玮.课程思政融入高校体育教学的现实困境与优化路

径[J].教书育人(高教论坛),2022(12):78-80.

[161]耿娟,李万里.论"三全育人"视域下大学生思维能力培养[J].教书育人(高教论坛),2022(12):69-72.

[162]郑艳,张建峰,张军.应用型高校立德树人与课程思政育人路径研究[J].时代汽车,2022(9):119-120.

[163]戴佳朋.伟大建党精神融入高校思政课程的路径[J].学校党建与思想教育,2022(8):65-67.

[164]顾慧.融媒体背景下高校思政课教师队伍建设与课程改革创新研究[J].科研管理,2022,43(4):210.

[165]赵富学.中国共产党百年红色精神融入高校体育课程思政建设研究[J].武汉体育学院学报,2021,55(7):30-36.

[166]张丽莎.陕西高校"课程思政"建设研究[D].西安:西安工业大学,2020.

[167]罗晓琴.高校"课程思政"与"思政课程"协同模式研究[D].长沙:长沙理工大学,2020.

后　记

在键盘上敲下"后记"两字，心中思绪万千。在本书完成之际，停笔沉思，往事浮现眼前，从书的选题、资料收集到书的撰写编排整个过程，其间深感科学研究的不易，其著作过程枯燥艰辛而又富有挑战，非亲历者无法真切体会。但是，看着研究进度一天天推进时感到的希望，以及伴随对某一事物的了解、领悟日益增多时感到的快乐和满足，就又获得了继续前行的动力。尤为珍贵的是，有那么多的同事、亲友陪伴我走过这段清苦岁月，从他们那里，我得到了太多的帮助、支持、指引和陪伴。

本书顺利完成，获得了公共管理与公共经济创新团队的大力支持和帮助。

首先，感谢所有课程思政教育研究者。前人关于高校课程思政教育的翔实研究和真知灼见是本书得以顺利完成的前提及基础。

其次，感谢参与本书内容撰写的团队成员曲永军教授。曲教授学识渊博、治学严谨、认真负责，对学术问题分析鞭辟入里，在本书撰写过程中，从选题、框架、研究思路等方面提出了许多宝贵的意见，给予我很大的启发。

再次，感谢参与本书内容撰写的团队成员曾水英副教授。在本书编写过程中他对研究内容深入浅出的分析，不断精益求精地进行修改，始终保持对学术的热情，让我获得了继续前行的动力。

最后，感谢参与本书内容撰写的团队其他成员。社会保障专业研究生刘申、商明贺、周十同和张晓聪，行政管理专业研究生崔瀛、苑菁菁、肖月爽和汪美静，这些同学在本书问卷调查发放、收集及相关资料整理方面提供了较大的帮助，加快了本书撰写的进度。

在此，我要对本书中涉及的所有观点或使用的佐证材料进行说明，如我有曲解相关研究者的观点或者错用佐证材料而没有明确注明的情况，我保证绝非是我的有意之举，请您给予谅解。

本书即将出版,更觉心中忐忑,仍然觉得书中内容还有很多不足之处。好在本书只是笔者对高校课程思政教育影响因素及引导策略的一些粗浅研究结果,自知粗浅认知不至于给学术界和读者造成难以挽回的负面影响。

再次感谢所有支持和帮助我的亲朋好友,感谢大家!

2022 年 5 月 6 日凌晨